NO TEMAS EL MAL

Eva Pierrakos
Donovan Thesenga

NO TEMAS EL MAL

El método Pathwork para transformar el ser inferior

Eva Pierrakos

Donovan Thesenga
compilador y editor

Andrés Leites
supervisión editorial

Título original de la obra en inglés: *Fear no Evil. The Pathwork Method of Transforming the Lower Self*
Publicada por Pathwork Press Madison, Virginia, U.S.A.

Portada: Guadalupe Pacheco

Av. Cuauhtémoc 1430
Col. Santa Cruz Atoyac
México, D.F. 03310
Teléfono: 5605 7677
Fax: 5605 7600
editorialpax@editorialpax.com
www.editorialpax.com

Primera edición en esta editorial
ISBN 978-968-860-477-9

Impreso en México / Printed in Mexico

Las personas interesadas en otros textos o en cursos del Método Pathwork pueden dirigirse a esta editorial

Aunque camino a través
del valle de la sombra
de la muerte, no temeré el mal.

Salmo XXIII

Si existe un camino
hacia lo mejor, consiste
en mirar de lleno lo peor.

Thomas Hardy

Autoría

La portada de este libro muestra el nombre de dos seres humanos, pero ninguno de nosotros es realmente su autor. La mayor parte de las palabras que se encuentran en esta obra fueron dichas por un ser no encarnado a quien se llegó a llamar *el Guía* y Eva Pierrakos fue el canal a través del cual este material nos fue entregado. Durante más de veinticinco años Eva se desarrolló a sí misma espiritualmente logrando de este modo profundizar su capacidad para servir de canal de una verdad superior. Sin embargo, el Guía nunca "dijo" un libro llamado *No temas el mal.* Ni organizó nunca en un flujo continuo todos sus comentarios sobre la transformación del ser inferior. La idea de reunir las enseñanzas del Guía sobre este tema, el trabajo de edición y de acoplamiento de esas enseñanzas, así como la elección del título, fueron míos. Puesto que las decisiones finales sobre cuáles palabras del Guía serían incluidas y cuáles no fueron tomadas por mí, cualquier error de omisión o comisión también me pertenece.

El trabajo y los consejos editoriales de Judith Saly, John Saly, Susan Thesenga y Jan Bresnick fueron indispensables. Como lo fue la asistencia técnica de Karen Millnick, Iris Markham, Hedda Koehler y Rebecca Daniels.

No temas el mal fue realizado por encargo de la Fundación Pathwork.

Donovan Thesenga
Sevenoaks Center
Madison, Virginia
Octubre de 1991

INTRODUCCIÓN

I. Tú y Yo y el mal

La naturaleza humana es capaz de una cantidad infinita de maldad... Hoy más que nunca es importante que los seres humanos no desatiendan el peligro del mal que los habita. Es algo desafortunadamente muy real, y es por esto que la psicología debe insistir en la realidad del mal y rechazar cualquier definición que lo considere como insignificante o realmente inexistente.

C.G. Jung [1]

Cuando se comprende que el mal es intrínsicamente un flujo de energía divina, distorsionada momentáneamente a causa de ciertas imperfecciones, ideas y conceptos equivocados, entonces ya no se rechaza su esencia. "El significado del mal y su trascendencia.[2]

Tú no eres una persona mala. Yo no soy una persona mala. Sin embargo el mal existe en el mundo. ¿De dónde proviene?

Las cosas malas que se hacen sobre la Tierra son obra de seres humanos. No podemos culpar a las plantas o a los animales, o a alguna enfermedad infecciosa o a malas influencias del espacio exterior. Pero si tú y yo no somos malos, ¿entonces quién es malo? ¿Acaso el mal reside en otros lugares tales como la Alemania Nazi o el *imperio del mal* de la Unión Soviética estalinista? ¿O sólo en los corazones de los criminales y señores de la droga, pero no en los corazones de alguien que nosotros conozcamos?

¿O será posible que nadie sea malo sino sólo descarriado? ¿Es posible atribuir el casi increíble horror del holocausto, o el sadismo de Idi Amín, o la tortura sancionada por gobiernos que se practica en este momento en muchos países del mundo tan sólo a gente descarriada? Esa palabra parece frágil e insuficiente como explicación.

Así que, ¿dónde reside el mal? ¿De dónde surge?

El Pathwork nos enseña que el mal reside en cada una de las almas humanas. O para decirlo de otro modo, el mal en el mundo no es otra cosa sino la suma total del mal que existe en todos los seres humanos.

El mal es un concepto muy fuerte. La mayoría de las personas prefieren reservarlo para describir a los Hitler y los criminales del mundo y no quiere aplicárselo a sí misma.

¿Pero, se aplica a ti y a mí?

La primera definición de "mal" dada por mi diccionario es: "moralmente reprobable, pecaminoso, perverso". Esta definición resalta el hecho de que no es correcto usar la palabra para hablar de "los males de la enfermedad y la muerte". La enfermedad y la muerte son aspectos dolorosos de la existencia humana, pero definitivamente no son "moralmente reprobables". Por otro lado, sí es correcto usar la palabra para hablar de la "malvada institución de la esclavitud".

Yo he hecho cosas que son moralmente reprobables y tengo fuertes sospechas de que tú también las has hecho. Todos tenemos fallas en nuestro carácter, todos somos más o menos egocéntricos, egoístas y mezquinos. Y estas fallas del carácter me han llevado, en muchas ocasiones, a un comportamiento opuesto al amor, a ser celoso, rencoroso y a actuar de maneras que sólo empeoran la situación del mundo. ¿Pero eso me hace malo?

Tú y yo seguramente no somos malos por completo, pero sí tenemos el mal dentro de nosotros. Así pues, la palabra "mal" puede describir un rango de comportamiento que va desde la simple mezquindad y el egocentrismo en un extremo hasta el sadismo genocida del nazismo en el otro. Aquellos de entre nosotros que habitamos predominantemente en el rango inferior tal vez deseamos decir que no tenemos nada en común con los asesinos del otro extremo; sin embargo, ¿será cierto que no tenemos nada en común con ellos? Para usar el segundo de los sinónimos dados por el diccionario, ¿acaso no somos todos pecadores?

Hace treinta o cuarenta años la palabra "pecado" era muy utilizada, pero ya casi no se usa en la actualidad (salvo entre los fundamentalistas). Hoy día tendemos más a utilizar los términos de la psicología, la cual menciona más bien nuestros errores humanos de manera que generalmente coloca fuera de nosotros la culpa de que seamos como somos: en nuestros padres o en la sociedad. El cambio personal sucede entonces cuando entendemos el origen de la programación negativa de la que fuimos objeto, cuando sentimos todos los sentimientos implicados (en principio cólera y dolor) y luego perdonamos a esa fuente exterior de la negatividad de la que aún sufrimos. Y se considera que esta es la parte crucial del proceso de transformación.

"Sin embargo, desde el punto de vista psicológico, hemos perdido algo que nos daba la vieja idea religiosa del pecado. Principalmente el que somos responsables de nuestra propia negatividad, de nuestros actos personales de omisión y comisión. Ser responsable es muy diferente de ser culpable. Simplemente significa que nos reconocemos como fuentes ocasionales de dolor, injusticia, y falta de cuidados hacia nosotros, hacia los demás y hacia el mundo".[3]

Si puedo aceptar ese nivel de responsabilidad (que no soy sólo la víctima del mal que hay en el mundo, sino, en mi pequeña escala, un iniciador de negatividad) entonces ¿qué puedo hacer al respecto? ¿Cómo puedo actuar para transformar el mal que hay dentro de mí?

Las religiones tradicionales nos dan preceptos morales para organizar nuestro modo de vida en formas como esta: "Haz a los otros lo que te gustaría que te hicieran" y "Ama a tu prójimo como a tí mismo". Claro que todos estaremos de acuerdo en que si todo el mundo actuara siguiendo estas reglas de oro, el mundo sería un lugar mucho más agradable para vivir. Pero no siempre vivimos de acuerdo con ellas. Yo no lo hago y tú no lo haces. Si aceptamos la validez de este principio entonces ¿por qué nos cuesta tanto trabajo vivir de ese modo? ¿Cómo le hago para cambiar mi comportamiento? ¿Qué tengo que hacer para volverme más amoroso? La respuesta de las religiones tradicionales a menudo parece ser simplemente: esfuérzate aún más.

De acuerdo con Carl Jung, dentro de las religiones tradicionales "*Todos los esfuerzos se encaminan hacia la enseñanza de creencias idealistas y de una conducta que la gente sabe en el fondo de su corazón que no puede observar. Esas ideas son predicadas por personas que saben que ellos mismos nunca han vivido de acuerdo con esos elevados ideales y que nunca lo harán. Aún más, nadie nunca cuestiona la validez de esas enseñanzas.*"[4]

Las respuestas de las religiones tradicionales han sido tan decepcionantes que mucha gente que antes consultaba a un sacerdote ahora busca la ayuda de un psicoterapeuta. ¿Qué tanto éxito ha tenido la psicología moderna al lidiar con el problema del mal?

Un artículo reciente sobre el padre de la psicología humanista, Abraham Maslow, dice:

"En sus últimos años, Maslow estaba luchando con la naturaleza de la maldad humana... expresó dudas sobre la incapacidad de la psicología humanista y transpersonal para asimilar nuestro lado 'oscuro' (lo que Jung llamó la sombra) dentro de una teoría completa de la naturaleza humana. Maslow mismo consideraba este tema como problemático y en el momento de su muerte no había llegado a ninguna conclusión definitiva."[5]

Aquellos de entre nosotros que hemos estudiado y practicado el Pathwork hemos descubierto, con cierto alivio, que sus enseñanzas nos brindan el eslabón que falta tanto a la religión como a la psicología.

La gran mayoría de las transmisiones espirituales de hoy día, o del material canalizado, se enfoca hacia la bondad esencial de los seres humanos, hacia nuestra naturaleza Divina. Y ese es un mensaje valioso en nuestro tiempo. ¿Pero qué debemos hacer con nuestro "lado oscuro"? ¿De dónde viene, por qué es tan difícil de tratar y cómo habremos de lidiar con él?

El valor especial del Pathwork se encuentra precisamente en que nos da respuestas a estas preguntas. La transmisión que se realizó a través de Eva Pierrakos nos enseña que podemos encontrar alguna forma del mal en el corazón de todos los seres humanos, pero que no se le debe temer ni negar. Nos da un método para que podamos ver nuestro "lado oscuro" con claridad, para que podamos comprender sus raíces y sus causas, y, lo más importante, para que podamos transformarlo. El resultado será paz en el corazón humano y sólo una vez que ésta sea alcanzada podrá haber paz en la Tierra.

II. Eva, el Guía, el Pathwork

El material reunido en este libro originalmente fue hablado, no escrito. Eva Pierrakos no es la autora de este material, sino sólo el canal a través del cual éste fue transmitido. El verdadero autor es un ser no encarnado, el cual hablaba a través de Eva mientras ella se encontraba en un estado de conciencia alterada. Este ser no nos dice nada sobre sí mismo, ni habla de su personalidad, de su historia, no hay nada "encantador". Ni siquiera se da un nombre a sí mismo, pero se le llegó a conocer como *el Guía* y el material que transmitió ha sido llamado "Las conferencias del Guía". Se ha dado el nombre de *The Pathwork* al proceso de transformación personal propuesto en esas enseñanzas.

El Guía puso todo el énfasis en el material transmitido y ninguno en su fuente. En una de sus últimas transmisiones dijo: "no deben preocuparse por el fenómeno de esta comunicación como tal. Al principio de una aventura como esta, lo único importante es comprender que existen niveles de la realidad que aún no han sido explorados ni experimentados por ustedes y sobre los cuales en el mejor de los casos tan sólo pueden elaborar teorías. La teoría no es lo mismo que la experiencia y más vale dejar las cosas de ese modo por ahora en vez de tratar de forzarse por llegar a una conclusión definitiva. Recuerden que esta voz no expresa la mente consciente del instrumento humano a través del cual estoy hablando. Más aún, consideren que cada personalidad humana tiene una profundidad de la cual puede no ser consciente todavía. En esa profundidad todos poseen los medios para trascender los estrechos límites de su propia personalidad y obtener el acceso hacia otros dominios y otras entidades dotadas de un conocimiento más profundo y más amplio." [6]

De 1957 a 1979 el Guía dio, a través de Eva, un total de 258 conferencias sobre la naturaleza de la realidad psicológica y espiritual y sobre el proceso del desarrollo espiritual de la persona. Se ha publicado una selección de diecisiete conferencias en un libro titulado *The Pathwork of Self-Transformation.*[7] Este libro se enfoca hacia el método de la transformación personal presentado por el Guía. No es un método simple pero, si se le sigue fiel y valerosamente, promete unos resultados de enormes alcances.

"Este camino le exige al individuo aquello que la mayoría de la gente está menos dispuesta a dar: honestidad con su propio ser, mostrar lo que existe ahora, eliminar las máscaras y las pretensiones y experimentar nuestra vulnerabilidad desnuda. Es una gran exigencia, y sin embargo es el único camino que nos lleva hacia una auténtica paz y unidad". [8]

Durante los primeros diez años de transmisiones del Guía se juntó un grupo de gente en torno a Eva para aprender los principios explicados por el Guía y para tratar de ponerlos en práctica. En 1967 Eva conoció al doctor John Pierrakos, un psiquiatra y co-autor de una escuela terapéutica conocida como bio-energética. Algunos años más tarde se casaron y la unión del trabajo de ambos condujo hacia una gran expansión de la comunidad del Pathwork.

La red de personas que practican y enseñan el Pathwork en la actualidad incluye dos escuelas que enseñan el Pathwork (en Phoenicia, Nueva York y en Madison, Virginia) y grupos de estudio en muchas áreas urbanas de los Estados Unidos y de Europa.

Durante la vida de Eva (murió en 1979) la comunidad del Pathwork se reunía una vez al mes en un sitio de la ciudad de Nueva York. Eva entraba en un estado que ella describía como de trance ligero y el Guía hablaba a través de ella durante alrededor de cuarenta y cinco minutos. Las conferencias fueron grabadas, transcritas y luego distribuidas entre los miembros de la comunidad.

La presentación verbal del material hacía que hubiera cierta cantidad de repeticiones dentro de cada conferencia. Igualmente, durante los veintidós años que duró la transmisión, muchos temas fueron repetidos y re-elaborados. Al preparar este libro se eliminaron algunas de las repeticiones del Guía, pero debido a nuestro deseo de conservar su sabor original, permanecen algunas repeticiones. Al final de cada conferencia se abría un período de preguntas y respuestas. Hemos eliminado la mayor parte de ese material pero escogimos varios ejemplos de este intercambio entre los miembros y el Guía.

III. Cómo usar este libro

Hacemos una fuerte recomendación para que el lector no intente sentarse y leer este libro de un sólo tirón. El material fue originalmente presentado con la expectativa de que cada conferencia fuera leída y discutida durante todo un mes antes de la siguiente. Mucho de este material es relativamente denso y requiere de una relectura y de concienzudos intentos para aplicarlo a uno mismo. Si se tiene a otras personas con las que se pueda compartir el libro, leerlo conjuntamente y hablar sobre él sería lo ideal. Si no es así, recomendamos leer sólo una conferencia a la vez, esperar unos días y luego releerla, tomarse un tiempo para tratar de aplicar a uno mismo los principios expuestos y sólo entonces proceder a leer la siguiente conferencia.

Las conferencias y partes de conferencias que aparecen en este libro son una selección hecha dentro de las 258 conferencias que fueron dadas. Se les presenta de manera cronológica y ese es el mejor orden para leerlas. Sin embargo, si una sección del libro nos resulta difícil, recomendamos que, en vez de abandonar el libro, se salte esa sección para continuar con otra conferencia cuyo título parezca interesante.

Estas conferencias elaboran un método de observación de ti mismo y una estructura teórica para organizar y comprender lo observado. El trabajo requiere de diligentes esfuerzos para deshacerte de tus máscaras y defensas y para sentir y reconocer los verdaderos sentimientos que has negado y reprimido. Se puede realizar una parte de este trabajo solo, pero para la mayoría de la gente que ha llegado hasta ese nivel dentro del camino, se vuelve muy difícil continuar solitariamente. Necesitarás amigos y ayudantes, compañeros de viaje, que te ayuden a ver ciertos aspectos de ti mismo que prefieres guardar en la sombra.

Una vez que hayas aprendido la verdadera auto-observación —y que en base a ello hayas tenido el valor de sacar a la luz tu sombra, tu ser inferior— estarás listo y serás capaz de empezar a practicar una genuina auto-transformación. El trabajo no es rápido ni es fácil, pero verdaderamente cambiará tu vida.

D.T.

[1] C.G. Jung. Aion. en *Psyche & Symbol*, editado por V.S. De Laszlo, Doubleday, 1958, pp. 49-50.

[2] Conferencia Pathwork # 184

[3] Susan Thesenga, *The Undefended Self*, Sevenoaks, 1988, p. 19.

[4] C.G. Jung. *Memories, Dreams, Reflections*. Pantheon Books, 1973, p. 330

[5] Edward Hoffman, Ph. D. "Abraham Maslow and Transpersonal Psychology". en *The Common Boundary*. Mayo-Junio 1988, p. 5.

[6] Conferencia Pathwork # 204

[7] Eva Pierrakos, *The Pathwork of Self-Transformation*, Bantam Books, 1990.

[8] Conferencia Pathwork # 204

Índice

PARTE 1

Autoconocimiento

Un hombre tiene muchas pieles cubriendo las profundidades de su corazón. El hombre sabe muchas cosas; pero no se conoce a sí mismo. Pues treinta o cuarenta pieles, tal como las de un buey o un oso, tan duras y tan gruesas, cubren el alma.

Ve a tu propio terreno y aprende a conocerte a ti mismo en ese sitio.

Meister Eckhart

A menudo resulta trágico ver cuán escandalosamente un hombre estropea su propia vida y la vida de los demás y sin embargo es completamente incapaz de ver hasta qué punto toda la tragedia se origina en él y cómo continuamente la alimenta y la hace existir. No concientemente, es obvio, pues conscientemente se encuentra enfrascado en la lamentación por un mundo sin fe que cada vez se le escapa más y más. Se trata más bien de un factor inconsciente que hace andar las ilusiones que enmascaran este mundo.

C.G. Jung [1]

Iniciamos la Parte I con un extracto tomado de una de las primeras conferencias del Guía. La conferencia trata sobre la felicidad, haciendo notar que se trata de algo que todos deseamos, al tiempo que tendemos a culpar a las circunstancias exteriores por los sentimientos de infelicidad que podemos tener.

El Guía inmediatamente propone la doctrina de la responsabilidad personal: "La persona espiritualmente inmadura piensa que la felicidad tiene que ser creada primero en el exterior; que las circunstancias exteriores, que no necesariamente dependen de ella, deben adaptarse a sus deseos y que de ahí se derivará su felicidad interior. Los espiritualmente maduros saben que es exactamente al revés." Y, "la felicidad no depende de las circunstancias exteriores o de las otras personas, sin importar que tan convencida de esta falacia esté la persona espiritualmente inmadura. La persona espiritualmente madura sabe que ella misma es capaz de crear una vida feliz, no sólo al empezar por hacerlo dentro de sí misma, sino inevitablemente, también en el exterior".

Esta doctrina es la piedra de toque sobre la cual se basa el método Pathwork de transformación personal.[2] El Guía señala que no es necesario creer en esto para poder iniciar el trabajo. Pero es necesario que al menos uno deje su mente abierta a la posibilidad de que sea cierto. Debemos dejar de lado viejas certezas relacionadas con esta idea y con otras para abrir nuestras mentes a nuevas posibilidades.

Este camino no requiere que creamos en ningún dogma específico ni que sigamos ninguna creencia. En cambio se nos dan ideas y métodos para probar, para trabajar, para ponerlos en práctica. Si los métodos funcionan lo sabremos por los resultados. Si las ideas rinden frutos, si nos ayudan a comprendernos mejor a nosotros mismos y a vivir más felizmente y más productivamente, entonces las haremos realmente nuestras; serán cosas sabidas, no sólo creídas.

La primera llave hacia la felicidad, de acuerdo con el Guía, es el autoconocimiento. Esto parece ser una afirmación fuera de toda discusión. Es seguro que toda la gente que ha estudiado estará de acuerdo en que el autoconocimiento es invaluable. ¿Pero entonces por qué es tan difícil de alcanzar? Tal vez porque a nadie le gusta oír verdades desagradables y poco halagadoras respecto de sí mismo aunque esas son las más importantes que debemos conocer.

Las conferencias que presentamos a continuación en la Parte 1 señalan la importancia que tiene para nosotros el conocer todas ésas partes de nosotros mismos que preferimos no ver y olvidar.

En la psicología jungiana se utiliza el término "sombra" para describir la parte de nosotros mismos que preferimos no llevar en la mente consciente, que empujamos hacia la obscuridad esperando olvidarla. En el sistema Pathwork ese conjunto de fallas del carácter y de negatividades es llamado el "ser inferior". Esconder el ser inferior crea una máscara, una autoimagen idealizada, un dibujo glorificado de quién creemos que deberíamos ser y que tratamos de hacer creer que somos.

Las primeras etapas del Pathwork se enfocan inicialmente hacia el aprendizaje de cómo penetrar la máscara de nuestro ser, y luego de cómo reconocer al ser inferior que se esconde bajo de ella. Estas dos capas de la personalidad son las que esconden al ser superior, ese destello de la divinidad interior que está en el núcleo de cada uno de nosotros. Las primeras conferencias nos invitan a entrar en contacto sin temor con esas partes de nosotros que más deseamos esconder y nos dan herramientas prácticas para realizar ese trabajo. Primero aprendemos cómo ver y evaluar nuestras actividades y emociones cotidianas, un material que es completamente consciente y que sólo espera que volvamos toda nuestra atención hacia él. Entonces aprendemos a detectar nuestros pensamientos, sentimientos y actitudes subyacentes. Encontraremos cosas maravillosas: prepárate para la sorpresa.

D.T.

[1] C.G. Jung, Aion. tal como aparece en *Psyche* & *Symbol*, editado por V. S. de Laszlo, Doubleday, p. 8.

[2] Conferencia Pathwork # 204

▲ 1 ▲

Conócete a ti mismo

Muy hondo en el corazón de cada ser humano se encuentra el deseo de ser feliz. Pero, ¿qué es la felicidad? Si le preguntamos a diferentes personas obtendremos diferentes respuestas. Las personas espiritualmente inmaduras, después de pensar por un momento, tal vez dirán que si obtuvieran ésta o aquélla satisfacción o la eliminación de una preocupación, serían felices. En otras palabras, para ellos la felicidad significa la realización de ciertos deseos. Sin embargo, aunque esos deseos se volvieran realidad esas personas no serían felices. Seguirían sintiendo una profunda intranquilidad. ¿Por qué? Porque la felicidad no depende de las circunstancias exteriores o de la demás gente, sin importar cuán convencida de esa falacia esté la persona espiritualmente inmadura. La gente espiritualmente madura lo sabe. Saben que sólo ellos son responsables de su felicidad o infelicidad. Saben que son capaces de crearse una vida feliz, primero dentro de sí mismos, pero luego e inevitablemente en su vida exterior. Las personas espiritualmente inmaduras creen que la felicidad tiene que ser creada primero en el exterior debido a que las circunstancias exteriores, que no necesariamente son provocadas por ellas, tienen que ajustarse a sus deseos. Piensan que al lograr esto serán felices. Las personas espiritualmente maduras saben que las cosas son exactamente al revés.

Mucha gente no quiere aceptar esta verdad. Es más fácil culpar al destino, a la injusticia del destino y a los poderes superiores, a las circunstancias causadas por la demás gente, que aceptar la responsabilidad que se tiene con uno mismo. Es más fácil sentirse víctima. De ese modo uno no tiene que buscar, a veces muy hondo y con el máximo de honestidad, dentro de uno mismo. Y sin embargo la gran verdad es: la felicidad está en nuestras manos. Está en tu poder encontrar la felicidad. Puedes preguntar: ¿qué debo hacer? Pero primero veamos lo que es la felicidad desde un punto de vista espiritualmente maduro. Simplemente significa: Dios.

Muchas personas tratan de encontrar a Dios con toda sinceridad. No obstante, si se les pregunta qué es lo que quieren decir exactamente con eso, cómo imaginan que podría suceder ese encuentro, les resultaría difícil dar una respuesta llena de significado. Aunque obviamente sí existe algo que podemos llamar "encontrar a Dios".

En realidad se trata de un proceso muy concreto. No se trata de algo brumoso ni irreal o ilusorio. Encontrar a Dios en realidad significa encontrar tu ser verdadero. Si te encuentras a ti mismo, hasta cierto punto, estás en un determinado nivel de armonía. Percibes y comprendes las leyes del universo. Eres capaz de relacionarte, de amar y de experimentar la dicha. Eres verdaderamente responsable de ti mismo. Tienes la integridad y el valor de ser tú mismo aun a costa de perder la aprobación de los demás. Todo esto significa que has encontrado a Dios; sin importar el nombre que le des a este proceso. También se le podría llamar volver a casa desde la auto-alienación.

Encontrar a Dios es la única manera de alcanzar la felicidad. Y se le puede encontrar aquí mismo y ahora mismo. "¿Cómo?", preguntarás. Amigos míos, a menudo la gente imagina que Dios se encuentra inconmensurablemente lejos en el universo y que es imposible alcanzarlo. Eso está muy lejos de la verdad. El universo entero se encuentra dentro de cada persona, de modo que Dios está dentro de cada persona. Cada criatura viviente tiene una parte de Dios dentro de sí. La única manera de alcanzar esa parte divina que se halla adentro de uno es recorriendo el empinado y estrecho camino del auto-desarrollo. La meta es la perfección. ¡La base de esto es conocerte a ti mismo!

Conocerte a ti mismo es definitivamente algo difícil. Pues conocerse a uno mismo significa enfrentar muchos rasgos poco halagadores. Significa una larga, continua e interminable búsqueda: "¿Qué soy? ¿Qué significan mis reacciones, no sólo mis actos y pensamientos? ¿Mis acciones están respaldadas por mis sentimientos o tengo motivos detrás de esos actos que no corresponden con lo que me gusta creer sobre mí mismo o con lo que me gusta que crea el resto de la gente? ¿He sido honesto conmigo mismo hasta ahora? ¿Cuáles son mis errores?

Aunque algunos de ustedes pueden conocer sus debilidades, la mayoría de la gente ignora una buena parte de ellas, lo cual representa un gran obstáculo, incluso para aquellos que han alcanzado cierta altura en este empinado camino. No es posible sobreponerse a lo que se desconoce. Cada defecto no es nada más ni nada menos que una cadena que te ata. Con el abandono de cada imperfección se rompe una cadena y se vuelve uno más libre acercándose a la felicidad. La felicidad es para cada individuo, pero es imposible alcanzarla si no se eliminan las causas de la infelicidad —es decir tus defectos—, lo mismo que cualquier tendencia que rompa alguna ley espiritual.

Puedes descubrir qué tanto has avanzado por este camino al observar tu vida y tus problemas. ¿Qué tan feliz eres? ¿Qué le falta a tu vida? El nivel de existencia de infelicidad e insatisfacción en tu vida es la medida en la que aún no has desarrollado tu potencial.

Para quienes realmente se desarrollan, existe una profunda y apacible satisfacción, seguridad y un sentimiento de plenitud. Cuando estas cosas hacen falta, eso significa que no estás en el camino correcto, o que no has alcanzado la liberación que te está destinada una vez que hayas superado las dificultades iniciales que hay en este camino. Sólo tú conocerás la respuesta, sólo tú sabrás en dónde te encuentras en relación con esto. Nadie más puede ni tiene que responder a esta pregunta en tu lugar. Si estás en el camino correcto y aun teniendo ese profundo sentimiento de satisfacción enfrentas problemas en tu vida exterior, eso no debe desanimarte. Es posible que la forma exterior del conflicto interno con el cual estás trabajando ahora no pueda disolverse tan rápidamente.

Mientras más dirijas las corrientes internas del alma hacia los canales correctos, más las formas exteriores correspondientes cambiarán, lenta pero seguramente. El problema exterior no puede desaparecer automáticamente hasta que el proceso no se haya realizado por completo. La impaciencia sólo será un obstáculo. Si estás en el camino correcto, vivirás y sentirás la gran realidad del mundo de Dios en tu vida diaria. Se volverá algo tan real, si no es que más, que tu entorno humano. Ya no será una teoría o un mero conocimiento intelectual. Vivirás en este mundo y sentirás sus efectos sobre ti.

Ahora me retiro y le digo a cada uno: ninguno de ustedes deberá sentirse solo jamás. El amor de Dios está con todos ustedes. Vivan en paz, sigan este camino. Les traerá la felicidad.

▼▼▼▼

▲ 2 ▲

El ser superior, el ser inferior y la máscara

Bendita sea la hora en que se me permite hablar con ustedes, amigos míos.

Todos ustedes saben que no sólo poseen un cuerpo físico, sino también varios cuerpos sutiles, cada uno de los cuales representa algo diferente. Sus pensamientos tienen formas espirituales específicas y tales formas no sólo son creadas por sus pensamientos, sino también por sus sentimientos, ya que un sentimiento en realidad sólo es un "pensamiento no pensado", el cual aún no se ha hecho consciente. Aunque el pensamiento crea una forma diferente de la creada por un sentimiento, no obstante ambos crean formas muy definidas y substanciales. Cada cuerpo sutil, lo mismo que el cuerpo físico, tiene un aura: la vibración y la emanación de ese cuerpo. Esas formas realmente existen en el espíritu. Todas estas formas fluctúan y cambian puesto que todo lo relacionado con el espíritu está en movimiento perpetuo.

El aura del cuerpo físico muestra la enfermedad física o la salud, así como todas las otras condiciones del ser físico. Las reacciones emocionales, intelectuales o espirituales se muestran en el aura de su respectivo cuerpo sutil.

Cada ser viviente tiene un ser superior o chispa divina. Éste es el más fino y más radiante de los cuerpos sutiles, el que tiene la mayor frecuencia de vibración, la cual tiene una relación directamente proporcional con el desarrollo espiritual. El ser superior se ha rodeado, lenta y gradualmente, con varias capas de materia densa, no tan densa como el cuerpo físico, pero mucho más densa que el ser superior. Así es como llega a existir el ser inferior.

La meta del desarrollo espiritual es eliminar al ser inferior a fin de que el ser superior vuelva a ser libre de todas las capas exteriores que ha adquirido. En su propia vida, ustedes podrán sentir con cierta facilidad, en relación consigo mismos o con los demás, que ciertas partes del ser superior ya están libres, mientras que otras aún están escondidas. Qué tanto está libre o escondido y qué tan gruesa es la capa que lo esconde es algo que depende del desarrollo general de la persona.

El ser inferior consiste no sólo de los errores comunes y de las debilidades personales que varían de una persona a la otra, sino también de la ignorancia y de la pereza. El ser inferior odia cambiar y vencerse a sí mismo, tiene una voluntad muy fuerte que no siempre se manifiesta exteriormente y quiere obtener cosas sin pagar su precio. Es muy orgulloso y egoísta y siempre tiene una buena cantidad de vanidad. Todas estas características constituyen al ser inferior independientemente de las fallas personales.

Podemos determinar con facilidad cuáles formas de pensamiento provienen del ser superior y cuáles provienen del ser inferior. También es posible determinar qué tendencias, deseos y esfuerzos del ser superior pueden estar mezclados con las tendencias del ser inferior.

Cuando los motivos del ser inferior corrompen los mensajes del ser superior, se crea un desorden en el alma que hace que quien carga con esto se encuentre emocionalmente enfermo. Por ejemplo, una persona puede desear algo egoísta, pero como él o ella no quiere admitir en su interior que se trata de algo egoísta, empieza a racionalizar ese deseo egoísta engañándose a sí misma. Este tipo común de auto-engaño en los seres humanos se puede detectar porque las formas del ser superior tienen un carácter completamente diferente de las del ser inferior.

Existe otra capa cuyo significado total desafortunadamente aún no es suficientemente reconocido por los seres humanos, y es eso a lo que llamo la máscara del ser. La máscara del ser se crea de la siguiente manera: Cuando uno reconoce que puede entrar en conflicto con su entorno al dejarse guiar por su ser inferior, es posible que aún no esté listo para pagar el precio de vencer a ese ser inferior. Vencerlo significaría antes que todo enfrentarlo como realmente es, con todas sus motivaciones e inclinaciones, pues sólo se puede vencer a lo que se conoce completamente. Lo cual equivale a tomar el camino estrecho, el camino espiritual.

Mucha gente no quiere pensar tan profundamente; en cambio reacciona emocionalmente sin pensar en cómo su ser inferior se encuentra relacionado con su reacción. La mente subconsciente siente la necesidad de presentar una imagen de su ser ante el mundo a fin de evitar ciertas dificultades, situaciones desagradables y desventajas de todo tipo. Así la gente crea otra capa del ser que no tiene nada que ver con la realidad, ni con la del ser superior ni con la realidad temporal del ser inferior. La máscara superpuesta puede ser considerada como un engaño: no es real.

Volveré al ejemplo anterior. El ser inferior le dice a la persona que sea relativamente despiadada en relación con su deseo egoísta. No es difícil que alguien incluso de la más limitada inteligencia, se dé cuenta de que al abandonarse a ese deseo él o ella se aislará o sufrirá el desprecio de los demás, algo que nadie quiere que le suceda. En vez de vencer el egoísmo mediante el lento proceso del desarrollo, esa persona a menudo actúa como si él o ella ya no fuera egoísta. Pero en realidad sí es egoísta y siente el egoísmo. Su sometimiento a la opinión de los demás y su generosidad no son más que una mentira y no se encuentran reconciliados con sus auténticos sentimientos. En otras palabras, el acto correcto en este caso no corresponde para nada con los sentimientos internos no purificados y, por lo tanto, la persona vive una guerra en su interior. Las acciones correctas se convierten en una compulsión en vez de ser fruto de la libre elección. Semejante bondad superpuesta no paga el precio en el sentido real. Mientras una persona está dando algo, tal vez aborrece la idea de hacerlo. Esa persona no sólo es egoísta en sus convicciones internas, sino que además es mentirosa con su naturaleza, viola su realidad y vive un engaño.

De ningún modo estoy sugiriendo que es aconsejable abandonarse a su naturaleza inferior; uno debe luchar por alcanzar la iluminación y tratar de desarrollarse a fin de purificar sus sentimientos y sus deseos. Pero si eso no se logra, al menos no debe haber auto-engaño. La persona debe al menos tener claridad sobre la discrepancia entre sus sentimientos y sus acciones, lo cual evita la formación de la máscara del ser.

▼ *Terminar con el auto-engaño* ▼

Sin embargo es demasiado frecuente el que ese tipo de persona trate de creer que realmente no es egoísta, de modo que se engaña a sí misma sobre sus sentimientos y motivaciones reales al no mostrarlos y tratar de no verlos. Después de cierto tiempo, la raíz maligna se hunde en el subconsciente en donde fermenta y crea formas que tienen efectos propios y que no pueden ser eliminadas porque la persona no es consciente de ellas. El ejemplo del egoísmo no es más que una muestra; pero, amigos míos, existen muchos otros rasgos y tendencias del carácter que siguen el mismo proceso.

Cuando la gente está enferma emocionalmente eso siempre es signo de que en alguna forma se ha creado una máscara. No se dan cuenta de que están viviendo una mentira. Han construido una capa de irrealidad que no tiene nada que ver con su verdadero ser. De este modo no son auténticos con su verdadera personalidad. Como lo dije antes, el ser auténtico con uno mismo no significa que deba uno dejarse llevar por su ser inferior, sino que debe uno ser consciente de él. No se engañen a sí mismos si todavía actúan de acuerdo con la necesidad de protegerse y no con base en una esclarecida visión y convicción interna. Sean conscientes de que sus sentimientos aún son impuros en relación con tal o cual aspecto. Desde ahí tendrán una buena base para comenzar. Les será más fácil enfrentarse a sí mismos de esta manera, al percatarse de que bajo las capas de su ser inferior vive su ser superior: su realidad última y absoluta a la cual eventualmente accederán algún día.

Con el fin de acceder a esa realidad, primero deben mirar de frente a su ser inferior, su realidad temporal, en vez de cubrirla, pues eso coloca una distancia aún mayor entre ustedes y la realidad absoluta o su ser superior. Enfrentar al ser inferior es algo que exige romper con la máscara sin importar cuál sea el costo de esto. Ustedes podrán conducirse hacia ese logro al visualizar los tres seres de los que les estoy hablando ahora.

En ocasiones parece que es correcto mentirse a uno mismo y no pensar en sus verdaderas motivaciones y emociones, dejando que las emociones reaccionen sin pensar, pero en realidad eso no es correcto. La persona que desea ser feliz, estar sana y en paz consigo misma, a fin de realizar su vida actual y estar en armonía con Dios y de este modo con su ser interior, debe de una vez encontrar la respuesta a las siguientes preguntas: ¿Cuál es mi verdadero yo? ¿Cuál es mi ser superior? ¿Cuál es mi ser inferior? ¿En dónde puede haber una máscara, una falsedad?

Es importante que todos ustedes traten de entrenar su mirada interior para verse a sí mismos y a los demás seres humanos desde este punto de vista. Mientras más espiritualmente despiertos estén, les será más fácil percibirse a sí mismos y a los otros. Cuando entren en contacto con su ser superior, una vez que su intuición se haya despertado a partir de su desarrollo espiritual personal, sentirán una clara diferencia entre la máscara y el ser superior. Sentirán las desagradables manifestaciones de la máscara, primero de la propia, sin importar cuán agradable sea su apariencia.

Lo que falta ahora por realizar es penetrar con estas verdades en las capas subconscientes de la personalidad para vencer todas las resistencias interiores.

Si desean caminar por este sendero y curarse de sus enfermedades emocionales, es importante que entiendan todo esto. Tienen que enfrentar al ser inferior que existe en cada ser humano, pero también deben saber que ese ser inferior no es el verdadero "Yo" o el verdadero ser. El ser superior, que es la perfección en espera de crecer hacia afuera de esas capas de imperfección, es el verdadero ser. Tal vez tengan preguntas sobre este tema, queridos amigos.

PREGUNTA: ¿Cómo puede uno deshacer lo que su ser inferior ha manifestado en forma de una enfermedad física?

RESPUESTA: En primer lugar no deben tratar de empezar eliminando las consecuencias. Si su ser inferior ha creado una enfermedad, primero hay que aceptarla. Deben tratar de encontrar las raíces o la parte de su ser inferior que ha creado la enfermedad. El ser inferior debe ser encontrado y explorado completamente. Su meta debe ser la perfección por sí misma. Lo hacen por el amor a Dios que existe en ustedes y no con el fin de evitarse el tener que aguantar una incomodidad. Es cierto que se requiere de mucha fuerza interna para purificar suficientemente los motivos en un principio, pero ésta es una base necesaria. Al hacer esto, se están aprendiendo muchas otras cosas. La fuerza espiritual crece a medida que se aprende a aplicar una absoluta honestidad consigo mismo. Una vez que sus motivaciones son puras, la enfermedad no importará ni la mitad de lo que importa el estado de su alma. En la medida en que el ego y la comodidad de lo que se le apareja pierde importancia, habrán seguido una muy importante ley espiritual. Su salud espiritual se restablecerá gradualmente. Esta ley tiene que ver con el abandono del ego que enseñó Jesús. Sólo al hacer esto se gana la vida. Así que empiecen por enfrentar a su ser inferior con valor, optimismo, humildad y con un ánimo de descubrimiento. Una vez que descubran su ser inferior, y rompan todas las máscaras y capas que cubre al ser superior, empezarán a trabajar con estos diferentes aspectos del ser inferior. Esto se hace mediante una auto-observación diaria y puesta a prueba, observando una y otra vez qué tan lejos los siguen desviando sus corrientes internas de lo que quisieran ser. Mientras hacen esto, convirtiéndose en amos de su ser inferior, aprenderán la verdadera honestidad consigo mismos y sus motivaciones para el desarrollo se volverán más y más puras. Su visión se ampliará, recibirán la iluminación y sus síntomas y problemas desaparecerán gradualmente. De modo que no deben pensar primero en su enfermedad, sino en la raíz del problema. Ése será el único éxito perdurable. Si realmente desean purificarse, no sólo deshacerse de las consecuencias desagradables que les son más notorias o visibles, recibirán ayuda y guía para que puedan combatir a su ser inferior, pues nadie puede hacerlo solo.

Con esto, amigos míos, me despido. Vayan en paz; sepan que Dios está presente dentro de ustedes.

▼▼▼▼

3

Realiza un verdadero cambio de sentimientos

Traigo bendiciones para todos ustedes, amigos míos. Hasta este momento ya habrán entendido una cosa con claridad: la necesidad del desarrollo personal en este plano terrestre cuya existencia tiene precisamente ese propósito. No importa cuán difícil pueda ser la vida en ocasiones, sólo aquellos que satisfacen ese propósito pueden encontrar paz en su alma. Les he prometido empezar este curso para que cada uno de ustedes pueda encontrar su camino aprendiendo cómo recorrerlo, dónde empezar y qué involucra la realización del trabajo. Traten mis palabras como si fueran una meditación. Deben retener estas palabras y no sólo leerlas una vez, pues eso no será suficiente. Deben meditar sobre estas enseñanzas, con el fin de que este conocimiento deje de ser algo superficial e intelectual y penetre en regiones más profundas en su ser. Sólo entonces les serán realmente benéficas.

Todo el mundo sabe que es importante ser una persona decente, no cometer los llamados pecados, dar amor, tener fe y ser bueno con los demás. Sin embargo, eso no basta. En primer lugar, saber todo esto y ser realmente capaz de actuar conforme a ello son dos historias distintas. Puede que sean capaces mediante el uso de su voluntad de frenarse para no cometer un crimen, pero no es posible que se forcen a sí mismos a sentir que no desean dañar a nadie, nunca. Puede que actúen bondadosamente hacia alguien más, pero no pueden forzarse a sentirse bondadosos. Como tampoco pueden forzarse a tener amor en su corazón o a tener una verdadera fe en Dios. Cualquier cosa que pertenece a las emociones no depende de sus acciones directas y ni siquiera de sus pensamientos. Cambiar sus sentimientos requiere del lento proceso de desarrollo personal y de auto-reconocimiento.

Pueden percatarse de que no tienen suficiente fe, pero el darse cuenta de esto y tratar de forzarse a tenerla diciéndose a sí mismo: "Debo tener fe", no les acercará ni un paso a ello; sino al contrario. Uno puede convencerse a sí mismo superficialmente de ello, pero eso no significa que tu fe o tu capacidad de amar sean reales. Esto es todo de lo que se trata este camino: el cambio de los sentimientos.

Bueno, ahora la pregunta que surge es: ¿Cómo hacer para cambiar los sentimientos más profundos? Ahí es por donde tenemos que comenzar y en dónde yo les enseñaré el camino. En primer lugar, amigos míos, no pueden cambiar nada mientras no sepan qué es lo que realmente hay en ustedes. La más grande dificultad en este camino es que la gente tiende a engañarse a sí misma sobre quién es en realidad. Pero no estoy hablando sólo de la mente inconsciente que todos ustedes saben que existe. Entre el consciente y el subconsciente hay otra capa que se encuentra mucho más cerca de la mente consciente. Sin embargo, ustedes aún no descubren esa capa porque quieren permanecer ignorantes respecto a ella. Le huyen aunque sus síntomas y sus signos estén frente a sus narices. La gente huye de esa conciencia porque equivocadamente piensa que lo que no conoce no existe. Es posible que ustedes no lo piensen con estas palabras, pero los sentimientos de este tipo viven en ustedes sin que se percaten verdaderamente de ellos. Sin embargo, incluso cuando uno desvía la mirada de su propia realidad interior, ésta realmente existe. Puede que sea la realidad temporal de este momento, pero de todos modos es parte de la realidad de su vida y una etapa en su desarrollo. Es su realidad en este momento.

Recuerden la conferencia que di sobre el ser superior, el ser inferior y la máscara. Lo que acabo de explicar es parte de la máscara. Todos ustedes saben que no es correcto hacer o pensar o sentir ciertas cosas. Si esos sentimientos aún existen en su ser inferior, ustedes alejan su mirada de ellos, pensando que así han eliminado lo que reconocieron como incorrecto. Pero evitar o negar es el peor error que puede hacer un ser humano, pues causa infinitamente más problemas y más conflictos internos y externos que cualquier otra cosa que ustedes conozcan en su mente consciente.

▼ *Enfrentar la vida* ▼

He mencionado las diversas leyes espirituales que los seres humanos violan constantemente. El proceso que acabo de describir viola una de esas leyes: la ley de enfrentar la vida. Enfrentar la realidad de la vida significa ser capaz de enfrentarse a uno mismo tal cual es con todas sus imperfecciones. Si uno no empieza por enfrentar la vida, jamás puede desarrollarse. Ningún sistema que trate de enseñar cómo saltar este obstáculo puede ser realmente exitoso, pues la búsqueda de esos atajos también viola una ley espiritual.

Todos ustedes están inconscientemente involucrados en este proceso dañino todo el tiempo, aun cuando algunos de ustedes pueden haber alcanzado cierto nivel de auto-conocimiento. No hay uno solo entre ustedes que no haya tenido al menos un destello de conocimiento de una tendencia interior, haciendo que esta tendencia se vuelva consciente. Sin embargo, en muchas otras áreas su mente consciente todavía huye de la posibilidad de enfrentar su verdad interior. Puede ser que conozcan sus defectos, pero seguro que no conocen todas sus motivaciones reales. No comprenden por qué tienen ciertas opiniones, gustos o idiosincracias; incluso sus cualidades pueden estar parcialmente influenciadas por una falla inconsciente o por una corriente interna incorrecta. Las tendencias sobre las cuales ustedes se han engañado de este modo deben ser comprendidas en relación con las influencias y las conexiones que hay entre ellas.

No existe nada en el alma humana que provenga completamente del ser superior o del ser inferior, pues todo se mezcla continuamente. La purificación significa separar, comprender y reorganizar esas diversas tendencias en una comprensión consciente, purificando así las tendencias básicamente buenas de todas las máscaras del auto-engaño y de las influencias causadas por las debilidades del carácter. El ser superior en ustedes dice: "Quiero ser perfecto. Sé que ésa es la voluntad de Dios." Pero es la ignorancia del ser inferior lo que les hace pensar que la perfección puede ser obtenida desatendiendo sus imperfecciones y olvidándolas. También es el ser inferior el que desea que todo siempre sea muy cómodo. El ser inferior desea estar en una posición elevada, pero por razones diferentes a las del ser superior. Su ser superior busca avanzar por el amor a Dios como una forma de reconocimiento y de iluminación, y es consciente de que sólo cuando se es perfecto uno será verdaderamente capaz de amar a sus semejantes. Pero su ser inferior quiere ser perfecto para tener más gratificación egoísta y para pavonearse y ser admirado. Éste es un ejemplo en el cual tanto el ser superior como el ser inferior buscan la misma cosa, pero sus motivaciones son completamente distintas. Es de la mayor importancia para la purificación de su personalidad y por el bien de un alma sana y armoniosa el separar esas motivaciones y reconocer sus voces. No sientan que los estoy culpando, ni se culpen a ustedes mismos cuando empiecen a reconocer esas tendencias en ustedes. Estoy planteando un hecho, y uno de los requerimientos básicos de su camino es que acepten que aún existen muchas tendencias negativas en ustedes. Sólo a partir de esta premisa podrán continuar y cambiar la impureza de sus motivaciones.

También deben reconocer las razones por las cuales su ser inferior no quiere que se vean a sí mismos. Una razón es que reconocerse a uno mismo como imperfecto es desagradable. La otra es que el ser inferior es perezoso y nunca quiere trabajar. Sin embargo, se requiere de trabajo para enfrentar lo que hay en uno mismo, especialmente cuando se trata de enfrentar las cosas desagradables. De modo que el primer paso, amigos míos, en su decisión de andar este camino de desarrollo personal y purificación es ser claros respecto a esto. Si ustedes son conscientes de esto, no se desanimarán al ocuparse de esta primera parte del trabajo que se necesita. Sólo podrán alcanzar la perfección pasando por sus imperfecciones, no dándoles la vuelta.

▼ *La búsqueda completa* ▼ *de uno mismo toma tiempo*

Andar este camino no implica un constante y suave mejoramiento de uno mismo y de sus condiciones de vida. Eso sería también algo completamente irreal. Debes enfrentar el hecho de que el camino es largo y de que las pruebas no cesarán tan rápido como te gustaría. Se hace mucho daño cuando se dice a la gente que siguiendo ciertas reglas de enseñanzas metafísicas harán desaparecer sus problemas por completo, o que si parecen desaparecer por un tiempo eso es una muestra de su éxito. Imaginar que el seguir este camino de purificación inmediatamente reducirá tus problemas es inmaduro y pueril. Seguro que tus problemas internos y externos se reducirán y finalmente cesarán, pero sólo después de un largo tiempo, una vez que hayas entendido completamente tu maquillaje interior y reorganizado tus corrientes internas.

En este camino disolverás las imágenes internas que son directamente responsables de tus conflictos. Una vez que hayas alcanzado algunas victorias sobre ti mismo te darás cuenta de esta verdad, pero eso toma mucho tiempo y años de trabajo. Así gradualmente los tiempos de prueba reducirán su impacto y su frecuencia, a medida que la armonía crece en tu alma y que realmente te haces cargo de ti mismo cobrando conciencia de quién eres. Cuando digo "consciente de ti mismo" quiero decir que conoces completa y profundamente a tu ser inferior, lo cual no significa que ya lo hayas superado.

Medita sobre el hecho de que puedes esperar encontrarte con aspectos de ti mismo que te sorprenderán de manera desagradable. Espera esto y enfréntalo con buena disposición en vez de esconderte y escaparte de ello. Debes esperar que al igual que has pasado por pruebas antes de tomar este camino directo, en él también te encontrarás con más pruebas durante un buen tiempo. La única diferencia es que la persona que se encuentra en este camino logrará, con base en cierto trabajo exitoso, comprender que cada prueba y cada período de dolor significa algo muy especial. Cada período difícil, cada dificultad, encierra una lección para aprender respecto a uno mismo. Sólo después de un tiempo considerable tu mente estará entrenada en esa dirección para que puedas descubrir cada vez más rápido cuál es la lección. En cuanto comprendas el significado de estos períodos, cesará ese tipo de pruebas. Pero mientras no lo hayas comprendido, las pruebas continuarán. Puede que se retiren durante un tiempo, pero volverán en la misma forma o en forma similar hasta que hayas aprendido la lección. Quienes han experimentado lo que significa el comprender el mensaje de una dificultad específica, comprenderla realmente hasta el fondo, ¡se darán cuenta de la bendición que encierra!

▼ *El precio del crecimiento espiritual es alto* ▼

Otro pensamiento para la meditación: cuando se anda este camino, debes prepararte para vivir de acuerdo con otra de las leyes espirituales, la cual dice que todo tiene un precio. Quien trate de evitar esto a final de cuentas pagará un precio mayor. Todas las personas hacen esto de un modo u otro; algunos lo hacen de maneras más obvias, otros más sutil y secretamente. Mucha gente no lo hace hacia el exterior, pero psicológicamente todos lo están haciendo, especialmente cuando se acercan a este camino con los ojos abiertos sólo a medias. Dénse cuenta de que sí hay un precio, pero ¡bien vale la pena! No puedes esperar tener un palacio por el precio de una barraca. En el nivel material esta verdad no te causa problemas, pero en los niveles emocional, psicológico y espiritual constantemente estás deseando un palacio por el precio de una choza —y a veces a cambio de nada.

El precio que pagas al andar este camino de

desarrollo es definitivamente alto, pero no hay ningún otro modo sobre la tierra o en el cielo para alcanzar la armonía, el amor, la felicidad y la completa seguridad interior. El precio es: nada de auto-conmiseración, ningún auto-engaño, gran severidad con el pequeño ego, tiempo, esfuerzo, paciencia, perseverancia y valor. Lo que recibirás a cambio de este precio realmente vale cien veces más, pero no esperes ver la recompensa inmediatamente después de haber empezado. Y me refiero a un período de al menos uno o dos años del trabajo descrito, a condición de que no trabajes a medias. En otras palabras, y hablando simbólicamente, ¡primero debes pagar el precio de contado!

Sé que mis palabras no son lo que le gusta oír a la gente auto-indulgente. No existe ningún método fácil y ninguna fórmula mágica para obtener la felicidad que todos buscan. No puedo prometerles regalos preciosos del cielo en la tierra a cambio del ejercicio de ciertas plegarias. Si les dijera esas cosas, tendrían toda la razón de sospechar y dudar, aunque tal vez eso es lo que preferirían oír. Lo que les estoy ofreciendo es real y verdadero. Cada uno de ustedes tiene la posibilidad de descubrirlo por sí mismo haciendo la prueba y siguiendo mis consejos. Mis consejos comienzan con esto: mediten sobre las palabras que les he dicho aquí. Consideren cuál debe ser el precio, y qué es lo que deben esperar a cambio. Entonces tomen una decisión. ¿Estás dispuesto a tomar este camino? Puede ser que digas: "Estoy muy cansado." Lo único que puedo contestarte es que eso muestra una visión muy corta. Si estás cansado o débil es porque tus fuerzas internas se agotan trabajando en los canales equivocados, de modo que tu fuerza no puede renovarse a sí misma orgánicamente como lo hace en un alma que trabaja bien. Si al menos empezaras y no te dejaras desanimar por las primeras dificultades, al fin de cuentas lograrías poner en orden esa corriente interna. Al hacerlo, liberarías dentro de ti una fuerza vital y una chispa que cambiarán tu vida por completo.

No puedo prometerte que cesarán todos tus problemas, puesto que, para empezar, son una parte necesaria de tu camino, un reto del cual puedes aprender si le haces frente con madurez. Sin embargo, te puedo prometer que después de que hayas reunido ciertas condiciones fundamentales, no volverás a sentirte deprimido por tu vida o por tus dificultades. Te puedo prometer que tu cansancio cesará y que tendrás la fuerza suficiente para pasar por tus dificultades y para soportar tu cruz de la manera correcta, sabiendo por qué y de qué se trata todo esto.

La cosa más difícil para ti y el aspecto más debilitante de tu vida es que no logras ver la razón por la cual suceden las cosas. Esa razón sólo la encontrarás en el camino hacia ti mismo y sólo eso te dará la fuerza que necesitas. Más aún, puedo prometerte que después de cierto tiempo sobre el camino disfrutarás de la vida a pesar de tus dificultades, aun antes de que hayan empezado a disiparse. Empezarás a apreciar la vida en una forma en que nunca antes lo has hecho. Puedo prometerte que estarás vivo de una manera vibrante —primero por intervalos, y luego de manera más consistente. A medida que te comprendas a ti mismo y que empieces a poner órden en tu alma, esa vibrante fuerza vital te llenará. La vida te resultará bella en toda su realidad. Así que te digo sinceramente, no pospongas este trabajo. No importa cuán tarde pienses que es. Cualquier cosa que logres en esta tierra tendrá un valor eterno. Y cuando hablo de logros, me refiero a la conquista de tu ser inferior.

▼ *Tres tipos de trabajo* ▼

Éste es otro pensamiento, amigos míos, para esa decisión inicial a la cual deben acercarse con los ojos abiertos: distingan tres tipos necesarios de trabajo implicados en la purificación de sí mismos. Uno es su comportamiento exterior, el reconocimiento de sus defectos y cualidades visibles, lo mismo que de cualquier cosa que suceda en la superficie. La siguiente fase —y estas fases a menudo se entrecruzan— es atrapar esa capa de ustedes mismos que no pertenece directamente a su subconsciente, pero de la cual no tienen conciencia porque deliberadamente le están huyendo. Esta capa debe ser tratada de manera diferente, en una forma que les enseñaré. La tercera capa, igualmente importante, es su mente subconsciente. No piensen que lo que se encuentra en el subconsciente está tan lejos que no tiene efectos sobre ustedes. Su subconsciente constantemente los domina sin que lo sepan. Es muy posible descubrir, lenta pero seguramente, qué hay en su subconsciente, al menos hasta cierto grado. Distingan las tendencias en ustedes mismos que tienen una relación directa con su voluntad consciente y por lo tanto están directamente controladas por actos de voluntad. También descubrirán tendencias en ustedes que están conectadas con sus emociones y que no pueden ser forzadas directamente para que obedezcan a sus deseos. El mundo de las emociones sólo puede cambiar con base el crecimiento orgánico, no mediante presión o acción voluntaria excepto de una manera indirecta.

Asumamos que descubres que muy en el fondo te falta fe o amor. No te puedes forzar a tener fe o amor, no importa cuán duro trates de hacerlo de manera directa. Pero lo que puedes hacer es andar este camino, seguir estos pasos, sobreponerte tal vez a una falta de disciplina que te hace tan difícil trabajar directamente en tu camino. Al hacer esto no trabajarás directamente sobre tu falta de fe o de amor, por ejemplo, pero simplemente te conocerás a ti mismo y descubrirás por qué te hacen falta esos atributos. Cuando comprendas esto en forma gradual y sin forzarte directamente a tener amor o fe, eventualmente la fuerza vital te llenará y de manera automática generará esos sentimientos sin un esfuerzo directo de tu parte. Si tus emociones empiezan a cambiar después de unos años, puedes considerar que has alcanzado un éxito maravilloso. El cambio sucederá de manera tan natural que tal vez ni te percates de ello en el inicio.

Estudia estas palabras ahora, piensa en ellas profundamente. Créanme amigos, todo esto no es tan difícil como les puede parecer ahora, ni tampoco hay en el camino un milagro que les traerá felicidad sin pedir de ustedes honestidad, fuerza de voluntad y esfuerzo.

Quiero decirles algo más sobre esta fase de preparación y decisión: prepárense para tener una lucha consigo mismos. Será la lucha entre el ser inferior y el ser superior y su ego consciente determinará qué lado ganará. Debe ser una larga lucha, la cual al principio se manifestará como un obstáculo para que sigan este camino. El ser inferior puede mandar mensajes tales como: “No creo en esto”, o “Tal vez no sea necesario después de todo”, o “Estoy muy cansado”, o “No tengo tiempo”. Es necesario que reconozcas estos mensajes por lo que son y que comprendas de dónde vienen. Úsalos como un punto de arranque para penetrar más hondo en tu alma. Trata de ver claro qué es realmente lo que habla dentro de ti cuando recibes estas excusas y pretextos escondidos. Si anticipas esta lucha podrás ver y escuchar y tendrás una primera victoria. Al mismo tiempo habrás aprendido hasta cierto grado el proceso de descubrir tus máscaras y tus motivaciones erróneas, las cuales se te opondrán más tarde cuando el ser inferior trate de obstruir tu camino por otros medios. Simplemente tratará de aferrarse a corrientes individuales del alma. Para entonces ya sabrás algo sobre cómo hacerle frente. No sólo hagas de lado las excusas superficiales. Ponlas a prueba, trabaja con ellas, examínalas.

Muchos de ustedes tienen miedo de lo que puede salir de su ser inferior. Es importante aprender a interpretar y traducir esos sentimientos vagos como pensamientos concretos. Ese temor es una razón importante por la cual la gente se rehusa a enfrentar su ser verdadero.

Es algo infantil creer que cualquier cosa que uno no quiere dentro de sí no existe por evitar mirarla. El ser inferior es inmaduro e ignorante, —su naturaleza la conforman las fallas y las distorsiones. Así que les digo: ¡no se escondan de lo que hay en ustedes! Todos ustedes saben que el ser inferior es sólo una capa temporal y no constituye la totalidad de su personalidad. Está aquí en este momento para que trabajen con él, pero no es su verdadero yo.

Su ser superior, que es en parte libre, se manifiesta desde ahora a través de sus cualidades, de su generosidad, de su bondad, o a través de cualquier otra cosa que hay en ustedes y que pertenece a él. Pero aun cuando no se puede manifestar todavía porque está muy escondido debajo del ser inferior, su ser superior existe con toda su brillante perfección. ¿Cómo alcanzarlo si no penetran en su ser inferior? Así que no tengan miedo: no se alarmen cuando se encuentren por primera vez con su ser inferior cuando no tenían idea de su existencia. Es una formación temporal necesaria, pero nunca, nunca representa a su verdadero yo. De hecho, alcanzar el nivel en el cual uno se alarma por algunas de las facetas de sí mismo, de las cuales no sospechaba, constituye un signo de mejoramiento. Implica un buen avance, pues si no se pasara por ese nivel, por doloroso que pueda ser durante cierto tiempo, no se podrían obtener más victorias y avances. Esto es parte del camino, amigos míos. Si meditan sobre estas palabras y, al mismo tiempo, tratan de ser conscientes de su temor y vergüenza respecto del ser inferior, y si aprenden a vivir con esta verdad y este conocimiento, saldrán victoriosos. Entonces enfrentarán su miedo de una manera realista, y no se esconderán de él como se esconden de algunas otras cosas que hay en ustedes.

Ahora me retiraré, amigos míos. Que Dios bendiga a todos mis queridos amigos. Que la paz sea con ustedes; queden con Dios.

▲ 4 ▲

Encontrar nuestros defectos

Les traigo bendiciones, queridos amigos. La última vez les hablé de las dificultades de este camino y de los peligros de acercarse a él con la ilusión de que unas cuantas meditaciones y algunas fórmulas milagrosas harían desaparecer sus problemas terrenales.

Otra de las grandes confusiones consiste en creer que seguir el camino que les estoy mostrando implica olvidarse de los otros aspectos de su vida. Algunos de ustedes pueden creer que dedicarle una cierta cantidad de tiempo y esfuerzo a su desarrollo espiritual puede quitarles demasiado tiempo de su lucha diaria por la supervivencia. Tal vez piensan que no les quedarán suficientes fuerzas para sus realizaciones profesionales y que, por lo tanto, sus finanzas se verán mermadas. Otros pueden creer que no les quedará suficiente tiempo para disfrutar de la vida y cosas por el estilo. Pero esta manera de pensar es completamente equivocada, pues el desarrollo espiritual en general, y este camino en particular, no es una actividad extra en su vida que simplemente se añade a sus otras actividades consecuentemente disminuyendo el tiempo, la fuerza y la disponibilidad que necesitan para sus otros deberes y placeres. De hecho sucede todo lo contrario, amigos míos.

La verdad es que este camino de purificación representa la base de sus vidas. Es la tierra sobre la cual caminan. Cuando deciden tomar este camino, simplemente deslizan el carril de su vida hacia canales diferentes. Después de un tiempo, aun cuando sus problemas fundamentales no hayan desaparecido de un día para el otro, esto tiene como efecto el despertar de una nueva chispa de vida que les suministra nueva fuerza, un ánimo, una vitalidad y una capacidad para disfrutar la vida como nunca antes lo han hecho. De modo que su desempeño profesional será mejor, disfrutarán más de su tiempo de ocio, obtendrán más placer de cualquier cosa que hagan; mientras que por ahora la vida es relativamente plana para la mayoría de ustedes. Éstos son los resultados que les puedo prometer si trabajan espiritualmente en la forma que les estoy enseñando. No se harán aparentes de inmediato, sino sólo después de cierto tiempo, luego de que hayan alcanzado algunas victorias interiores. Entonces verán que bien vale la pena tomar este camino, aun desde su punto de vista egoísta, y aun cuando sus principales conflictos no hayan desaparecido.

Esto es así porque al estar en este camino, eventualmente encontrarán dónde —dentro de sus más profundos sentimientos, reacciones y pensamientos, si no es que en sus actos—, han quebrantado más de una ley espiritual. Esta toma de conciencia les permitirá cambiar gradualmente sus corrientes internas y sus reacciones emocionales, lo cual liberará una gran cantidad de potencia y fuerza vital que anteriormente se hallaba bloqueada o encerrada. De modo que no les prometo un milagro que les será dado como una recompensa del cielo, sino que sólo les muestro de manera sencilla y lógica que este camino no puede más que funcionar pues se basa en la ley de causa y efecto que actúa completamente de manera natural e impersonal. Así que no piensen que la decisión de tomar este camino añade una actividad adicional a sus vidas, como sería tomar un nuevo tipo de clases que les robarían un tiempo y esfuerzo que podrían dedicar a otras cosas deseables. Más bien consideren este camino como la base de su vida; algo que la convertirá en una totalidad bien integrada. Pues si pueden resolver sus problemas y errores interiores, eventualmente también deberán ser capaces de resolver sus problemas exteriores.

De la misma manera, obtendrán mucho más de las cosas buenas de la vida —felicidad, alegría, placer — si su alma se vuelve nuevamente sana, si sus reacciones interiores se armonizan con las leyes espirituales. Sólo entonces podrán ustedes ser felices. Porque, ¿cuánta gente es realmente capaz de ser feliz? Muy pocos, amigos míos. Pues sólo aquellos que toman la vida de todo corazón, sin miedo, sin auto-complacencia, sin miedo de ser heridos, siguen una muy importante ley espiritual. Y sólo quienes hacen esto son capaces de experimentar verdadera felicidad.

Así que todo lo que hagan en la vida tendrá más sabor, más conciencia y más chispa de vida si siguen el camino del auto-conocimiento. No les tomará más tiempo del razonable de acuerdo con las circunstancias de su vida. Todos ustedes, sin excepción, son capaces, con un poco de fuerza de voluntad, convencimiento y organización correcta de su vida diaria, de dedicar un promedio de media hora al día a su desarrollo espiritual.

Cuando le dedican tiempo a su cuerpo físico, alimentándolo, haciéndolo descansar, proporcionándole cuidados higiénicos, no sienten que están haciendo algo que les quite tiempo a sus otros deberes o placeres. Dan por un hecho que se trata de actividades necesarias que forman parte de su vida. Sin embargo, cuando se trata de saber si harán lo mismo por su alma, entonces surgen miedos, dudas y preguntas que les bloquean el camino. Pero eso no puede ser así si realizan el esfuerzo de pensar razonablemente sobre este asunto del desarrollo espiritual, amigos míos. Pero no piensan de manera razonable al respecto porque no evalúan esas dudas en sus justas proporciones. Las tienen porque las inspira su propio ser inferior. Mientras no reconozcan cómo funciona ese ser inferior, cómo se manifiesta y qué caminos engañosos esconde detrás de buenas excusas, no podrán dominarlo.

No sólo aquellos rasgos del carácter que comúnmente llamamos fallas o defectos son un obstáculo para ustedes, causándoles, por lo tanto, daño a ustedes y a los demás. También lo son sus miedos, que generalmente no se consideran como defectos. Ustedes no se dan cuenta de que sus miedos causan mucho daño, no sólo en su propia vida, sino en la de los demás. Sus miedos también esconden su luz de amor, de comprensión y de verdad. De modo que el andar sobre este camino no es sólo un asunto de superar las debilidades de su carácter. Vencer su propio miedo es de igual importancia, pues mientras exista el miedo en su corazón, dañarán a sus semejantes.

Les he prometido que les diría cómo debe uno hacer para realmente empezar a andar en este camino. Hay muchas maneras y cada individuo reacciona a ellas de forma diferente. Pero les daré ciertos lineamientos básicos sobre los cuales podrán elaborar su propio plan.

Todos ustedes saben que alcanzar el autoconocimiento es de una importancia capital, pero ¿cómo hacerlo? El primer paso será pensar, tan objetivamente como sea posible, acerca de sí mismos, sobre sus cualidades y sus defectos. Escriban una lista, como les he aconsejado a menudo, porque el escribir ayuda a concentrarse para condensar lo que ya hemos descubierto. Esto les permitirá evitar el perder ese conocimiento. Las palabras en blanco y negro pueden arrojar una nueva luz de comprensión y promueven un cierto distanciamiento en la consideración de uno mismo. Más adelante, cuando hayan alcanzado un mayor conocimiento sobre sí mismos y sobre sus tendencias subconscientes, podrán conectar nuevamente ciertas piezas del conocimiento que encontraron en un principio, siempre y cuando hayan sido expresadas de manera clara y concisa.

▼ *La ley de la hermandad* ▼

Una vez que hayan hecho esto concienzudamente el siguiente paso será pedirle a alguien más, que los conozca muy bien, que les diga con toda honestidad lo que piensa de ustedes. Sé que se requiere de cierto valor para hacer esto. Considérenlo como su primer esfuerzo por sobreponerse un poquito a su orgullo. Al hacerlo habrán alcanzado una victoria que de inmediato les liberará de una pequeña cadena interior.

Es muy importante no hacer este trabajo completamente solo. Abrir de verdad nuestro corazón a otra persona trae una ayuda espiritual que uno no puede recibir por sí mismo. Esto se debe a la ley de la hermandad. Pues la gente que está siempre sola, no importa qué tan duro trabaje, no importa cuán inteligente sea o estudie, no importa qué tan honesto consigo mismo trate de ser, se encierra en un vacío que obstaculiza la comprensión completa y la evaluación de su propio ser, una comprensión que fluye de manera automática si logra abrirse a otra alma. Al permanecer completamente solo, se viola la ley de la hermandad de una manera muy sutil.

El no aislarse requiere de cierta cantidad de humildad que no llega fácilmente al principio, pero después de cierto tiempo se vuelve muy natural. Pronto serán capaces de hablar abiertamente sobre sus dificultades, sus debilidades y sus problemas para recibir la crítica. Esta última es igualmente sana para el alma. Cada uno de ustedes que ya ha probado el abrirse confirmará el que el solo hecho de hablar de un problema que se ha mantenido en secreto hace que pierda sus proporciones exageradas y algunos de sus aspectos temibles. El ser tal como uno es con al menos una persona, con un mínimo de máscaras y defensas, es una medicina muy sana. Al mismo tiempo se ofrece un acto de amor a la otra persona, a quien se ayuda más al mostrar nuestras debilidades humanas que tratando de parecer superior. Su compañero podrá hacer lo mismo con ustedes. Así que traten de organizar esto con algún amigo. Después de un tiempo verán qué tan útil y fructífero resulta. Les dará alimento para pensar, se ayudarán uno al otro y aprenderán mucho de la hermandad, de la humildad y del entendimiento desapegado.

Les aconsejo que le pidan esto a alguien que los conozca muy bien. No importa lo que piensen, les respetarán por su sincero esfuerzo para mejorar, para aprender de sus errores y por escucharlos. Pueden pedir esto de la manera correcta, explicando que a menudo cuatro ojos ven más que dos y que desean mejorar y no se sentirán heridos ni enojados, aun si les dicen algo que les parezca injusto.

Y cuando sus amigos o parientes les digan sus defectos, piensen en ellos con calma. Alguien puede decir algo que tal vez, en principio parezca completamente injusto o que los lastime. Por cierto que es posible que se sientan aún más heridos si lo que se les dice es verdad. Y aun cuando tengan la sincera seguridad de que la crítica es injusta, de todos modos traten de evaluarla. Puede haber aunque sea sólo un granito de verdad en ella. Tal vez la otra persona sólo los vea de un modo un poco diferente o de manera superficial. Él o ella puede no tener una cabal comprensión de lo que hay debajo, de por qué ustedes reaccionan de una cierta manera y de todos los complicados mecanismos del funcionamiento del alma. Él o ella pueden utilizar palabras incorrectas. Pero el pequeño grano de verdad dentro de lo que dicen puede abrir una nueva puerta de comprensión para ustedes. Tal vez ni siquiera sea algo completamente nuevo para ustedes, pero a menudo es necesario considerar un mismo error o aspecto de uno desde nuevos ángulos, bajo una nueva luz, para poder entender los diferentes efectos que ese error puede tener en su entorno. Si llevan a su meditación diaria todos los defectos que empiezan a reconocer con una creciente claridad y si su deseo es realmente sincero, habrán realizado el mejor comienzo imaginable.

Entrénense para observar sus propias reacciones internas cuando se enfrenten a lo desagradable que vive en ustedes. Esto es de una gran importancia. Empecé esta conferencia diciendo que el ser inferior constantemente se resiste a nuestros esfuerzos. Ésta es una maravillosa oportunidad para observar a su ser inferior sin disfraces cuando reacciona. Obsérvenlo como si fuera otra persona. Sientan un cierto desapego. Pongan una cierta distancia entre sus poderes de auto-observación y la reacción de su ser inferior, su ego, su herida, la vanidad que entra en juego cuando se enfrentan a los aspectos desagradables de su personalidad. Reconociendo sus propias reacciones de esta manera y comprendiéndolas, tal vez desarrollando un cierto sentido del humor y no tomándolas tan en serio, estarán subiendo otro escalón más. Pero les advierto que no deben esperar que esta conciencia llegue de un día para el otro. Requiere de trabajo constante y sólo después de cierto tiempo de trabajar diariamente, aunque sea medía hora, lograrán avanzar. Llegarán al punto en el cual sentirán con claridad la distancia que hay entre su verdadero ser y su pequeño ego lastimado, y podrán reírse un poco de él sin sentirse tan implicados. Una vez que hayan logrado esto, la puerta se abrirá hacia una mayor comprensión de ustedes mismos.

Así que comiencen por hacer su propio inventario de defectos. Después de que lo hayan hecho empleándose a conciencia, y de que le hayan pedido a una persona que los conozca de verdad muy bien, que les diga cuáles son sus defectos; comparen esto con lo que ustedes mismos habían encontrado. Estos esfuerzos son un gran comienzo para todo el mundo. No serán en vano, se los prometo. Si todos los días realizan un poco de trabajo de auto-observación, y meditan sobre algunas de las palabras pertinentes que les estoy diciendo ahora, seguramente tendrán éxito mucho antes de que se manifiesten resultados concretos en su vida. Un sentimiento de profunda satisfacción y paz vendrá a ustedes con frecuencia.

▼ *Los tres defectos principales* ▼

Ahora mencionaré tres defectos principales del carácter humano. Estos tres defectos, de los cuales surgen directa o indirectamente todos sus diferentes defectos individuales, son el voluntarismo, el orgullo y el miedo. Es muy importante que se den cuenta de esto. Puede ser que no consideren que el miedo sea un defecto, pero les digo que así es, una persona sin defectos no tiene miedo de nada. Ustedes saben que lo opuesto del miedo es el amor. Pero este conocimiento no basta por sí mismo para comprender por qué el miedo es un defecto. Primero deben entender que estos tres defectos principales se conectan uno con el otro. Es poco probable que alguien tenga uno o dos de ellos sin el tercero. Pero lo que es posible es que de los tres, uno o dos de ellos sean inconscientes, mientras que el otro será muy evidente incluso para ustedes mismos. Así, es muy importante que escriban su revisión diaria y que comprueben sus reacciones con todo lo que le hicieron frente durante el día en respuesta a incidentes que a menudo parecen no tener importancia.

Si tratan de formular de manera concisa una reacción interna desagradable que hayan tenido, siempre llegarán a la conclusión de que la mayoría del tiempo hay un elemento de miedo implicado en ella. Miedo tal vez de que otra persona no haga lo que ustedes desean o a que no reaccione como ustedes quisieran. En otras palabras, si hay un voluntarismo fuerte, automáticamente aparece el miedo de que ese voluntarismo no sea gratificado, o de que su orgullo sea herido. Si no tuvieran orgullo, no tendrían miedo de que fuera herido. Si no tuvieran voluntarismo, no tendrían miedo de que no fuera satisfecho.

Si empiezan a notar sus diferentes impresiones del día, lo mismo que sus reacciones, podrán ver en dónde hace su aparición el elemento de miedo y si existe una conexión, y de qué grado; con el voluntarismo y el orgullo. Así que empiecen a observar esas reacciones internas y analícenlas en éstos términos sin tratar de cambiarse a sí mismos inmediatamente, pues los sentimientos no pueden ser cambiados por un mero acto de voluntad, pero cambiarán si primero aprenden a observarse a sí mismos.

▼ *Revisión diaria* ▼

La práctica de la revisión diaria es una poderosa herramienta. No se necesita haber llegado lejos en el desarrollo personal para lograr hacer esto. Cualquier persona puede hacerlo. Todo lo que se necesita es revisar el día y pensar en los eventos que han provocado cualquier tipo o forma de falta de armonía. No importa si al principio no pueden entender muy bien por qué, sólo anoten el incidente y lo que sintieron. Cuando hayan hecho esto durante un tiempo descubrirán un patrón. Puede ser que todavía no les dé la clave para descubrir lo que está equivocado en su construcción interna, pero al menos verán ciertas repeticiones que apuntan hacia el hecho de que debe haber algo en ustedes provocando esa falta de armonía. Si hay cierta recurrencia de sucesos o sentimientos precisos, eso les dará una llave hacia su alma. Esas repeticiones, junto con sus reacciones ante las mismas, pueden variar en dos o tres formas, pero existe un problema básico subyacente que pueden aprender a reconocer.

Esto no les tomará más de diez o quince minutos diarios, lo cual todos ustedes pueden dedicar. No tienen que escribir todo lo que incomodó su sentido de armonía a lo largo del día, escriban sólo ciertas palabras clave. Al hacer esto regularmente lograrán hacer que lo inconsciente se vuelva consciente y descubrirán sus propias tendencias interiores. Después de haber hecho esto por un tiempo, seguramente reconocerán patrones específicos en su vida de los cuales no podrían percatarse por otra vía. Reconocerán esos patrones a partir de sucesos y ocurrencias constantes en su vida y en la manera en que reaccionan ante ellos. Por ahora es todo lo que deben hacer. No hay ningún truco de magia en esto. Después de que lleven algún tiempo haciendo su revisión diaria, lean todas sus notas de esas revisiones y comparen los incidentes y sus reacciones. Vean si pueden encontrar o al menos sentir la existencia de un patrón. Pregúntense a ustedes mismos: "¿Dónde puedo encontrar el punto de mí mismo en donde me desvío de alguna ley divina?" Entonces, empiecen a pensar en sus diversos defectos, los cuales ya han descubierto previamente.

Comparen y conecten esos patrones con su lista de defectos. Pregúntense cuáles han sido sus sentimientos, cuáles son las corrientes de sus deseos y si esos sentimientos y corrientes están verdaderamente de acuerdo con la ley divina. Esta es la manera de colocarse en el centro de este camino. Sin esta ayuda, sería extremadamente difícil, tal vez imposible, alcanzar el auto-conocimiento que constituye la esencia y la llave hacia este camino y sin el cual no se puede alcanzar la divinidad que hay dentro de uno mismo. Toma muy poco tiempo, así que por su propio beneficio, les ruego que lo hagan.

Me retiraré ahora con bendiciones especiales para cada uno de ustedes, queridos amigos. El amor de Dios llega a todos ustedes. Vayan en paz, vayan con Dios.

▼▼▼▼▼

▲ 5 ▲

Imágenes

Bendita sea esta hora, bendiciones para todos ustedes, queridos amigos.

Cada personalidad, a lo largo de su vida, generalmente en su más temprana infancia, y aún siendo un bebé, forma ciertas impresiones debidas a las influencias del medio ambiente o a experiencias repentinas e inesperadas. Estas impresiones generalmente se basan en conclusiones formadas por la personalidad. La mayoría de las veces se trata de conclusiones equivocadas. La persona ve y experimenta algo desafortunado, una dificultad inevitable de la vida, y a partir de ella generaliza estos sucesos y los convierte en creencias.

Las conclusiones formadas no son pensadas; son más bien reacciones emocionales, actitudes generales relativas a la vida. No es que carezcan completamente de lógica, pero su lógica es muy limitada y errónea. Al pasar los años esas conclusiones y actitudes se hunden más y más en el inconsciente, moldeando hasta cierto punto la vida de la persona.

A cada una de esas conclusiones le damos el nombre de imagen. Se puede decir que una persona también puede tener una imagen positiva y sana grabada en su alma. Eso sólo es cierto hasta un determinado punto, pues ahí en donde no se ha producido una imagen falsa, todos los pensamientos y sentimientos están en movimiento, fluctúan; son dinámicos y relajados, son flexibles. Dado que todo el universo está penetrado por fuerzas divinas y corrientes de energía, los pensamientos, las emociones y las actitudes que no estén conectados con una imagen fluyen armoniosamente con esas fuerzas divinas y esas corrientes, adaptándose espontáneamente a la necesidad inmediata y cambiando de acuerdo con las necesidades de cada momento y de cada situación. Pero las formas de pensamiento y de sentimientos que emanan de las imágenes son estáticas y están congestionadas. No ceden ni cambian de acuerdo con las diferentes circunstancias. Así, crean desorden. Eso provoca que las corrientes puras que fluyen a través de un alma humana sean entorpecidas y distorsionadas, produciéndose un corto circuito.

Así es como nosotros vemos las cosas. La manera en que ustedes lo ven y lo sienten es a través de la infelicidad, de la angustia y de la confusión relacionadas con muchos sucesos aparentemente inexplicables de su vida. Por ejemplo, se dan cuenta de que no pueden cambiar lo que quieren cambiar o que ciertos acontecimientos de su vida parecen repetirse regularmente sin razón evidente. Éstos son sólo dos ejemplos, pero hay muchos más.

Las conclusiones equivocadas que conforman una imagen tienen su origen en la ignorancia y en el conocimiento limitado, de modo que no pueden permanecer en la mente consciente. A medida que la persona crece, el nuevo conocimiento intelectual contradice al viejo "conocimiento" emocional. De modo que la persona va enterrando su conocimiento emocional hasta que desaparece de la mirada consciente. Mientras más escondido está el conocimiento emocional, más potente se vuelve. A menudo ustedes no pueden entender qué fue lo que les hizo retener una impresión de ese tipo y a partir de la cual crearon una conclusión equivocada. Su intelecto, su mente, ha crecido, ha sido cambiada por lo que han aprendido, por su entorno y por sus experiencias de vida. Sin embargo, mientras su imagen siga viva, en un nivel emocional más profundo, ustedes no han cambiado.

En cierto momento de su infancia pasaron por una experiencia traumática. Cuando piensan en una experiencia traumática suelen pensar en una experiencia repentina con un impacto muy fuerte e inesperado, como sería un accidente. Pero también pucdc darsc una experiencia traumática, especialmente en un niño, a causa de un descubrimiento gradual de que las cosas no corresponden a sus expectativas. Por ejemplo, un niño vive con la idea de que sus padres son perfectos y omnipotentes. Cuando el niño se percata de que no es así, se da una experiencia traumática, aunque se vaya dando cuenta de el hecho a través de una serie de sucesos hasta que su descubrimiento deja una prolongada impresión. Cuando un niño se da cuenta de que las ideas que hasta ese momento había aceptado respecto de sus padres, o hacia el mundo en general, ya no son verdaderas, pierde seguridad. Se asusta. No le gusta el descubrimiento y, por un lado, trata de arrojar ese conocimiento desagradable hacia el subconsciente pues se siente culpable y, por otro lado, construye defensas en contra de esa "amenaza". Esta amenaza es el trauma al que nos referimos, ya sea que esto suceda repentinamente o como un proceso gradual.

Todos ustedes saben que un trauma causa adormecimiento. Su cuerpo, lo mismo que sus nervios y su mente, se adormecen, aun hasta el punto de que temporalmente se pierde la memoria o aparecen otros síntomas. Así es como el niño experimenta un trauma al percatarse de que sus padres, el mundo, la vida, no son de la manera en que él había pensado. Aunque la impresión creada por el trauma puede ser objetivamente correcta, de cualquier modo la deducción que puede hacer el niño suele ser errónea, pues los niños tienden a generalizar proyectando sus experiencias hacia todas las demás alternativas. Los padres de un niño son su mundo, su universo, de modo que la conclusión que el niño saca después del trauma puede ser aplicada a todo el resto de la gente y a la vida en general. Esta generalización es la conclusión errónea que crea la imagen.

La imagen fue creada cuando el mundo y las ideas ordenadas del niño fueron destruídas. Las conclusiones erróneas derivan, en primer lugar, de la generalización. La realidad es que no toda la gente tiene los mismos defectos que sus padres, no todas las condiciones de vida son similares a las que el niño descubrió en su propio entorno. En segundo lugar, el mecanismo de defensa que el niño escoge con su limitada comprensión del mundo, en sí mismo está equivocado. Lo cual es aún más real cuando el mecanismo de defensa se aplica a gente y situaciones distintas del entorno original. Esto, amigos míos, es la manera en que se crean las imágenes. Pero no recordarán de improviso sus emociones, sus reacciones, sus intenciones internas y sus conclusiones. No pueden recordarlas porque sintieron la necesidad de esconder todo este proceso debido a su falta de lógica racional y también porque se sintieron avergonzados de que sus padres no fueran lo que ustedes pensaron.

En su mente infantil asumieron que su caso era único. Todos los demás niños tenían padres perfectos, condiciones familiares perfectas y sólo ustedes experimentaron esa especificidad traumática que debía ser escondida de todo el mundo, incluso de ustedes mismos, al igual que, obviamente, de sus padres o de las otras personas cercanas. La vergüenza surgió de la idea equivocada de que su caso era único y de que todo el pensamiento y el proceso emocional debía ser escondido debido a esa misma vergüenza. Cuando esos procesos permanecen escondidos hay una parte de su personalidad que no puede seguir creciendo. Si se esconde una planta bajo la tierra cortándole sus raíces, no puede crecer. Lo mismo sucede con cada tendencia o corriente emocional. Por lo tanto, no deben sorprenderse cuando descubran que sus imágenes-conclusiones no concuerdan para nada con su inteligencia de adultos.

Un niño o un bebé sólo conoce las emociones más primitivas. Conoce el amor y el placer cuando se realiza su voluntad. Conoce el odio, el resentimiento y el dolor cuando no se hace su voluntad. Es tan simple como eso. Sólo mucho más tarde en la vida se aprende a evaluar objetivamente en vez de seguir sus propios antojos o su placer. Mientras su imagen viva, ustedes continúan con el procedimiento infantil porque en ese aspecto su mente sigue siendo infantil a pesar de lo mucho que el resto de su personalidad pueda haber mejorado y aprendido. Su personalidad desarrollada es capaz de juzgar con madurez en el plano intelectual y en ciertos casos, en donde no hay corrientes de imágenes que obstruyan su percepción, incluso en el plano emocional. Pero en donde esos traumas repentinos o graduales han afectado el alma, uno no asimila la experiencia conscientemente y, por lo tanto, la mente sigue siendo infantil. Permanece en el mismo estado que estaba cuando las conclusiones-imágenes fueron formadas y guardadas en el inconsciente. En consecuencia, hay una parte de cada persona madura que continúa siendo inmadura. De hecho mientras la imagen no sea llevada a la conciencia, esa parte continúa haciendo las mismas deducciones, emocionales e inconscientes, que hacía el niño.

Por ejemplo, imaginen a una bebita que llora cuando quiere atención, pero su madre piensa que hacerle caso la hará una niña "consentida". La niña aprende que su mamá no viene cuando ella llora, pero que sí viene en otros momentos, aparentemente sin relación con su llanto. Así, llega a la siguiente conclusión: "Para que mis necesidades sean satisfechas, no debo mostrar que las tengo." Es posible que con esa mamá en particular sí funcione el no mostrar sus necesidades. Pero cuando la niña se convierta en una mujer, esa estrategia tiene grandes posibilidades de producir un resultado opuesto. Dado que nadie sabrá que esa mujer tiene alguna necesidad, nadie le dará lo que necesita. Sin embargo, dado que ella ignora completamente que tiene una "imagen", puesto que hace años que la escondió en su inconsciente, ella atravesará la vida sin comprender por qué se siente tan insatisfecha. No sabe que su manera de actuar hace que la vida aparentemente confirme su equivocada creencia.

▼ *¿Tengo una imagen?* ▼

¿Cómo podemos estar seguros de tener una imagen de ese tipo? Tenemos un indicio cuando no podemos sobreponernos a ciertos defectos, a pesar de lo mucho que lo intentemos. ¿Por qué es que la gente ama algunos de sus defectos? Lo hacen por la simple razón de que una imagen hace aparecer a ciertos defectos como una forma de protegerse a sí mismos del dolor. Por ejemplo, alguien sabe que es muy perezoso. Pero puede que no sepa que su rechazo a levantarse de la cama para salir al mundo es una equivocada protección en contra de su temor a ser herido. "Si me quedo en la cama, nadie puede lastimarme", puede ser el razonamiento inconsciente. Así que hay una imagen en el fondo de esa actitud.

Otro signo seguro de la existencia de una imagen es la repetición de ciertos incidentes en la vida de uno. Una imagen siempre forma un patrón de comportamiento o de reacciones en un sentido o en otro. También atrae un patrón de acontecimientos exteriores que parecen venir hacia uno sin que se haga nada para provocarlos. Es posible que la persona en cuestión desee conscientemente con vehemencia algo opuesto a lo que hay en su imagen. Pero el deseo consciente es más débil; el inconsciente siempre es más fuerte.

La mente inconsciente no se da cuenta de que prohibe la realización del mismísimo deseo consciente que la persona no logra satisfacer y que el precio por esa pseudo-protección inconsciente es la frustración de un deseo legítimo. Es muy importante entender esto, amigos míos. También es de gran importancia comprender que los sucesos exteriores —ciertas situaciones, ciertas personas— pueden ser atraídos hacia uno como un imán a causa de esas imágenes. Esto puede ser difícil de percibir, pero sin embargo así es. El único remedio es descubrir cuál es la imagen, sobre qué base se formó y cuáles fueron las conclusiones equivocadas.

A menudo ustedes no se dan cuenta de la repetición y del patrón que hay en sus vidas, amigos míos. Simplemente dejan pasar lo obvio. Están acostumbrados a asumir que ciertos acontecimientos son coincidencias y de que existe un destino que los está poniendo a prueba de manera arbitraria; o bien que el resto de la gente que los rodea es responsable de sus repetidos problemas. Así que le ponen mucho más atención a las pequeñas variaciones de cada suceso en vez de a sus características básicas, de modo que no logran encontrar el común denominador de todos los acontecimientos causados por su imagen.

La mayoría de los psicólogos han encontrado estos patrones y conclusiones erróneas. Lo que a menudo no saben es que esas imágenes rara vez se iniciaron durante esta vida, sin importar lo temprano que se hayan formado. La mayoría de las veces una imagen tiene un origen muy lejano, llevado de una vida hacia otra. Ésa es la razón por la cual los incidentes que no forman una imagen en un niño o en una persona que es libre de algún conflicto en particular sí contribuyen a formar una imagen en una entidad que ha traído esa imagen hasta esta vida.

Cuando existen imágenes de vidas anteriores, la encarnación se da dentro de un medio ambiente que deberá crear provocaciones para las imágenes existentes, tal vez por medio de imágenes correspondientes en los padres o en otras personas que rodean al niño que está creciendo. Sólo de ese modo la imagen vuelve a surgir, y sólo si se convierte en un problema la persona le pondrá atención en vez de dejarla de lado. Si la imagen es ignorada, las circunstancias se harán mucho más difíciles en la siguiente vida en la tierra, hasta que los conflictos se vuelvan tan terribles que ya no será posible culpar a los factores externos por lo que está sucediendo. Entonces la persona comienza a mirar hacia el interior.

La única solución es hacer que las imágenes se vuelvan conscientes. Les daré consejos sobre cómo comenzar, pero no podrán ponerlos completamente en práctica ustedes solos. Necesitarán ayuda. Pero si su deseo de encontrar y disipar las imágenes de su alma es serio, encontrarán la guía y la ayuda necesarias y serán llevados hacia la persona indicada con quien podrán formar un arreglo de trabajo cooperativo. Para lograr esto necesitarán, entre otras cosas, humildad, la cual es esencial para su desarrollo espiritual. Las personas que continuamente rechazan trabajar con alguien más es porque les falta humildad, aunque sea sólo en este aspecto.

▼ *Cómo buscar las imágenes* ▼

¿Pero cómo pueden encontrar sus imágenes personales? No lo harán trabajando sobre los síntomas, cualesquiera que éstos sean, sino más bien trabajando con los síntomas. Esos síntomas son: su incapacidad para superar ciertos defectos y actitudes, su falta de control sobre ciertos acontecimientos de la vida que llegan a ustedes con regularidad creando un patrón, y sus miedos y resistencias en ocasiones específicas, para señalar sólo algunos. Mientras más traten de eliminar los síntomas sin haber entendido sus raíces y su origen, más se agotarán en esfuerzos inútiles. Los síntomas son sólo una parte del precio que pagan por sus conclusiones internas erróneas e ignorantes.

Empiecen a buscar las imágenes recordando todos los problemas de su vida. Escríbanlos; escriban los problemas de todo tipo. Deben hacer el esfuerzo de escribir todo de manera concisa. Pues si sólo piensan en ello no tendrán la visión de conjunto que se necesita para poder hacer comparaciones. Este trabajo escrito es esencial. Seguro que no es pedirles demasiado. No tienen que hacerlo todo en un solo día. Tómense su tiempo, aunque sean varios meses. Es mejor hacerlo lentamente que no empezar.

Entonces, cuando piensen en todos sus pequeños y grandes problemas, hasta los que parecen no tener sentido, los más insignificantes, empiecen a buscar el común denominador. Encontrarán, en la mayoría de los casos, la existencia de un común denominador, y en ocasiones más de uno. No digo que no puede ocurrir ninguna dificultad sólo una vez en la vida, independiente de su imagen interior. Eso es posible. Y aunque también se basa en la relación de causa y efecto, como todo en el universo, puede no estar conectado con su imagen. Pero, sean cuidadosos, amigos míos.

No descarten algún suceso superficialmente, considerando que no tiene relación con su imagen interior, simplemente porque en principio parece ser así.

Es muy posible, e incluso probable, que no haya ese tipo de acontecimientos en su vida. Todas las experiencias desagradables quizá se deben a su imagen y están conectadas con ella, al menos de alguna manera remota.

Tal vez no sea fácil encontrar el común denominador. Sólo después de que hayan aprehendido concienzudamente sus imágenes podrán estar en una situación que les permita juzgar cuál de sus experiencias, si hay alguna, tiene una relación con cada una de ellas. Hasta entonces, deben reservarse todos los juicios, por así decirlo. En la meditación, en el auto-examen serio, al revisar sus reacciones emocionales en el pasado y en el presente y con la ayuda de la plegaria, podrán, después de una larga y ardua búsqueda, encontrar cuál es el común denominador. Si algo parece no estar conectado con él, no lo descarten apresuradamente. Exploren y tal vez se encontrarán con una sorpresa. Los sucesos aparentemente más desconectados resultan tener un común denominador. Cuando lo hayan encontrado, habrán dado un paso muy importante en su búsqueda, pues ahora tendrán una clave para descubrir su imagen.

Con el fin de llegar hasta la imagen misma, a todas las tortuosas maneras en que se formó y a la comprensión de su reacción cuando la formaron, tendrán que explorar su inconsciente de manera más completa.

▼ *Los beneficios de disolver las imágenes* ▼

No te dejes disuadir por tu propia resistencia interior. Pues esa resistencia es tan errónea, ignorante y limitada como la imagen misma. La misma fuerza que te hace resistir es la que ha creado la imagen en un inicio. Sin que lo supieras, ha creado y continuará creándote desgracias y seguirá oponiéndose a tus deseos conscientes. De hecho, te hace perder o nunca alcanzar lo que por derecho te pertenece. Así que sé suficientemente sabio para ver más allá de esto y para evaluar tu propia resistencia en sus justas proporciones. No te dejes gobernar por ella. ¿Cómo puedes ser una persona espiritual, desarrollada y desapegada en el buen sentido, si sigues siendo controlado por tus fuerzas inconscientes y por esas conclusiones ilógicas, erróneas e ignorantes que formaron una imagen tan dolorosa dentro de ti? La imagen es el factor responsable de toda tu infelicidad. Nadie más es responsable de ella, sólo tú mismo. Cierto, antes no sabías cómo hacer las cosas mejor, pero ahora ya lo sabes. Ahora estás equipado para eliminar la fuente de tu infelicidad. Y por favor no digas: "¿Cómo puedo ser responsable de que los demás se comporten conmigo de cierta manera recurrente? Como les dije antes, es tu imagen lo que atrae esos acontecimientos hacia ti, de manera tan ineluctable como que la noche le sigue al día en esta tierra. Es como un imán, como una ley química, como la ley de gravedad. Los componentes de tus reacciones que constituyen la imagen influencian las corrientes universales que entran en tu esfera personal de la vida de tal modo que producen ciertos efectos, de acuerdo con la causa que has puesto en movimiento.

Si no tienes el valor de hurgar en tu inconsciente, de enfrentar tu imagen, de disolverla y, de este modo, de hacer una persona nueva de ti mismo, nunca serás libre en esta vida; siempre estarás atado y encadenado. El precio de la libertad es tu valor y tu humildad al enfrentar lo que hay dentro de ti. Cuando hayas dado todos los pasos necesarios, verás que la victoria de la libertad es una alegría tal que no importa lo que suceda afuera de ti mismo, nada podrá entorpecer tu felicidad. Más aún, puedes estar seguro de que las imágenes que no disuelvas en esta vida tendrán que ser disueltas en una futura. Esto no debe ser tomado como una amenaza; es sólo una consecuencia lógica. Y ¿cómo puede ser algo una amenaza cuando está abocado a liberarte de tus cadenas? Mientras más pronto encuentres tus imágenes por tu propia voluntad, más fácil será tu liberación. Eso lo puedes creer con toda seguridad.

Encontrar, comprender y disolver una imagen es un proceso largo. Incluso después de que la hayas comprendido, la re-educación de las corrientes emocionales y de las reacciones que han sido condicionadas por tanto tiempo en una dirección toma tiempo, esfuerzo y paciencia.

Puedes rebelarte en contra de la infelicidad, pero cuando te das cuenta de que la causa no es Dios ni ningún destino sino tú mismo, entonces tu rebelión puede enfocarse hacia ti mismo y hacerte impaciente. Con ese tipo de corrientes nunca tendrás éxito para encontrar y disolver tu imagen; debes estar con la mente tranquila, y ese estado mental sólo puede ser tuyo si entiendes y aceptas las dimensiones de la búsqueda.

Al buscar tus imágenes, no te acerques a tu subconsciente con una actitud moralista. A tu subconsciente no le gusta eso y podría resistirse. Se peleará contigo haciendo más difícil que tu voluntad consciente se entienda con él. Empieza pensando sobre tus heridas, conflictos y problemas. Considera que tus actitudes internas equivocadas son fruto de la ignorancia y el error. De hecho, ¡eso son los defectos! Empieza pensando en tus idiosincracias, tus prejuicios, tus emociones tensas en ciertos campos de la vida. Piensa en cómo reaccionas emocionalmente ante ciertas cosas y cómo y cuándo esas reacciones se repiten en un patrón a lo largo de tu vida. Empieza por revisar tus decepciones que aparentemente no tienen nada que ver con tus acciones o tus reacciones. Después, cuando ya reconozcas un patrón de cierta regularidad, podrás ver la conexión que tiene con tu propia actitud interior y que hasta ese momento escapaba a tu conciencia.

Cuando hablo de plegaria profunda o de meditación o bien de pensamiento profundo me refiero a que tomes todo lo que has descubierto acerca de esas reacciones escondidas o reprimidas —ya sea que se relacionen con tendencias que se repiten o que descubras reacciones muy diferentes de las que conoces en tu exterior— y piensa en su importancia, su significado, su efecto sobre ti y sobre los demás. Compáralas con la ley espiritual tal como tú la entiendes; piensa en esto, tanto desde un punto de vista espiritual como desde un punto de vista práctico. Trabaja con este conocimiento recién descubierto tratando de volver a sentirlo y experimentarlo. Y luego piensa en ello de la manera más objetiva que conoces. Simplemente desliza tu pensamiento hacia un nivel más profundo y aplícalo al conocimiento que acabas de encontrar, ya sea lo aparentemente repetitivo o lo sorprendentemente nuevo y las cosas nuevas que has descubierto. No dejes lo que recién acabas de descubrir sin hacer nada, pues puedes muy fácilmente regresar al viejo patrón de comportamiento. Puedes engañarte con facilidad y pensar que tan sólo porque has descubierto algo importante y significativo respecto de tu alma, ya no hace falta nada más. Puede ser que tengas el conocimiento teórico y que continúes reaccionando de la misma manera que antes. No es suficiente con encontrar la comprensión interior sobre tus tendencias y reacciones ocultas sin hacer nada más. El trabajo apenas comienza después del descubrimiento. Y ésa es la meditación profunda, en el nivel emocional profundo que has descubierto. Si desatiendes esa meditación puede ser que retengas lo que has descubierto, pero gradualmente se irá volviendo algo más y más remoto, un conocimiento puramente teórico en tu cerebro, mientras que debajo de eso continúas comportándote igual que antes. En ese caso no has logrado integrar y unificar tus reacciones emocionales erróneas y tus conclusiones equivocadas con tu conocimiento intelectual. Las emociones son algo mucho más relacionado con el hábito que las tendencias exteriores; más aún, son algo tan esquivo que a pesar de tus esfuerzos, tus viejos patrones pueden seguir funcionando sin que seas consciente de ello. Estás acostumbrado a enterrar el conocimiento desagradable dentro de tu subconsciente y no puedes dejar ese hábito de un día para otro. Se requiere de mucho entrenamiento, concentración y esfuerzo para lograrlo. Es necesario establecer nuevos patrones de hábitos hasta que reconozcas los signos de las tendencias ocultas que deben hacerse conscientes. Tienes que desarrollar una sensibilidad especial para hacerlo y eso, obviamente, toma tiempo.

▼ *La vergüenza* ▼

Todo lo que está relacionado con las imágenes internas erróneas provoca una profunda vergüenza en la persona. Hablando objetivamente, es posible que la actitud o conclusión en cuestión ni siquiera sea motivo de vergüenza. Puede que no haya ninguna justificación para la vergüenza si las actitudes se mostraran abiertamente y no sentirías que esa reacción fuera necesaria si la vieras en otras personas. Una vez que hayas tenido el valor de sacar ese asunto hacia el exterior, te darás cuenta de que el sentimiento de vergüenza se desvanece por completo. Pero antes de que salga, cuando aún estás luchando contra él, sentirás una fuerte vergüenza. Es posible que tengas algún defecto mucho más vergonzoso, pero habiéndolo descubierto tiempo antes, has llegado a aceptarlo. De modo que ya no sientes vergüenza respecto de él y es posible que incluso puedas hablar abiertamente de él con otras personas. Sin embargo, algo que es un defecto mucho menor te causa una gran vergüenza, mientras no lo hayas aceptado.

Digamos que has descubierto que alguno de tus padres te ha influenciado mucho y que eres muy dependiente de él o de ella. Esto en sí mismo no es nada de lo que uno deba avergonzarse, es algo de lo que se habla todos los días. Pero hasta ahora no habías sido consciente de esa tendencia y habías ignorado hasta qué grado y de qué modo habías sido influenciado y qué tanto sigues siendo dependiente de esas emociones. Y cuando te enfrentas a este hecho te sientes lleno de vergüenza. Ésta, amigos míos, es una reacción típica ante una imagen. Y si logras anticiparte a ella, te facilitarás mucho las cosas. No estarás bajo la impresión emocional, subjetiva, de que eres el único en el mundo que tiene esos sentimientos. Pues eso es lo que creen tus emociones y por lo cual te sientes tan avergonzado. Esta creencia es un signo de la separación que has construido para ti mismo con todas tus defensas equivocadas y de la cual sufres tanto en esos momentos. Pero si te das cuenta de que todo el mundo pasa por esa reacción, de que es un síntoma que debemos esperar, podrás neutralizar tu impresión emocional falsa no tomándola en cuenta e impidiendo que continúe gobernándote. Sólo así podrás liberarte de la pared de separación que te encierra en la oscuridad, la soledad y el miedo, en la culpa y en la falsa vergüenza. Sólo de este modo puedes evolucionar como una persona libre, con la cabeza erguida, en vez de dejarte gobernar y suprimir por tus impresiones erróneas y por tu falsa vergüenza. Sólo se necesita de un momento de valor para pasar a través de eso que parece tan vergonzoso y mirarte tal como eres. Entonces descubrirás que has vivido en un mundo fantasma de temores y vergüenzas que no tienen absolutamente ninguna realidad.

Muy a menudo la vergüenza no viene porque de pronto has descubierto algo muy malvado u odioso. ¡No! Tal vez te avergüences más de algo realmente tonto. Si comprendes que cuando formaste tu imagen el razonamiento que ahora te da vergüenza estaba de acuerdo con las capacidades de razonamiento y de pensamiento que tenías entonces, verás que es algo tonto sólo de manera relativa. Y tú, puesto que eres un ser humano inteligente, no puedes aceptar el hecho de que una reacción tan "tonta" continúe viviendo en ti. Ahora estás en el punto en el cual te das cuenta de que esa ha sido tu deducción, tu conclusión durante años hasta el presente y eso te provoca mucha vergüenza al ver que eso ha sido parte de tu mente, de tu "submente", pero de todos modos tu mente, tu reacción. Sería mucho más fácil para ti el aceptar esto si consideras que respecto de esto has seguido siendo un niño pues abandonaste todo el proceso de razonamiento en la oscuridad de tu mente subconsciente. También te ayudará el darte cuenta de que no hay nadie de entre la gente que conoces que no tenga sus propias imágenes y, por lo tanto, incongruencias similares. Si conversaras con un niño de, digamos, cuatro a diez años de edad, no te sorprendería ese tipo de razonamiento. Date cuenta de eso y superarás tu vergüenza.

Antes de que puedas cambiar cualquier cosa debes entender qué es lo que hay dentro de ti provocando el sufrimiento. Sólo entonces, lenta y gradualmente, podrás re-educar tus emociones, disolver tus imágenes y crear en tu alma nuevas formas productivas que correspondan a la ley divina.

Me retiraré ahora con bendiciones especiales para cada uno de ustedes, queridos amigos. Es la bendición del valor que tanto necesitan. Vayan en paz, vayan con Dios.

▲ 6 ▲

El círculo vicioso del amor inmaduro

Saludos, queridos amigos. Dios bendiga esta reunión. Que Dios bendiga a cada uno de ustedes.

Ahora voy a explicar uno de los círculos viciosos más comunes entre los seres humanos. Es algo que opera hasta cierto grado en cada alma humana. La mayoría del tiempo vive en el subconsciente, aunque algunas partes del círculo pueden ser conscientes. En este trabajo es importante que sigas el círculo hasta que lo descubras por completo, pues de otro modo no podrás romperlo. Mis palabras no se dirigen tanto a tu mente consciente, a tu intelecto como al nivel de tus sentimientos en donde existe este círculo.

Aunque seas consciente de algunas partes del círculo, usa mis palabras para buscar las otras partes de las cuales aún no te has percatado. Tal vez haya entre ustedes alguien que no sea para nada consciente de ninguna parte del círculo. En ese caso, mis palabras les guiarán para que al menos cobren conciencia de una parte. Esto no será muy difícil pues muchos de sus síntomas les mostrarán fácilmente que, aún siendo inconsciente, un círculo de este tipo vive dentro de ustedes.

Pero no interpretes estas palabras como si quisieran decir que conscientemente piensas y reaccionas de acuerdo con este círculo vicioso; date cuenta de que está escondido. Dependerá de ti el cobrar conciencia de esa reacción en cadena mediante tu trabajo en este camino de auto-descubrimiento y de auto-desarrollo. Tomar conciencia de estas corrientes ocultas te dará la libertad y la victoria.

La mayor parte de mis amigos se da cuenta de que en todas las personas existe una manera ilógica de pensar, de sentir y de reaccionar, aun cuando conscientemente uno use una lógica mejor. Todo lo que hay en el inconsciente es primitivo, ignorante y muy a menudo ilógico, aunque sí tenga una lógica propia muy limitada.

El círculo vicioso del que hablaré esta noche comienza en la infancia, cuando se forman todas las imágenes. El niño es un ser desvalido, necesita que cuiden de él, no puede ponerse de pie, no puede hacer decisiones maduras, no puede estar libre de motivaciones débiles y egoístas. De modo que el niño es incapaz de sentir un amor no egoísta. El adulto maduro crece hacia ese amor siempre y cuando toda la personalidad madure armoniosamente y siempre y cuando ninguna de las reacciones infantiles se quede oculta en el inconsciente. Si sucede esto, sólo parte de la personalidad crece, mientras que la otra parte —y por cierto una muy importante— no madura. Hay muy pocos adultos cuya madurez emocional sea del mismo nivel que su madurez intelectual.

▼ *El niño desea amor exclusivo* ▼

El niño entra en contacto con un entorno, relativamente imperfecto, que hace surgir sus problemas internos. En su ignorancia, el niño desea un amor profundo exclusivo que no es humanamente posible. El amor que quiere es egoísta: no desea compartir el amor con otros, con sus hermanos y hermanas o ni siquiera con el otro padre. El niño a menudo está inconscientemente celoso de ambos padres. Pero si los padres no se aman entre ellos, entonces el niño sufre aún más. Así que el primer conflicto surge de dos deseos contrapuestos. Por un lado, el niño quiere el amor exclusivo de su padre y de su madre; por otro lado, sufre si los padres no se aman entre ellos. Puesto que la capacidad de amar de cualquier padre o madre es imperfecta, el niño malinterpreta el que a pesar de esa imperfección la mayoría de los padres son completamente capaces de amar a más de una persona. Pero el niño se siente excluido y rechazado si los padres aman a otros. En resumen, el amor exclusivo que el niño desea tan fervientemente, nunca puede ser gratificado. Más aún, cuando se prohíbe al niño que las cosas sean como las desea, eso lo toma como una "prueba" adicional de que no lo aman lo suficiente.

Esta frustración hace que el niño se sienta rechazado, lo cual causa odio, resentimiento, hostilidad y agresión. Ésta es la segunda parte del círculo vicioso. La necesidad de amor que no puede ser gratificada causa odio y hostilidad en contra de la gente que uno ama más en el mundo. De manera general, éste es el segundo conflicto del ser humano en crecimiento. Si el niño odiara a alguien a quien no ama al mismo tiempo, si amara a su propio modo y no deseara amor en recompensa, ese conflicto no surgiría. El mismo hecho de que el odio exista dirigido hacia la persona que uno ama más, crea un importante conflicto en el subconsciente, que es en donde se encona. Este odio causa culpabilidad, pues al niño se le enseña desde muy temprano que es malo, equivocado y pecaminoso el odiar a alguien, especialmente a sus propios padres, a quienes se debe amar y respetar. Es esta culpa, que permanece viviendo en el subconsciente, lo que causa en la personalidad adulta un sinnúmero de conflictos externos e internos. Así que mientras la gente no decide descubrir qué hay oculto en su subconsciente, desconoce completamente las raíces de esos conflictos.

▼ *Miedo al castigo, miedo a la felicidad* ▼

Esa culpa tiene una reacción posterior inevitable. El sentimiento de culpa hace que el inconsciente del niño diga "Merezco ser castigado". De modo que surge en el alma el miedo a ser castigado, el cual la mayoría de las veces es inconsciente. Sin embargo, las manifestaciones pueden ser vistas en diversos síntomas, cuyo análisis riguroso nos lleva hacia las reacciones en cadena que describiré enseguida.

Junto con ese miedo al castigo se instala una nueva reacción: cuando uno está contento y disfruta del placer, a pesar de que eso es un deseo natural, siente que no se lo merece. La culpa de odiar a quienes más ama convence al niño de que no es merecedor de nada bueno, alegre, o placentero. El niño siente que si alguna vez llega a ser feliz, el inevitable castigo será aún peor. Así que inconscientemente el niño evita la felicidad, pensando que de ese modo evita un mayor castigo. Esta actitud crea situaciones y patrones que parecen destruir siempre lo que uno más ha deseado en la vida.

Este miedo a la felicidad lleva a la persona a todo tipo de reacciones no sanas, a síntomas, esfuerzos, manipulaciones de sus emociones e incluso a acciones que indirectamente crean patrones que aparecen como si se tratara de cosas involuntarias, sin que la persona sea responsable de ellas. Así, surge un nuevo conflicto. Por un lado la persona desea profundamente la felicidad y la satisfacción y, por el otro, el miedo a la felicidad prohibe la satisfacción. Aun cuando el deseo de felicidad nunca puede ser erradicado, sin embargo, debido a ese oculto sentimiento de culpa, mientras más desea uno la felicidad, más culpable se siente.

Pero a partir del miedo al castigo y del miedo de no merecer la felicidad se crea una reacción aún más complicada. La mente inconsciente piensa: "Tengo miedo de ser castigado por los demás, aunque sé que lo merezco. Es mucho peor ser castigado por los demás, pues en ese caso estoy a su merced, ya sea que se trate de gentes, del destino, de Dios o de la vida misma. Pero tal vez si me castigo yo mismo al menos puedo evitar la humillación, el desamparo y la degradación de ser castigado por fuerzas exteriores a mí mismo." Estos conflictos básicos de amor y odio, de culpa y de miedo al castigo, existen en cada ser humano. El deseo compulsivo del auto-castigo debido a conclusiones erróneas e ignorantes existe en cierto grado en todos los seres humanos.

Así, la persona llega a castigarse a sí misma. Lo cual puede suceder de diversas maneras, ya sea mediante la enfermedad física producida por la psique, o a través de desgracias, dificultades, fracasos o conflictos en cualquier área de la vida. En cada caso el área afectada depende de la imagen personal que el niño ha formado y llevado a lo largo de su vida hasta que la descubre y eventualmente la disuelve. Así, si existe una imagen relacionada con la profesión, por ejemplo, se verá fortalecida por el inherente deseo de auto-castigo de modo que la persona enfrentará constantes dificultades en este aspecto de su vida. Y si, en cambio, existe una imagen relacionada con el amor y la vida marital, el mismo patrón funcionará también en este caso.

Así, si cuando no tienes éxito para satisfacer un deseo consciente y legítimo, mirando tu vida descubres el patrón de que la satisfacción de ese deseo ha estado constantemente frustrada, como si no tuvieras nada que ver en el asunto (como si te hubiera caído encima un inmerecido destino), puedes estar seguro de que no sólo hay una imagen y una conclusión errónea dentro de ti, sino de que, además, la necesidad del auto-castigo también está presente.

Otra reacción en cadena, más adentro de este círculo vicioso, es el desgarramiento de la personalidad respecto de sus deseos. El desgarramiento original entre amor y odio, el cual inició el círculo vicioso, provoca otros desgarramientos, tal como lo pueden ver claramente hasta ahora. Uno de esos sentimientos conflictivos es la necesidad de auto-castigo, junto con la cual coexiste el deseo de no ser castigado. Así que una parte oculta de la psique dice: "Tal vez me pueda escapar de esto. Tal vez logro expiar de otro modo mi enorme culpa por odiar." Esta expiación imaginaria es algo así como un regateo. Uno hace esto imponiéndose un ideal de vida al cual es imposible conformarse en la realidad. La pequeña voz interior argumenta: "Si soy tan perfecto, si no tengo defectos ni debilidades, si soy el mejor en todo lo que hago, entonces puedo encontrar una solución para mi odio y mi resentimiento pasados." En cierto momento esa pequeña voz fue reprimida en el inconsciente, de modo que no murió, sino que aún está viva ahora.

▼ *Dos conciencias* ▼

Puedes sobreponerte a algo sólo si logras airearlo. Ésa es la razón por la cual el mismo viejo odio sigue viviendo en ti. También es la razón por la cual te sientes constantemente culpable. Si en realidad fuera un asunto del pasado, no sentirías esa aguda culpabilidad todo el tiempo, aun cuando no sea de manera consciente. Piensas que siendo tan perfecto puedes evitar el castigo. Así que de ese modo se crea una segunda conciencia. En realidad sólo existe una conciencia: es el ser superior, el cual es eterno e indestructible, es la chispa divina de cada ser humano. No confundas esa conciencia con la segunda conciencia que se ha creado artificialmente a partir de la compulsión de expiar un supuesto pecado, o incluso un error real. Ni los pecados imaginarios ni los errores reales pueden ser expiados por esa conciencia artificial y sobredemandante; en realidad nadie tiene por qué ser castigado. Como ya todos lo saben bien, la manera de eliminar los errores reales es diferente y mucho más constructiva. Cuando logres diferenciar entre estos dos tipos de conciencia habrás dado un gran paso hacia adelante.

La segunda conciencia compulsiva realiza exigencias que son imposibles de satisfacer. ¿Qué sucede cuando no puedes alcanzar esas metas? Inevitablemente resulta un sentimiento de imperfección y de inferioridad.

Puesto que no sabes que los ideales de tu conciencia compulsiva son irracionales, irreales e imposibles de alcanzar, y puesto que, detrás de tu pared separadora, crees que los otros tienen éxito mientras que tú eres el único que no, así que te sientes completamente aislado y avergonzado, con tu secreto de culpabilidad no sólo por odiar, sino por tu incapacidad de ser bueno y puro.

La segunda conciencia es motivada por la debilidad y el temor. Es demasiado orgullosa para darse cuenta de que simplemente no puedes ser tan perfecto todavía. También es demasiado orgullosa para dejarte aceptarte tal como eres actualmente. Entonces, debes sentirte inferior porque no eres capaz de vivir de acuerdo con esos elevados ideales.

Todos los sentimientos de inferioridad de la naturaleza humana pueden reducirse a este común denominador. Mientras este hecho no es sentido y experimentado, no puedes abandonar los sentimientos de inferioridad. Tienes que descubrir todo este círculo vicioso y ver su falta de razón, tienes que vivir las emociones que te condujeron a crearlo.

Sólo entonces podrás romper la reacción en cadena eslabón por eslabón y crear nuevos conceptos dentro de tu ser emocional.

No importa qué racionalizaciones uses para explicar tus sentimientos de inferioridad, nunca son la verdadera causa. Los demás tal vez sean más exitosos que tú en ciertos aspectos, pero eso no puede hacerte inferior.

Sin tus ideales artificialmente elevados, no sentirías la necesidad de ser mejor o al menos tan bueno como los demás en cada aspecto de tu vida.

Podrías aceptar tranquilamente el que otros sean mejores o hagan las cosas mejor en ciertas áreas de la vida mientras que tú tienes otras ventajas de las que ellos carecen. No tendrías que ser tan inteligente, tan exitoso, tan hermoso como la demás gente.

¡Esto nunca es la verdadera razón de ser de tus sentimientos de inferioridad! Esa verdad es puesta en evidencia por el hecho de que a menudo vemos a la gente más brillante, más exitosa y más hermosa tener peores sentimientos de inferioridad que otros que son menos brillantes, menos exitosos o menos hermosos.

▼ *Perpetuación de la imperfección y la inferioridad* ▼

Esa imperfección e inferioridad sirven para cerrar aún más el círculo vicioso. Una vez más, tu pequeña voz inconsciente argumenta: "He fracasado. Sé que soy inferior, pero tal vez si pudiera recibir una gran cantidad de amor, respeto y admiración de los demás, eso se sentiría como si recibiera la satisfacción que originalmente deseaba y que no me fue dada en ese entonces, lo cual me llevó a odiar y crear todo este círculo. La admiración y el respeto de los demás sería también una prueba de que tenía razón, pues es posible recibir ahora lo que mis padres me negaron. Eso también mostraría que no soy tan poco valioso como lo sospeché cuando empecé a fallar en el intento de vivir de acuerdo con los ideales de mi conciencia compulsiva."

Obviamente que estos pensamientos nunca son razonados de manera consciente, aunque esa sea la manera en que argumentan las emociones debajo de la superficie. Así que el círculo se cierra en donde empezó y la necesidad de ser amado se convierte en algo mucho más compulsivo de lo que fue originalmente. Todos los diferentes eslabones de la reacción en cadena refuerzan esa necesidad. Además, siempre existe la sospecha de que el odio era injustificado —lo cual así era, pero de manera diferente. La persona siente en su inconsciente que si ese amor no existe en absoluto, entonces el niño tenía razón, y sus padres o quienquiera que sea que no le dieron amor, estaban equivocados. Así el deseo de amor se hace cada vez más compulsivo y tenso. Puesto que esa necesidad nunca puede ser satisfecha —y mientras más aparente se vuelve esto, más crece la culpa— todos los eslabones subsiguientes en el círculo vicioso se hacen peores y peores a medida que avanza la vida, creando cada vez más problemas y conflictos. Sólo cuando deseas amor en una forma sana y madura y sólo cuando estás dispuesto a amar tanto como deseas ser amado, el amor estará cerca.

Recuerda que la personalidad en la cual este círculo vicioso es muy fuerte nunca puede tomar ese riesgo mientras continúe deseando un amor inmaduro e infantil. Mientras no pueda arriesgar nada por el amor, no sabe cómo amar de manera madura. El niño no tiene por qué tomar ese riesgo, pero el adulto sí. El niño interno tiene sólo el deseo inmaduro de recibir amor, quiere ser amado y querido, cuidado y admirado, incluso por gente a la que él no tiene ninguna intención de amar. Y con la gente que sí está dispuesto a amar, de todas maneras la proporción entre su disposición para dar y su necesidad compulsiva de recibir es muy desigual.

Debido a esta inseguridad básica, un esquema de este tipo no puede funcionar, pues la ley divina es siempre justa y equitativa. Nunca recibes más de lo que inviertes. Cuando inviertes libremente puede ser que no recibas a cambio el amor que has dado de manera directa de la misma fuente en la cual lo invertiste; sin embargo, eventualmente fluye hacia ti, esta vez dentro de un círculo virtuoso. Lo que tú dés volverá hacia ti, siempre y cuando no des por debilidad, con la intención de probar algo. Si las motivaciones del amor limitado que das tienen una base inconsciente dentro del círculo vicioso, nunca podrás recibir amor a cambio de lo que das. El amor que deseas de la manera equivocada pensando que eso te hará estar bien no es ninguna respuesta. En otras palabras, estás buscando un remedio que no puede curar tu enfermedad, de modo que tu hambre de amor continuará igual, nunca saciada. Es como un pozo sin fondo. Así es como se cierra el círculo.

▼ *Romper el círculo* ▼

Tu trabajo en este camino consiste en descubrir este círculo dentro de ti, experimentarlo, en especial en lo que se refiere a dónde, cómo y en relación con quién vive dentro de ti. Todo esto debe convertirse en una experiencia personal antes de que logres romper el círculo. Si dejas que tu relación con el círculo sea sólo un conocimiento intelectual, sin revivirlo emocionalmente, ese conocimiento no te ayudará. Repito: si no puedes identificar los diferentes puntos de este círculo en tus emociones, la existencia de la reacción en cadena sólo será otra parte del conocimiento teórico que has absorbido, algo completamente despegado de tus emociones. Una vez que descubras este círculo en tu trabajo personal, podrás romperlo, pero sólo una vez que hayas tomado conciencia de dónde están las premisas equivocadas. Tendrás que ver que el niño que fuiste tenía justificadamente ciertos sentimientos, actitudes, necesidades e incapacidades, pero que actualmente ya son obsoletas. También tienes que aprender a ser tolerante con tus emociones negativas; debes comprenderlas. Debes descubrir en dónde se desvían tus tendencias emocionales, tus demandas y deseos de tu conocimiento consciente. Es posible que sepas perfectamente, e incluso que prediques, que uno debe dar amor sin esperar nada a cambio. Pero todos ustedes, en sus emociones, de cualquier modo se desvían de ese conocimiento intelectual. La discrepancia debe ser hecha completamente consciente antes de esperar romper el círculo vicioso. Una vez que hayas comprendido cabalmente e integrado todo esto, y después de que hayas pensado acerca de la irracionalidad de ciertas emociones que hasta ahora tienes escondidas, sólo entonces podrás empezar a cambiarlas, lenta y gradualmente. No esperes que cambien en el momento en que entiendas su falta de racionalidad. Al enfrentarte con esas emociones —con su ignorancia, su egoísmo y su inmadurez— sin sentir vergüenza y aplicándoles tu conocimiento consciente, atrapándote en cada ocasión en la que vuelvas a caer en tus viejos malos hábitos emocionales, tu subconsciente cada vez te revelará más y más conclusiones erróneas. Cada acto de reconocimiento te ayudará a avanzar en el rompimiento de tu círculo vicioso personal. Así te irás volviendo libre e independiente.

El alma humana contiene toda la sabiduría y toda la verdad que necesita. Pero todas esas conclusiones equivocadas la cubren. Al tomar conciencia de ellas y trabajarlas, punto por punto, finalmente alcanzarás la meta de desenvolver tu voz interior de sabiduría, la cual te guía de acuerdo con la conciencia divina, de acuerdo con tu plan personal. Cuando tus reacciones internas y externas violan las leyes divinas tu conciencia divina te lleva inevitablemente hacia el restablecimiento del órden y el equilibrio dentro de tu vida. Pueden llegar situaciones que parecen castigos, cuando en realidad son el remedio que te hace volver al carril correcto. Siempre, y en cualquier lugar que te desvíes, se restablecerá el equilibrio, así que a través de tus dificultades podrás finalmente llegar al centro desde donde debes cambiar tu dirección interior. Cambiarás, no necesariamente en tus actitudes exteriores y conscientes, pero sí en tus demandas y objetivos infantiles.

Así que, mis queridos amigos, realicen el trabajo de atravesar ese círculo vicioso y experimenten cómo actúa en su vida personal.

¿Tienen alguna pregunta?

PREGUNTA: ¿Qué sucede con un niño cuyo odio y hostilidad se expresan exteriormente? ¿Tendrá ese niño un sentimiento de culpa?

RESPUESTA: Ese tipo de manifestaciones exteriores ocurre a menudo en los niños. Siempre que un niño hace un berrinche o pataleta esas emociones salen al exterior. Pero invariablemente el niño es regañado y aprende cuán mala es su conducta. Esto fortalece la necesidad de mantener escondido el verdadero significado de esos berrinches. Y si a veces el odio es completamente consciente, por lo general, más tarde, es reprimido. Así que los mismos berrinches pueden continuar interiormente en el adulto sin límite de edad y pueden desaparecer sólo cuando se cobra conciencia del círculo vicioso. Cierta gente puede desarrollar una enfermedad que será una forma de pataleta infantil, o pueden simplemente hacerle la vida difícil a quienes los rodean. Con su infelicidad esa gente constantemente le impone dificultades a los demás buscando forzar su propia voluntad y su necesidad infantil compulsiva de alcanzar la utopía del amor y del cuidado perfectos. Esto puede suceder en diversos grados. A veces es muy obvio, pero otras veces es mucho más sutil y oculto. Lo que la gente suele decir cuando cae en ese tipo de conducta es: "Soy infeliz, sabes. Debes cuidarme. Tienes que amarme." Ése es un berrinche sin las manifestaciones exteriores del niño. El sólo hecho de que esa hostilidad pueda en ocasiones salir a la luz durante la infancia no necesariamente significa que no será reprimida más tarde.

Benditos sean, todos y cada uno de ustedes, queridos amigos, que leen estas palabras. Lleven estas bendiciones con ustedes, déjenlas fortalecer su valor, su fuerza de voluntad en el camino del auto-descubrimiento. Ésta es la única liberación posible, liberación de los compulsivamente altos ideales que les hacen sentirse culpables y no merecedores de lo que Dios quiere que tengan: felicidad, luz, amor. Vayan en paz, queridos amigos. Vayan con Dios.

▼▼▼▼▼

▲ 7 ▲

La compulsión a recrear y superar las heridas de la infancia

¡Salud!, queridos amigos. Dios los bendiga. Que las bendiciones divinas les ayuden a asimilar las palabras que digo.

Anteriormente hemos hablado del miedo a amar. Recordarán que mencioné cómo el niño desea ser amado de manera exclusiva y sin límites. En otras palabras, el deseo del niño de ser amado no es realista.

▼ *La falta de amor maduro* ▼

Dado que los niños rara vez reciben suficiente amor maduro y calidez, continúan deseándolo a lo largo de su vida a menos de que esa carencia y esa herida sean reconocidas y correctamente tratadas. Si no, en su vida de adultos, la pasarán llorando inconscientemente por lo que les hizo falta en la infancia. Eso les hará incapaces de amar con madurez. Es posible ver cómo se perpetúa esto de una generación a la otra.

El remedio no puede ser encontrado en el simple deseo de que las cosas fueran diferentes y que la gente aprendiera a amar con madurez. El remedio está sólo en ti mismo. Es cierto que si hubieras recibido ese tipo de amor de tus padres, no tendrías este problema del cual no eres completamente consciente. Pero el no haber recibido amor maduro no tiene por qué entorpecer tu vida, si te das cuenta de ello y arreglas tus deseos anteriormente inconscientes, si ordenas tus lamentaciones, pensamientos y conceptos adaptándolos a la realidad de cada situación. La consecuencia no sólo será que tú mismo serás una persona más feliz, sino que podrás extender ese amor maduro a otros, a tus hijos, si los tienes, o a la demás gente que te rodea, empezando una reacción en cadena benéfica. Una autocorrección realista de este tipo es lo contrario de tu actual comportamiento interno del que hablaremos ahora.

Toda la gente, incluyendo incluso a esos pocos que han empezado a explorar su propio inconsciente y sus emociones, generalmente desatienden el fuerte lazo que hay entre los deseos e insatisfacciones del niño y las dificultades y problemas actuales del adulto, pues sólo algunas personas experimentan personalmente —y no sólo de manera teórica— cuán fuerte es esa liga. Es esencial tener una conciencia total de esa relación.

Pueden existir casos aislados excepcionales en donde un padre o una madre brinden suficiente amor maduro. Incluso si uno de los padres lo tiene hasta cierto nivel, es muy probable que el otro no. Puesto que el amor maduro en esta tierra sólo está presente hasta cierto grado, el niño sufrirá de los defectos de al menos uno de sus padres.

Sin embargo, es más común que ambos padres sean incapaces de dar el amor que el niño desea tan vehementemente o que lo den sólo de manera parcial. Durante la infancia esa necesidad es rara vez consciente. Los niños no saben cómo formular sus necesidades racionalmente. No pueden comparar lo que pueden obtener con lo que otros tienen. No saben que podrían existir otras cosas. Creen que las cosas deberían ser como ellos quieren y en casos extremos se sienten especialmente aislados, creyendo que su suerte es algo único. Ambas actitudes se alejan de la verdad. En ambos casos la verdadera emoción no es consciente y, por lo tanto, no puede ser evaluada correctamente para entenderse con ella. Así los niños crecen sin entender muy bien por qué son infelices y sin siquiera saber que son infelices. Muchos de ustedes miran hacia su infancia convencidos de que tuvieron todo el amor que deseaban sólo porque sí tuvieron algo de amor, aunque rara vez el que deseaban.

Hay muchos padres que hacen grandes demostraciones de amor. Es posible que consientan a sus hijos hasta echarlos a perder. Ese mero acto de consentir excesivamente puede ser una sobrecompensación y una manera de disculparse por una profunda sospecha de ser incapaces de amar con madurez. Los niños sienten esa verdad con gran agudeza. Puede ser que no la piensen, ni la observen conscientemente, pero en el interior los niños sienten con precisión la diferencia entre el amor maduro y genuino y la variedad de amor inmaduro excesivamente demostrativo que se les da a cambio.

Los padres tienen la responsabilidad de dar una guía adecuada y seguridad, lo cual exige de ellos cierta autoridad. Hay padres que no se atreven nunca a castigar o a ejercer una sana autoridad. Esa falla se debe a la culpa, pues les falta un amor real, generoso, cálido y reconfortante en sus personalidades inmaduras. Otros padres pueden ser demasiado severos, demasiado estrictos. Entonces ejercen una autoridad dominante fanfarroneando ante el niño e impidiéndole que desarrolle su personalidad. Estas dos actitudes fallan y sus errores, absorbidos por el niño, causan heridas e insatisfacción.

En los hijos de padres estrictos el resentimiento y la rebelión se hacen evidentes, y son más fáciles de descubrir. En el otro caso, la rebelión es igualmente fuerte, pero escondida y, por lo tanto, mucho más difícil de encontrar. Si tuviste un padre o una madre que te llenó de afecto o pseudo-afecto, pero que careció de una auténtica calidez, o si tuviste un padre que hacía todo concienzudamente bien pero que carecía de verdadera calidez, inconscientemente lo sabías y lo resentiste. Tal vezde manera consciente, nunca te diste cuenta de ello porque siendo niño no podías señalar exactamente lo que estaba faltando. Exteriormente te daban todo lo que querías y necesitabas. ¿Cómo podías haber descubierto la finísima distinción entre el afecto real y el pseudo-afecto con tu inteligencia de niño? El hecho de que algo te molestaba sin que pudieras explicarlo racionalmente, te hacía sentirte culpable e incómodo. Entonces empujaste eso lejos de tu vista, tan lejos como te fue posible.

▼ *Intentos por remediar las heridas de la infancia durante la edad adulta* ▼

Mientras la herida, la desilusión y las necesidades insatisfechas de tus primeros años permanezcan inconscientes, no podrás entenderte con ellas y resolverlas. No importa cuánto puedas amar a tus padres, existe un resentimiento inconsciente dentro de ti que te impide perdonarlos por la herida.

Sólo puedes perdonar y liberar la tensión si reconoces tu herida y tu resentimiento profundamente escondidos. Como un ser humano adulto verás que tus padres también son sólo seres humanos. No fueron tan perfectos como el niño pensaba y deseaba; sin embargo, no deben ser rechazados ahora pues tuvieron sus propios conflictos e inmadureces. La luz del razonamiento consciente debe ser aplicada a estas emociones de las que nunca te permitiste percatarte por completo.

Mientras no seas consciente de este conflicto entre tu deseo de un amor perfecto de tus padres y tu resentimiento en contra de ellos, estarás atado al intento de remediar la situación en tus años subsiguientes. Esta lucha puede manifestarse en varios aspectos de tu vida. Corres constantemente hacia los problemas y patrones repetitivos cuyo origen está en tu intento de reproducir la situación de tu infancia con el fin de corregirla. Esta compulsión inconsciente es un factor muy fuerte, ¡pero está muy escondida de tu comprensión consciente!

La manera más frecuente en que se trata de remediar esta situación es en la elección de una pareja. Inconscientemente sabrás cómo escoger en tu pareja los aspectos del padre que se quedó especialmente corto en afecto y amor genuinos y reales. Pero también buscas en tu pareja aspectos del otro padre que se acercó más a la satisfacción de tus necesidades. Si bien es importante encontrar tanto a tu padre como a tu madre representados en tu pareja, es aún más importante y más difícil encontrar a aquél de ellos que te decepcionó y lastimó más. Así que buscas a tus padres nuevamente —de una manera no consciente y nada fácil de detectar— en tus parejas maritales, en tus amistades o en las otras relaciones humanas. En tu subconsciente aparece la siguiente reacción: como el niño que hay en tu interior no puede deshacerse del pasado, no puede asimilarlo, no puede perdonar, no puede comprender y aceptar, ese niño crea siempre condiciones similares, tratando de ganar para finalmente controlar la situación en vez de sucumbir ante ella.

▼ *La falacia de esta estrategia* ▼

Toda esta situación es terriblemente destructiva. En primer luga, es una ilusión el que hayas sido vencido. De modo que también es una ilusión el que ahora puedas ser victorioso. Más aún, es una ilusión el que la falta de amor, por triste que esto haya sido durante tu infancia, sea la tragedia que tu inconsciente siente que sigue siendo. La única tragedia se halla en el hecho de que tú mismo obstruyes tu felicidad futura al continuar reproduciendo la vieja situación para tratar de dominarla. Amigos míos, este proceso es profundamente inconsciente. Claro, nada de hecho está más lejos de su mente cuando enfocan sus objetivo y deseos conscientes. Les tomará muchas excavaciones el descubrir las emociones que les llevaron una y otra vez a situaciones en donde su objetivo secreto era remediar sus penas de la infancia.

Al tratar de reproducir la situación de la infancia, inconscientemente escogieron una pareja con aspectos similares a los de su padre o su madre. Pero esos mismos aspectos harán imposible el recibir el amor maduro que tienes derecho a desear, tanto ahora como antes. Ciegamente crees que deseándolo más fuerte y vehementemente, tu pareja-padre ahora cederá, mientras que en realidad el amor no puede llegar de esa manera. Sólo cuando te liberas de esa sempiterna repetición puedes dejar de aullar para ser amado por tu padre o tu madre. En cambio, buscarás a una pareja o bien otras relaciones humanas con el objeto de encontrar la madurez que necesitas y quieres. Al no pedir que te amen como a un niño, estarás igualmente dispuesto a amar. Sin embargo, el niño que hay en ti cree que esto es imposible, no importa cuán capaz seas de amar así a través de tu progreso y de tu desarrollo. Este conflicto oculto eclipsa el crecimiento que, de otro modo, tendría tu alma.

Si ya tienes una pareja, el descubrimiento de este conflicto puede mostrarte cómo él o ella se parece a tus padres en ciertos aspectos inmaduros. Pero como ahora ya sabes que difícilmente hay alguien que sea realmente maduro, esas inmadureces de tu pareja no te parecerán la tragedia que eran mientras estabas constantemente buscando encontrar a tus padres, lo cual obviamente nunca podías lograr. Con tu inmadurez e incapacidades actuales podrás, sin embargo, construir una relación más madura, libre de las compulsiones infantiles a recrear y corregir el pasado.

No tienes una idea de cuán preocupado está tu subconsciente por volver a actuar la obra de teatro, por decirlo de esa manera, tratando sólo de que "esta vez sea diferente". ¡Y nunca lo es! A medida que pasa el tiempo, la decepción se vuelve cada vez más pesada y tu alma se desanima más y más.

Para algunos de mis amigos que aún no han alcanzado cierta profundidad en su subconsciente inexplorado, esto puede sonar un tanto cuanto absurdo y arbitrario. Sin embargo, aquellos de ustedes que han llegado a ver el poder de sus tendencias ocultas, sus compulsiones e imágenes, no me creerán con facilidad, pero pronto experimentarán la verdad de estas palabras en sus vidas personales. Ya saben, a partir de otros descubrimientos, cuán poderosas son las maquinaciones de su mente subconsciente, cuán astutamente se las arregla para actuar destructiva e ilógicamente. Si aprenden a mirar sus problemas e insatisfacciones desde este punto de vista y siguen el proceso natural de dejar que sus emociones salgan a la luz, obtendrán una mayor comprensión. Pero, amigos míos, será necesario volver a experimentar el deseo vehemente y la herida del llanto del niño que fueron alguna vez, aunque hayan sido un niño muy feliz. Su felicidad puede haber sido válida y sin auto-engaños. Pues es posible ser simultáneamente feliz e infeliz. En la actualidad, pueden ser conscientes de los aspectos felices de su infancia, pero eso que les lastimó profundamente y que algo en ustedes deseaba tan vehementemente —sin siquiera saber qué— de eso no eran conscientes. Dieron la situación por un hecho. No sabían qué estaba faltando y ni siquiera sabían que algo estaba faltando. Esa infelicidad básica debe hacerse consciente ahora, si de verdad quieren avanzar en el crecimiento interno. Deben re-experimentar el agudo dolor que alguna vez sufrieron pero que alejaron de su vista. Ahora deben mirar ese dolor con conciencia de la comprensión que han alcanzado. Sólo si lo hacen podrán aprehender el valor real de sus problemas actuales y verlos bajo su verdadera luz.

▼ *Re-experimentar la herida de la infancia* ▼

¿Pero cómo hacer para re-experimentar las heridas de hace tanto tiempo? Sólo hay una manera, amigos míos. Toma un problema común. Quítale todas las capas superpuestas de tus reacciones. La primera y más fácil de encontrar es la racionalización, la que "prueba" que los otros, o las situaciones, son el defecto, que no son tus conflictos más profundos los que te llevan a adoptar una actitud equivocada ante el problema que confrontas actualmente. La siguiente capa puede ser la ira, el resentimiento, la ansiedad, la frustración. Detrás de todas estas reacciones encontrarás la herida de no haber sido amado. Cuando experimentes la herida de no haber sido amado en el contexto de tu actual problema eso te servirá para despertar la herida de tu infancia. Mientras te enfrentas a la herida de ahora, recuerda y trata de reconsiderar la situación con tus padres: lo que te dieron, cómo te sentías realmente en relación con ellos. Te darás cuenta de que en muchos sentidos te faltaba algo que nunca viste con claridad en ese tiempo —algo que no querías ver. Te darás cuenta de que eso debió haberte lastimado cuando eras un niño, pero que conscientemente puedes haber olvidado esa herida. Aunque en realidad no la has olvidado. El dolor de tu problema actual es el mismo dolor. Ahora, vuelve a evaluar ese problema actual comparándolo con el de tu infancia y por fin podrás vercon claridad que se trata exactamente del mismo. No importa cuán verdadero y comprensible sea tu dolor actual, de todos modos es el mismo dolor de tu infancia. Un poco más tarde te darás cuenta de cómo tú mismo contribuiste a causar el dolor actual debido a tu deseo de corregir la herida de tu infancia. Pero primero sólo debes sentir la similitud del dolor. Sin embargo, esto requiere un esfuerzo considerable, pues hay muchas emociones traslapadas que cubren igualmente el dolor actual y el pasado. Antes de que hayas logrado cristalizar el dolor que estás experimentando, no puedes entender nada más allá en relación con esto.

Una vez que logres sincronizar estos dos dolores y darte cuenta de que son exactamente el mismo, el siguiente paso es mucho más sencillo. Ahora, observando el patrón repetitivo de tus diferentes problemas, aprenderás a reconocer las similitudes que hay entre tus padres y la gente que te ha lastimado o te está lastimando ahora. Al experimentar esas similitudes emocionalmente, podrás ir más lejos en el camino especial que te lleva a disolver este conflicto básico. La sóla evaluación intelectual no te dará ningún beneficio. Cuando sientas las similitudes, al mismo tiempo que vives el dolor de ahora junto con el dolor de entonces, lentamente podrás entender cómo llegaste a pensar que estabas obligado a escoger la situación actual porque en el fondo de ti mismo no podías aceptar la "derrota".

No hace falta decir que mucha gente ni siquiera se da cuenta del dolor, pasado o presente. Afanosamente miran hacia otro lado. Sus problemas no tienen la apariencia de "dolor". Para ellos, el primerísimo paso consiste en darse cuenta de que ese dolor está ahí y de que duele muchísimo más mientras no se han percatado de él. Mucha gente tiene miedo de ese dolor y prefiere creer que ignorándolo lo harán desaparecer. Escogen esa manera de aliviarse sólo porque sus conflictos se les han vuelto demasiado grandes. Pero es mucho más maravilloso cuando una persona escoge este camino con la sabiduría y la convicción de que un conflicto oculto, a largo plazo, hace tanto mal como uno manifiesto. En ese caso no se teme descubrir la verdadera emoción y sentir, incluso en la experiencia temporal de un dolor muy intenso, que ese mismo dolor se convierte en algo sano que ayuda al crecimiento, algo libre de amargura, tensión, ansiedad y frustración.

También existen quienes toleran el dolor, pero de manera negativa, siempre esperando que sea remediado desde el exterior. Ese tipo de gente está más cerca de la solución porque para ellos resulta relativamente fácil ver cómo el proceso infantil aún está funcionando. El exterior es como el padre ofensor, o ambos padres, proyectados en los otros seres humanos. Sólo tienen que reorientar la manera en que se acercan a sus dolores. No tienen que encontrarlos.

▼ *Cómo dejar de recrear* ▼

Sólo después de que hayas experimentado todas estas emociones y de haber sincronizado el "ahora" y el "entonces" podrás percatarte de cómo trataste de corregir la situación. Entonces, verás la falsedad del deseo inconsciente de recrear la herida de tu infancia, su frustrante inutilidad. Vigilarás todos tus actos y tus reacciones con esta nueva comprensión interior, y entonces soltarás a tus padres. Dejarás tu infancia realmente atrás y empezarás con un nuevo patrón de comportamiento infinitamente más constructivo y lleno de recompensas para ti y para los demás. Ya no tratarás de dominar la situación que no pudiste dominar en tu infancia. Continuarás desde donde estás ahora, olvidando y perdonando con toda sinceridad dentro de ti, sin siquiera pensar que debes hacerlo. Ya no necesitarás ser amado como lo necesitabas cuando eras niño. Primero te das cuenta de que esto es lo que todavía deseas, y luego dejarás de buscar ese tipo de amor. Puesto que ya no eres un niño, buscarás el amor de una manera diferente, dándolo en vez de esperándolo. De cualquier modo debemos siempre insistir en que mucha gente ni siquiera se da cuenta de que lo espera. Como la expectativa infantil fue tan frecuentemente decepcionada, esas personas se obligaron a abandonar todas las expectativas y deseos de amor. Pero no hace falta decir que eso no es ni genuino ni sano, pues se trata de un extremo equivocado.

Para que este conocimiento rinda frutos y resultados reales es necesario que rebase el nivel de la comprensión solamente intelectual. Debes dejarte sentir el dolor de ciertas insatisfacciones de ahora, lo mismo que el de la insatisfacción de tu infancia. Entonces compara los dos dolores, como si fueran dos diapositivas diferentes que poco a poco se colocan una sobre la otra convirtiéndose en una sola. La comprensión que alcanzas cuando sientes esta experiencia, tal como la estoy describiendo ahora, te permitirá dar los pasos que necesitas dar posteriormente.

Trabajar sobre este conflicto interno es de capital importancia para todos ustedes,con el fin de que adquieran una nueva visión y claridad en la búsqueda de ustedes mismos. Al principio estas palabras tal vez sólo les den una sensación de haber echado un vistazo o de haber sentido una emoción vibrante pero temporal, pero deberán serles útiles para abrir una puerta hacia un mejor conocimiento de ustedes mismos, hacia la evaluación de su vida desde una perspectiva más realista y más madura.

Ahora, díganme si tienen alguna pregunta relacionada con esta conferencia.

PREGUNTA: Me resulta muy difícil entender que uno continuamente escoge un objeto amoroso que tiene exactamente las mismas tendencias negativas de alguno de nuestros padres. ¿Acaso esa persona efectivamente tiene esas tendencias? ¿O se trata de una proyección y su respuesta?

RESPUESTA: Puede ser ambas cosas o una de las dos. De hecho, la mayor parte del tiempo se trata de una combinación.

> Ciertos aspectos son buscados y encontrados inconscientemente y, en efecto, son parecidos. Pero las similitudes existentes son realzadas por la persona que hace la recreación. No son sólo cualidades proyectadas, "vistas" sin que realmente existan, sino que están latentes sin que se les pueda ver. Esas actitudes son estimuladas y sacadas a la luz mediante la actitud de la persona que tiene un problema interno no reconocido. Él o ella estimula algo en la otra persona provocando la reacción que se parece a la de los padres. La provocación, que es completamente inconsciente, es un factor muy importante en este caso.

La totalidad de una personalidad humana consiste en muchos rasgos. De éstos, algunos pueden ser realmente similares a algunos de los de los padres de la persona que recrea una situación de su infancia. Lo más sorprendente sería un tipo similar de inmadurez e incapacidad para amar. Eso, por sí mismo, es suficiente y poderoso como para lograr reproducir la misma situación.

Una persona no reacciona ante los otros de la manera en que lo hace ante ti porque tú eres quien constantemente realiza la provocación que conduce las cosas hacia la reproducción de las condiciones de tu infancia que pretendes corregir. Tu miedo, tu auto-castigo, tu frustración, tu ira, tu hostilidad, tu retraimiento de la posibilidad de dar amor y afecto, todas esas tendencias del niño que están presentes dentro de ti, constantemente provocan a la otra persona realzando una respuesta de su parte débil e inmadura. Sin embargo, una persona más madura afecta a los demás de una manera diferente sacando a la luz sus aspectos maduros e integrales, pues no existe nadie que no tenga aspectos maduros.

PREGUNTA: ¿Cómo puedo distinguir si yo provoqué a la otra persona o si ella me provocó a mí?

RESPUESTA: No es necesario descubrir quién empezó, pues se trata de una reacción en cadena, de un círculo vicioso. Es útil comenzar descubriendo tu propia provocación, la cual tal vez es una respuesta a una provocación abierta o escondida de parte de la otra persona. Así te darás cuenta de que tú provocas porque has sido provocado. Y debido a que haces esto, la otra persona responde de la misma manera. Pero mientras examinas tus verdaderas razones y no las superficiales, la razón por la cual te lastimaron inicialmente y por la cual tú provocaste, de acuerdo con lo dicho en esta conferencia, ya no percibirás esa herida como algo desastroso. Tendrás una reacción diferente ante la herida y, como consecuencia, ésta disminuirá automáticamente. Así pues, ya no sentirás la necesidad de provocar al otro. Por otro lado, a medida que tu necesidad de reproducir la situación de tu infancia disminuye, serás menos retraído y lastimarás cada vez menos a los demás, así que ya no tendrán por qué provocarte. Si lo hacen, ahora entenderás que reaccionaron a partir de las mismas necesidades ciegas de la infancia que tú. Ahora podrás ver cómo le otorgas motivaciones diferentes a la provocación de la otra persona que a la tuya, aun cuando de hecho sabes que tú iniciaste la provocación. A medida que alcanzas una nueva visión de tu propia herida, comprendiendo su verdadero origen, obtendrás el mismo desapego de la reacción de la otra persona. Encontrarás exactamente las mismas reacciones en ti y en los otros. Mientras el conflic-to del niño permanezca sin resolver dentro de ti, la diferencia parece enorme, pero cuando percibes la realidad, empiezas a romper el círculo vicioso repetitivo.

Al percibir esta interacción con los demás, eso te quitará el sentimiento de aislamiento y de culpabilidad que todos cargan. Siempre estás fluctuando entre tu culpa y la acusación de injusticia que diriges a los que te rodean. El niño dentro de ti se siente completamente distinto a los demás, en un mundo aparte. Vive una ilusión muy dañina. Al resolver este conflicto, tu percepción del resto de la gente aumentará. Hasta ahora eres muy inconsciente de la realidad de los demás. Por un lado, los acusas y te sientes continuamente lastimado por ellos pues no te comprendes a ti mismo y, por lo tanto, no comprendes a las otras personas. Por el otro lado, y al mismo tiempo, te rehusas a darte cuenta cuándo te lastiman. Esto parece paradójico pero no lo es. Cuando experimentes tú mismo las interacciones explicadas esta noche verás que esto es cierto. Mientras que a veces exageras una herida, en otras ocasiones no te dejas saber que algo te hirió porque tal vez eso no entra en tu idea de la situación. Puede ser que destruya la idea que tú has construido o tal vez no corresponda con tu deseo del momento. Si la situación parece favorable y entra en tu idea preconcebida, descartas todo lo que te incomoda, dejando que supere bajo la superficie, creando una hostilidad inconsciente. Toda esta reacción inhibe tus facultades de intuición, al menos en este sentido especial.

La constante provocación que se lleva a cabo entre los seres humanos y que ahora se le oculta a tu conciencia es una realidad que llegarás a percibir con claridad. Esto tendrá un efecto muy liberador en ti y en tu entorno. Pero no puedes percibirlo si no entiendes los patrones que hay en ti de los que hablé esta noche.

Dejaremos hasta aquí las preguntas. Sigan su camino, queridos amigos, y que las bendiciones que les traemos los cubran y penetren su cuerpo, su alma y su espíritu a fin de que puedan abrir su alma y convertirse en su ser auténtico, su propio ser auténtico. Benditos sean, amigos míos, vayan en paz, vayan con Dios.

▲ 8 ▲

La imagen idealizada de uno mismo

Saludos. Dios los bendiga a todos, queridos amigos.

En esta ocasión quiero hablarles de la máscara, de la imagen idealizada de uno mismo o auto-imagen idealizada.

El dolor es parte de la experiencia humana, empezando por el nacimiento, el cual es una experiencia dolorosa para el bebé. Aunque las experiencias placenteras también suelen ocurrir, el conocimiento y el temor al dolor siempre están presentes. Y el miedo al dolor crea un problema básico. El método más importante al cual recurre la gente en la falsa creencia de que podrá evitar la infelicidad, el dolor e incluso la muerte, es la creación de una imagen idealizada de uno mismo.

La auto-imagen idealizada pretende ser un medio para evitar la infelicidad. Y dado que la infelicidad automáticamente le quita seguridad al niño, la confianza en uno mismo disminuye en proporción con el aumento de la infelicidad, aunque esa infelicidad no pueda ser medida de manera objetiva. Lo que una persona es capaz de soportar sin problemas, sin experimentar una infelicidad drástica, tal vez sea causa de una terrible pena para otro temperamento.

De cualquier modo, la infelicidad y la falta de seguridad en uno mismo están interrelacionadas. Al pretender que uno es lo que en realidad no es, esto es, al crear la auto-imagen idealizada, uno tiene la esperanza de restablecer la felicidad, la seguridad y la confianza en uno mismo.

En realidad y verdaderamente, la tranquilidad espiritual es una sana y genuina confianza en uno mismo. Es la seguridad y la sana independencia que le permiten a uno alcanzar el máximo de felicidad a través del desarrollo de los talentos inherentes de la persona, guiándola hacia una vida constructiva y hacia el establecimiento de relaciones humanas fructíferas. Pero la confianza en uno mismo que se establece a través del ser idealizado es artificial, y el resultado no puede ser el esperado. De hecho, la consecuencia es realmente opuesta y frustrante, pues uno no es consciente de la relación de causa y efecto.

Necesitas comprender el significado, los efectos y los daños que provoca el establecimiento de una imagen idealizada de ti mismo y reconocer completamente su existencia en la forma particular que asume en tu caso individual. Esto requiere de mucho trabajo basado en el trabajo previo. La disolución del ser idealizado es la única manera en que se puede encontrar al ser verdadero, en la que se puede encontrar serenidad y respeto por uno mismo, y vivir la vida a fondo.

En ciertas ocasiones usé el término de máscara. La máscara y la auto-imagen idealizada son una sola y misma cosa. El ser idealizado enmascara al ser real. Pretende ser algo que no eres.

▼ *Miedo al dolor y al castigo* ▼

Cuando eras niño, no importa cuáles hayan sido tus circunstancias individuales, te adoctrinaron sobre la importancia de ser bueno, santo, perfecto. Cuando no lo eras, a menudo te castigaron de una u otra forma. Tal vez el peor castigo era que tus padres te retiraban el afecto; se enojaban y tú tenías la impresión de que ya no te amaban. No es sorprendente que la "maldad" se asociara con el castigo y con la infelicidad, mientras que la "bondad" se relacionaba con las recompensas y la felicidad. Así que ser "bueno" y "perfecto" se convirtieron para ti en un deber absoluto; se convirtieron en una cuestión de vida o muerte.

Pero de todos modos sabías perfectamente bien que no eras tan bueno ni tan perfecto como el mundo esperaba que fueras. Eso tenía que ser escondido, se convirtió en un secreto culpable y comenzaste a construirte un ser falso. Pensabas que ésa era la forma de protegerte y obtener lo que deseabas tan desesperadamente: la vida, la felicidad, la seguridad y la confianza en ti mismo. La conciencia de esta máscara empezó a desvanecerse, pero siempre estuviste, y estás, inundado de la culpa de pretender ser algo que no eres. Tratas cada vez más de convertirte en ese ser falso, en ese ser idealizado. Estuviste, e inconscientemente sigues estando, convencido de que si te esfuerzas lo suficiente, algún día te convertirás en ese ser. Pero ese proceso artificial de *forzarte-a-ser-lo-que-no-eres* nunca puede llevarte hacia el mejoramiento de ti mismo, a la purificación y al crecimiento, pues construiste un ser falso sobre cimientos falsos dejando afuera a tu verdadero ser. De hecho estás escondiéndolo desesperadamente.

▼ *La máscara moral del ser idealizado* ▼

La imagen idealizada de ti mismo puede asumir muchas formas. No siempre dicta los estándares de la perfección reconocida. Claro que mucho de la auto-imagen dicta niveles de moral muy elevados, haciendo mucho más difícil que uno cuestione su validez. "¿Acaso no es correcto querer ser siempre decente, amoroso, comprensivo, nunca enojarse y no tener defectos, sino tratar de ser perfecto? ¿No es eso lo que se supone que debemos hacer? "Estas consideraciones te harán muy difícil descubrir la actitud compulsiva que niega tu imperfección actual, el orgullo y la falta de humildad que te impide aceptarte tal como eres ahora, y ante todo, la falsedad con su consecuente vergüenza, miedo a exponerte, inclinación a esconderte, tensión, presión, culpa y ansiedad. Necesitarás de cierto avance en este trabajo antes de que logres experimentar los sentimientos diferentes que hay entre genuinamente desear trabajar, poco a poco, hacia el crecimiento y la falsa pretensión que te impusieron los dictados de tu ser idealizado. Descubrirás el miedo profundamente escondido que te dice que tu mundo se va a acabar si no vives de acuerdo con esos ideales. Sentirás y sabrás muchos otros aspectos y diferencias entre el ser genuino y el falso. Y también descubrirás las exigencias de tu propio ser idealizado.

Existen otras facetas del ser idealizado, dependientes de la personalidad, de las condiciones de vida y de las influencias tempranas, que no son y no pueden ser consideradas como buenas, éticas o morales. Ciertas tendencias agresivas, hostiles y excesivamente ambiciosas son glorificadas o idealizadas. Es cierto que esas tendencias negativas existen detrás de todas las auto-imágenes idealizadas. Pero están escondidas, y puesto que obviamente contradicen los elevados ideales morales de tu ser idealizado, te provocan una ansiedad adicional ante la posibilidad de que se descubra el fraude de tu ser idealizado. La persona que glorifica esas tendencias negativas, creyendo que son una prueba de fuerza y de independencia, de superioridad y de indiferencia, se sentiría muy avergonzada si tuviera el tipo de bondad que el ser idealizado de otra persona utiliza como fachada y la consideraría como debilidad, vulnerabilidad y dependencia en un sentido enfermizo. Ese tipo de persona pasa completamente por alto el hecho de que nada hace más vulnerable a una persona que el orgullo; nada causa más miedo.

En la mayoría de los casos existe una combinación de estas dos tendencias: ideales morales excesivamente exigentes conforme a los cuales es imposible vivir y orgullo de ser invulnerable, distante y superior. La coexistencia de estas maneras contradictorias de ser crea una dificultad especial para la psique. No hace falta decir que la conciencia de esta contradicción está ausente mientras no se realiza un trabajo especial en ese sentido.

Consideremos ahora algunos de los efectos generales de la existencia del ser idealizado y algunas de sus implicaciones. Puesto que los estándares y dictados del ser idealizado no pueden ser realizados, aunque nunca abandonas el esfuerzo por llegar a ellos, cultivas dentro de ti una tiranía interna del peor tipo. No te das cuenta de la imposibilidad de ser tan perfecto como te lo exige tu ser idealizado y nunca dejas de fustigarte, castigándote y sintiendo un fracaso completo cada vez que compruebas que no puedes vivir conforme con esas exigencias. Cada vez que no logras estar a la altura de esas exigencias se cierne sobre ti una sensación de abyecta falta de valor y te sientes miserable. Esto puede ser a veces algo consciente, pero la mayoría de las veces no lo es. E incluso si lo es, de cualquier modo no te percatas de su completo significado, de la imposibilidad de lo que esperas de ti mismo. Cuando tratas de esconder tus reacciones ante tu propio "fracaso", utilizas medios especiales para no verlo. Uno de los métodos más comunes consiste en proyectar la culpa por el "fracaso" sobre del mundo exterior, sobre los demás, sobre la vida. Mientras más tratas de identificarte con tu imagen idealizada de ti mismo, más dura será la desilusión cada vez que la vida te ponga frente a una situación en la cual esta fachada ya no puede mantenerse. Muchas crisis personales se basan en este dilema, más que en las dificultades exteriores. Esos problemas entonces se vuelven una amenaza extra más allá de su dificultad objetiva. La existencia de los problemas te sirve como una prueba de que no eres tu ser idealizado, y eso te despoja de la falsa confianza en ti mismo; una confianza que, engañosamente, trataste de establecer con la creación de tu ser idealizado.

Hay otros tipos de personalidad que saben perfectamente bien que no pueden identificarse con su ser idealizado. Pero no lo saben de una manera sana. Se desesperan. Creen que deberían de ser capaces de vivir de acuerdo con él. Toda su vida está marcada por una sensación de fracaso, mientras que las personas del tipo anterior sólo viven esto de manera consciente cuando las condiciones exteriores e interiores alcanzan el nivel en el que muestran al fantasma del ser idealizado en sus verdaderas dimensiones: como una ilusión, una mentira, algo deshonesto. Equivale a decir: "Sé que soy imperfecto, pero hago como si fuera perfecto." No reconocer esta mentira es comparativamente fácil cuando la conciencia lo racionaliza con base en metas e ideales honorables aunados al deseo de ser bueno.

▼ *Auto-aceptación* ▼

El deseo genuino de mejorarse a uno mismo lo lleva a uno a aceptar su personalidad tal y como es ahora. Si esta premisa básica es la fuerza principal que conduce a tu motivación hacia la perfección, entonces cualquier descubrimiento de las cosas en las cuales no estás a la altura de tus ideales no te llenará de depresión, de ansiedad y de culpa, sino que te fortalecerá. No necesitarás exagerar la "maldad" del comportamiento de que se trate, ni te defenderás en contra del mismo con el pretexto de que es culpa de los demás, de la vida, del destino. Obtendrás una visión objetiva de ti mismo en este sentido y esa visión te liberará. Asumirás completamente la responsabilidad por tus actitudes erróneas y estarás dispuesto a asumir las consecuencias. Eso es lo que más temes cuando actúas a partir de tu ser idealizado, pues asumir la responsabilidad de tus defectos equivale a decir: "No soy mi ser idealizado."

▼ *El tirano interno* ▼

Los más importantes indicadores de que tu ser idealizado está actuando son un sentimiento de fracaso, de frustración y de compulsión aunados a la culpabilidad y la vergüenza. Éstas son las emociones que se sienten de manera consciente, de entre todas las que permanecen ocultas.

El ser idealizado ha sido creado para obtener confianza en uno mismo y por esa vía, a final de cuentas, para alcanzar la felicidad y el placer supremos. Mientras más fuerte es su presencia, más se desvanece una auténtica confianza en uno mismo. Dado que no puedes vivir de acuerdo con los estándares que te impone, tienes una peor idea de ti mismo de la que tenías en un principio. Es obvio entonces que la auténtica confianza en uno mismo puede establecerse sólo cuando hayas desechado la superestructura constituida por ese tirano carente de toda piedad: tu ser idealizado.

Sí, podrías tener confianza en ti mismo si el ser idealizado fuera realmente tú, o si pudieras vivir de acuerdo con los estándares que te impone. Pero dado que esto es imposible y puesto que en el fondo sabes perfectamente bien que no eres para nada lo que crees que deberías de ser —con ese "super ser" construyes una inseguridad adicional y de ahí surgen aún más círculos viciosos. La inseguridad original que supuestamente se desvaneció a partir del establecimiento del ser idealizado en realidad aumenta sólidamente. Crece haciéndose cada vez peor. Mientras más inseguro te sientes, las exigencias de la superestructura o ser idealizado son más severas, y te vuelves menos capaz de vivir conforme a él de donde resulta que te sientes más inseguro. Es muy importante ver cómo funciona este círculo vicioso. Pero esto no lo puedes hacer sino hasta que tomes una conciencia total de las maneras torcidas, sutiles e inconscientes en las que esa imagen idealizada de ti mismo existe en tu caso particular. Pregúntate en qué áreas se manifiesta. ¿Qué causas y efectos se relacionan con él?

▼ *Alejamiento del ser real* ▼

Una consecuencia posterior drástica de este problema es el constantemente creciente alejamiento del ser real. El ser idealizado es una falsedad. Es una rígida imitación de un ser humano vivo creada artificialmente. Puedes darle muchos aspectos de tu verdadero ser; sin embargo, sigue siendo una creación artificial. Mientras más inviertes en él, tu energía, tu personalidad, tus procesos de pensamiento, tus conceptos, ideas e ideales, le quitas más fuerza al centro de tu ser, el cual es el único que puede ser llevado hacia el crecimiento. Ese centro de tu ser es la única parte de ti mismo, el verdadero tú, que puede vivir, crecer y ser. Es la única parte que te puede guiar correctamente. Sólo él funciona con todas tus capacidades, es flexible e intuitivo. Sus sentimientos son los únicos verdaderos y válidos, incluso si por el momento no están completamente en la verdad y la realidad, en la perfección y la pureza. Pero los sentimientos del ser real funcionan a la perfección si los comparamos con lo que eres ahora, incapaz de ser algo más en cualquier situación de tu vida. Mientras más le quites a ese centro vital para invertirlo en el robot que has creado, más alejado estarás del ser real y más lo empobreces y lo debilitas.

En el curso de este trabajo, algunas veces te has enfrentado a una pregunta confusa y a menudo atemorizante: "¿Quién soy en realidad?" Esto es el resultado de la discrepancia y de la lucha que hay entre el ser real y el falso. Sólo al resolver esta profunda y vital pregunta podrá responder tu centro vital y funcionar en todas sus capacidades, podrá empezar a funcionar tu intuición al máximo de su capacidad, te volverás espontáneo, libre de toda compulsión, confiarás en tus sentimientos porque tendrán la oportunidad de madurar y crecer. Tus sentimientos serán tan absolutamente confiables como tu razonamiento y tu intelecto.

Todo esto es el encuentro final del ser. Antes de poderlo realizar es necesario superar una buena cantidad de obstáculos. Esto te parece como si se tratara de una lucha de vida o muerte. Todavía crees que necesitas a tu ser idealizado para vivir y ser feliz. Una vez que comprendas que eso no es cierto, serás capaz de abandonar la pseudo-defensa que vuelve necesario el mantenimiento y el cultivo del ser idealizado. Una vez que entiendas que el ser idealizado debía resolver los problemas particulares de tu vida por encima y más allá de tu necesidad de felicidad, placer y seguridad, llegarás a ver la conclusión equivocada de esa teoría. Una vez que logres dar otro paso más hacia adelante y reconozcas el daño que ha causado en tu vida el ser idealizado, lo dejarás caer como la carga que es en realidad. No hay ninguna convicción ni teoría o palabras que puedan hacerte dejarlo; sólo el reconocimiento de lo que debería de haber resuelto y del daño que ha hecho y hace te permitirá disolver esta imagen de entre todas las imágenes.

No hace falta decir que también debes reconocer de manera más específica y detallada cuáles son tus exigencias y estándares personales y, más aún, debes percibir su irracionalidad, su imposibilidad. Cuando tengas un sentimiento de aguda ansiedad y de depresión, considera el hecho de que tu ser idealizado puede sentirse cuestionado y amenazado, ya sea por tus propias limitaciones, por los otros o por la vida. Reconoce la auto-complacencia que yace bajo la ansiedad o la depresión. Cuando estés compulsivamente enojado con los demás, piensa en la posibilidad de que esto no sea más que una exteriorización de tu ira en contra de ti mismo por no vivir de acuerdo con los ideales de tu falso ser. No lo dejes que se salga con la suya utilizando la excusa de los problemas exteriores como explicación de la depresión o del miedo. Mira de frente la cuestión desde este nuevo ángulo. Tu trabajo personal y privado te ayudarán en esa dirección, pero es casi imposible hacerlo solo. Únicamente después de que hayas realizado un avance substancial reconocerás que muchos de los problemas exteriores son directa o indirectamente el resultado de la discrepancia que hay entre tus capacidades y los estándares de tu ser idealizado y de la forma en que enfrentas este conflicto.

Así que mientras avanzas en esta fase del trabajo, llegarás a entender la naturaleza exacta de tu ser idealizado: sus exigencias, sus requerimientos de ti y de los demás con el fin de mantener la ilusión. Una vez que veas con claridad que lo que considerabas como acertado no es más que orgullo y engaño, habrás obtenido la comprensión más substancial que te permite debilitar el impacto del ser idealizado. Entonces, y sólo entonces, te darás cuenta del tremendo auto-castigo que te impones. Pues cada vez que no estás a la altura, como naturalmente sucede, te sientes tan impaciente, tan irritado que tus sentimientos van en aumento hacia la furia y el odio en contra de ti mismo. Esa furia y ese odio a menudo se proyecta hacia los demás porque es demasiado insoportable el ser consciente del odio hacia uno mismo, a menos de que uno logre desenrrollar todo este proceso y verlo completo, bajo la luz. No obstante, aún si ese odio no se arroja sobre los demás, el efecto en el ser se halla ahí y puede provocar enfermedad, accidentes, pérdida y fracaso exterior en muchas maneras.

▼ *Abandonar al ser idealizado* ▼

Cuando dés los primerísimos pasos hacia el abandono de tu ser idealizado tendrás una sensación de liberación que nunca antes has tenido. Verdaderamente volverás a nacer, emergerá tu verdadero ser. Y entonces permanecerás dentro de tu verdadero ser, centrado dentro de él. Entonces verdaderamente crecerás, no sólo en los límites exteriores que pueden haber estado libres de la dictadura del ser idealizado, sino en cada parte de tu ser. Esto cambiará muchas cosas.

Primero llegarán ciertos cambios en tus reacciones ante la vida, ante los incidentes, ante ti mismo y ante los demás. Esas nuevas reacciones serán sorprendentemente suficientes, pero, poco a poco, las cosas exteriores también tenderán a cambiar. Tu actitud diferente tendrá nuevos efectos. La superación de tu ser idealizado significa superar un importante aspecto de la dualidad entre la vida y la muerte.

Actualmente, no eres consciente de la presión de tu ser idealizado, de la vergüenza, la humillación, el miedo a ser expuesto, ni de la tensión, la presión y la compulsión. Aunque de vez en cuando echas un vistazo a esas emociones, aún no las has relacionado como exigencias irreales de tu ser idealizado. Sólo hasta después de que hayas visto completamente esas expectativas fantásticas y sus a menudo contradictorios imperativos podrás abandonarlas. La libertad interior inicial que has alcanzado de esta manera te permitirá enfrentar la vida y estar en ella. Ya no tendrás que aferrarte frenéticamente a tu ser idealizado. La sola actividad interior de aferrarse tan frenéticamente genera un clima de aferramiento general que permea toda tu vida. Esto a veces se vive a través de actitudes externas, pero, por lo general, es una calidad o actitud interna. Al proceder en esta nueva fase de tu trabajo, sentirás esa tensión interna y gradualmente reconocerás el daño básico que causa. Hace imposible abandonar muchas actitudes. Dificulta espantosamente el atravesar cualquier cambio que permitiría a la vida traernos alegría y un espíritu de vigor. Te mantienes contenido en ti mismo y de ese modo vas en contra de la vida en uno de sus aspectos más fundamentales.

Las palabras no bastan; más bien tienes que sentir lo que quiero decir. Sabrás exactamente cuándo has logrado debilitar a tu ser idealizado al comprender cabalmente su función, sus causas y sus efectos. Entonces, obtendrás la gran libertad de darte a la vida pues ya no tendrás que esconder algo de ti mismo y de los demás. Podrás derrocharte a ti mismo en la vida, no de manera enfermiza e irracional, sino sanamente, de la manera en que la naturaleza se derrocha. Sólo entonces comprenderás la belleza de estar vivo.

No puedes aproximarte a esta importantísima parte de tu trabajo interno con una idea general. Como siempre, tus más insignificantes reacciones cotidianas, si las consideras desde este punto de vista, rendirán los resultados necesarios. Así que continúa en la búsqueda de ti mismo con base en estas consideraciones, y no seas impaciente si te toma tiempo y un esfuerzo relajado.

▼ *Volver a casa* ▼

Otra cosa más: La diferencia entre el ser real y el ser idealizado a menudo no es una cuestión de cantidad sino más bien de calidad. Esto es, la motivación original es diferente para cada uno de estos seres. Esto no será fácil de ver, pero a medida que reconozcas las exigencias, las contradicciones, las secuencias de causa y efecto, entonces se te irá aclarando la diferencia en la motivación.

Otra consideración importante es el elemento tiempo. El ser idealizado quiere ser perfecto, de acuerdo con sus exigencias específicas, en este preciso momento. El ser real sabe que eso no puede ser y no sufre por ello.

Claro que no eres perfecto. Tu ser actual es una totalidad compleja de todo lo que eres en este momento. Claro que tienes una egocentricidad básica, pero es algo con lo que puedes lidiar. Puedes aprender a entenderla y con base en ello a disminuirla con cada cosa que comprendas. Entonces, realmente sentirás la verdad de que mientras más egocéntrico eres, menos confianza puedes tener en ti mismo. El ser idealizado cree exactamente lo contrario. Sus reclamos de perfección se basan en razones puramente egocéntricas, y ese egocentrismo imposibilita la confianza en uno mismo.

La gran libertad de volver a casa, amigos míos, consiste en encontrar el camino de regreso hacia su ser real. La expresión "volver a casa" ha sido usada a menudo en la literatura y las enseñanzas espirituales, pero se le ha entendido muy mal. A menudo se la interpreta como si significara el regreso al mundo espiritual después de la muerte física. Pero volver a casa quiere decir mucho más que eso. Puedes morir muchas veces, tantas como vidas terrestres tengas, pero si no has encontrado tu ser real, no puedes volver a casa. Puedes estar perdido y permanecer así hasta que encuentres el camino hacia el centro de tu ser. Por otro lado, puedes encontrar el camino a casa aquí mismo y ahora mismo mientras todavía estás dentro de tu cuerpo. Cuando logras reunir el valor de convertirte en tu verdadero ser, aun cuando eso parezca algo mucho menor que tu ser idealizado, descubrirás que en realidad es mucho más. Entonces tendrás la paz de estar en casa dentro de ti mismo. Entonces encontrarás la seguridad. Entonces funcionarás como un ser humano integral. Entonces habrás roto el látigo de acero de un amo al cual es imposible obedecer. Entonces sabrás lo que realmente significan la paz y la seguridad. Dejarás, finalmente y para siempre, de buscarlas con métodos falsos.

Ahora, queridos amigos, reciba cada uno de ustedes nuestro amor, nuestra fuerza y nuestras bendiciones. Vayan en paz, vayan con Dios.

▼▼▼▼▼

▲ 9 ▲

Amor, poder y serenidad

aludos, queridos amigos. Que Dios bendiga a cada uno de ustedes. Bendita sea esta hora.

Quisiera hablar de tres atributos divinos fundamentales: el amor, el poder y la serenidad, y de la manera en que se manifiestan en sus formas distorsionadas. En la persona sana estos tres principios trabajan lado a lado, en perfecta armonía, alternándose de acuerdo con la situación específica. Se complementan y se fortalecen mutuamente. Hay cierta flexibilidad entre ellos de tal modo que ninguno de los tres puede contradecir o interferir con el otro.

Sin embargo, en la personalidad distorsionada se excluyen mutuamente. Uno contradice al otro creando conflictos. Esto sucede porque la persona inconscientemente escoge uno de estos atributos para usarlo como solución a los problemas de su vida.

Las actitudes de sumisión, de agresividad y de retraimiento son las distorsiones del amor, el poder y la serenidad. Ahora quisiera hablar detalladamente de cómo funcionan en la psique, cómo construyen una supuesta solución y cómo la actitud dominante crea patrones dogmáticos y rígidos que posteriormente son incorporados en la imagen idealizada de uno mismo.

Cuando es niño, el ser humano se enfrenta con la desilusión, el desamparo y el rechazo —tanto reales como imaginarios. Estos sentimientos crean inseguridad y falta de confianza en uno mismo, lo cual la persona trata de superar desafortunadamente a menudo de manera equivocada.Con el fin de dominar las dificultades creadas, no sólo en la infancia sino más tarde en la edad adulta como resultado de adoptar soluciones erróneas, la gente se involucra cada vez más en un círculo vicioso. No se dan cuenta de que la "solución" que escogen les trae problemas y desilusiones, y tratan cada vez más afanosamente de llevar a cabo eso que creen que es la solución. Mientras menos logran su objetivo, más dudan de sí mismos; y mientras más dudan de sí mismos, más se afanan en su solución equivocada.

▼ *Amor / Sumisión* ▼

Una de estas pseudo-soluciones es el amor. El sentimiento es: "Si tan sólo me amaran, todo estaría bien." En otras palabras, el amor supuestamente resolvería todos los problemas. No hace falta decir que las cosas no son así, especialmente si se considera la forma en que este amor debería ser dado. En realidad, una persona desequilibrada que adopta semejante solución apenas y puede experimentar el amor. Con el fin de recibirlo, esa persona desarrolla varias tendencias y patrones típicos en su comportamiento interno y externo así como en sus reacciones que la hacen aún más débil de lo que ya es. Va tomando cada vez más características que borran su personalidad a fin de obtener amor y protección, los cuales parecen ser la única promesa de seguridad en contra del aniquilamiento. Así esas personas se someten a las exigencias reales o imaginarias de los demás, rebajándose y arrastrándose hasta el punto de vender su alma con tal de recibir aprobación, simpatía, ayuda y amor. Esas personas inconscientemente creen que la auto-afirmación y la expresión abierta de sus deseos y necesidades equivale a amenazar el único valor que hay en la vida: el de ser cuidado como un niño, no necesariamente en términos financieros, sino emocionales. Esas personas presentan ante la otra gente una imperfección, un desamparo y una sumisión que no son genuinas. Utilizan esas falsas debilidades como un arma y como medio para ganar y dominar la vida.

Para evitar que la falacia sea descubierta, esas tendencias se incorporan a la auto-imagen idealizada. Así logran creer que esas tendencias son prueba de su bondad, de su santidad y de su falta de egoísmo. Cuando se "sacrifican" para poseer a un protector fuerte y amoroso, se sienten orgullosos de su capacidad para sacrificarse generosamente. Como son orgullosos de su "modestia", nunca dicen tener conocimientos, logros ni fuerza. Así es como tratan de forzar a los otros a sentir amor por ellos y a protegerlos. Hay muchos, muchos aspectos de esta pseudo-solución. Es necesario realizar el doloroso esfuerzo de encontrarlos mediante el trabajo que están realizando ustedes. No es fácil detectarlos pues estas actitudes están profundamente incrustadas en la persona y parecen haberse convertido en parte de su naturaleza "amorosa". Más aún, a menudo pueden ser racionalizados y considerados como necesidades reales. Por último, siempre son frustradas por las tendencias opuestas de otras pseudosoluciones que también están siempre presentes en el alma, aunque no sean predominantes. Del mismo modo, los otros tipos que usan pseudosoluciones encontrarán aspectos de sumisión en su psique. El grado en el cual esta pseudosolución es predominante varía en cada individuo. Lo mismo que el nivel en el cual está compensado por las otras "soluciones".

La persona que tiene una actitud predominantemente sumisa tendrá relativamente más dificultades en encontrar el orgullo que hay en sus actitudes. El orgullo de los otros tipos vive relativamente en la superficie. Los otros tipos pueden estar orgullosos de su orgullo, pueden estar orgullosos de su agresividad y de su cinismo, pero una vez que lo han visto, ya no pueden cubrirlo con "amor", "modestia" o con cualquier otra actitud "santa". El tipo sumiso tiene que observar estas tendencias con ojos muy perceptivos con el fin de descubrir cómo las ha idealizado. Puede haber una reacción de crítica distante y de desprecio hacia las personas que son asertivas, aunque sea de manera sana y no como resultado de la agresividad que surge de su distorsión del poder. El tipo sumiso puede, simultáneamente, admirar y envidiar la agresión que desprecia en los demás, a pesar de sentirse superior en "desarrollo espiritual" o en "ideales éticos" y puede astutamente pensar o decir: " Si al menos pudiera ser así, avanzaría mucho en la vida." Al hacer eso , sin embargo, esa persona exagera la "bondad" que le impide obtener lo que la gente "menos buena" sí gana. El orgullo del mártir sacrificado hace difícil descubrir lo que hay bajo la superficie. Sólo una comprensión sincera de la naturaleza de estas motivaciones puede revelar el egoísmo fundamental y el egocentrismo que hay en esta actitud, tanto como en las otras actitudes ligadas a las pseudo-soluciones. El orgullo, la hipocresía y la falsedad están presentes en todas ellas cuando se han incorporado en la auto-imagen idealizada. El tipo sumiso tendrá mayores dificultades para encontrar el orgullo, a la vez que el tipo agresivo tendrá mayores dificultades para encontrar la falsedad. Este segundo tipo pretende tener cierta "honestidad" en ser despiadado, cínico e interesado en su propio provecho.

La necesidad de amor protector tiene cierta validez en el caso del niño, pero si se mantiene en la edad adulta ya no es así. En esta búsqueda de amor hay un elemento de: "Tengo que ser amado para poder creer en mi propio valor. Entonces estaré dispuesto a devolver el amor." A fin de cuentas es un deseo egoísta. Los efectos de toda esta actitud son graves.

La necesidad de ese amor y de dependencia de hecho lo hace a uno desamparado. No cultivas en ti mismo la facultad de pararte en tus propios pies. En cambio, usas toda tu fuerza psíquica para vivir ese ideal de ti mismo que forza a los demás a satisfacer tus necesidades. En otras palabras, te sometes para lograr someter a los demás, te sometes para dominar, aunque esa dominación deba siempre manifestarse a través del suave y débil desamparo.

No es sorprendente que la persona sumida en esa actitud se aleje de su ser real. El verdadero ser debe ser negado, pues su afirmación parece brusca y agresiva. Eso debe ser evitado a toda costa. Pero la humillación que se impone al individuo con esa auto-negación tiene como efecto el auto-desprecio y el auto-disgusto. Dado que esto es doloroso, además de ser contradictorio con la auto-imagen idealizada que recomienda borrarse a uno mismo como la virtud suprema, debe ser proyectado hacia los demás. Esos sentimientos de disgusto y resentimiento hacia los demás a su vez contradicen los ideales del ser idealizado. En consecuencia, también ellos deben ser escondidos. Este doble ocultamiento provoca una inversión y tiene repercusiones muy serias en la personalidad, lo cual se manifiesta en síntomas físicos de todo tipo.

La ira, la furia, la vergüenza, la frustración, el auto-desprecio y el odio de uno mismo existen por dos razones. Primero, existen como resultado de la negación del verdadero ser y por la humillación de que se impida ser lo que uno es. Entonces se cree que el mundo impide la auto-realización y abusa y se aprovecha de su "bondad". Eso es una falsa proyección. En segundo lugar, existen porque uno no puede vivir a la altura de los dictados del ser idealizado "amoroso", los cuales dicen que uno nunca debe tener resentimiento, sentir desprecio o disgusto, culpar a los otros o encontrarles defectos, etcétera. Como resultado, uno no es tan "bueno" como debería.

Éste es un breve esquema de la persona que ha escogido como solución única el "amor" con todas sus subdivisiones de compasión, comprensión, perdón, unión, comunicación, hermandad y sacrificio, como una solución rígida y unilateral. Ésta es una distorsión del atributo divino del amor. La auto-imagen idealizada de este tipo tendrá esos ideales y dictados. Uno debe siempre permanecer en segunda fila, nunca afirmarse a sí mismo, siempre rendirse, nunca encontrar defectos en los otros, amar a todo el mundo, nunca reconocer sus propios valores ni logros, etcétera. Superficialmente, esto parece ser un cuadro muy santo, pero, amigos míos, no es más que la caricatura del verdadero amor, la comprensión, el perdón o la compasión. El veneno de la motivación subyacente distorsiona y destruye lo que podría ser genuino.

▼ *Poder / Agresividad* ▼

En la segunda categoría encontramos al buscador de poder. Esta persona piensa que el poder y la independencia respecto de los demás resolverá todos los problemas. Este tipo, al igual que los otros, puede presentar muchas variaciones y subdivisiones. Puede ser predominante o estar subordinado a una o a las otras dos actitudes. En este caso el niño en crecimiento cree que la única manera en la que podrá estar seguro es volviéndose tan fuerte e invulnerable, tan independiente y carente de emociones, que nada ni nadie podrá tocarlo. El siguiente paso consiste en suprimir todas las emociones humanas. Pero cuando, a pesar de todo, salen a la luz, el niño se siente profundamente avergonzado y considera que son un signo de debilidad, ya sea real o imaginaria. El amor y la bondad también serían considerados como debilidad e hipocresía, no sólo en sus formas distorsionadas como en el caso del tipo sumiso, sino también en su forma real y sana. La calidez, el afecto, la comunicación y la generosidad son todos considerados como algo despreciable y siempre que surge la sospecha de un impulso de ese tipo, el tipo agresivo se siente tan avergonzado como el tipo sumiso se siente avergonzado del resentimiento y de las cualidades auto-afirmativas que merodean en su interior.

La orientación hacia el poder y la agresividad se pueden manifestar de muchas formas y en muchas áreas de la vida y de la personalidad. Puede que se dirija principalmente hacia los logros, en este caso la persona con orientación hacia el poder compite siempre tratando de ser mejor que todos los demás. Cualquier competencia la resiente como una afrenta a la exaltada posición que se necesita en esta solución particular. O puede ser una actitud más general y menos definida en todas las relaciones humanas. Un cultivo artificial de cierta rudeza no menos falsa que el suave desamparo de la persona sumisa, hace del tipo orientado hacia el poder una persona igualmente deshonesta e hipócrita, ya que también ella necesita del calor humano y del afecto y sin ellos sufre por el aislamiento. Como no admite el sufrimiento, este tipo es tan deshonesto como los otros. Esta auto-imagen idealizada especial dicta estándares de perfección cuasidivina en lo que se refiere a la independencia y el poder. Dado que cree en la total auto-suficiencia, esa persona no siente la necesidad de nadie, contrariamente a los simples seres humanos que sí la sienten. Tampoco reconoce la importancia del amor, de la amistad y de la ayuda. El orgullo de esta imagen es muy obvio, pero la deshonestidad es más difícil de detectar, pues este tipo se esconde detrás de la racionalización de cuán hipócrita es el tipo "bonachón".

Ya que esta auto-imagen idealizada exige un poder y una independencia respecto de los sentimientos y de las emociones humanas que ningún ser humano es capaz de tener, constantemente se hace evidente que la persona no puede vivir de acuerdo con los estándares de este ser ideal. Semejante "fracaso" sume a la persona en momentos de depresión y auto-desprecio que, una vez más, tienen que ser proyectados hacia los demás con el fin de permanecer ajeno al dolor que implica esta forma de auto-castigo. La incapacidad para ser lo que exige la auto-imagen idealizada tiene este efecto. Si se analizan detenidamente las exigencias de cualquier auto-imagen idealizada encontraremos siempre la omnipotencia. Sin embargo, estas reacciones emocionales son tan sutiles y escurridizas y se encuentran tan cubiertas por conocimientos racionales que se necesita una mirada muy dolorosa sobre ciertos sentimientos, en ciertas ocasiones, para alcanzar la conciencia de toda esta situación. Sólo el trabajo que estás haciendo puede mostrar la forma en que estas actitudes existen dentro de ti. Son mucho más fáciles de encontrar cuando hay un tipo especialmente dominante dentro de uno. En la mayoría de los casos, sin embargo, las actitudes están más ocultas y en conflicto con las de los otros dos tipos.

Otro síntoma importante del tipo agresivo, quien piensa que el poder es la solución, es una visión artificialmente cultivada de "Lo malo que son el mundo y la gente". La persona que busca pruebas de esa visión negativa encuentra confirmaciones abundantes y se siente orgullosa de ser "objetiva" y lo contrario de crédula —lo cual le sirve como razón para que nadie le guste. En este caso la imagen idealizada dicta que el amor está prohibido. Amar o, en ciertas ocasiones, mostrar su propia naturaleza auténtica es una grave violación de la auto-imagen idealizada y conlleva una profunda vergüenza. En el caso opuesto, el tipo sumiso se enorgullece de amar a todo el mundo y de considerar que todos los seres humanos son buenos. Esa visión es necesaria para mantener y desarrollar la actitud sumisa. En realidad, la persona de ese tipo no se preocupa en lo más mínimo de si los demás son bucnos o malos mientras lo amen, aprecien, aprueben y protejan. Toda evaluación de los demás depende de eso, sin importar si es posible "explicarlo". Dado que toda la gente tiene tanto virtudes como defectos se puede identificar a estas dos visiones de acuerdo con la actitud prevaleciente de la otra persona frente a quien es sumiso.

Quien busca el poder nunca puede fallar en nada. Al contrario de la persona sumisa quien valoriza el fracaso, pues es el medio para probar el desamparo con el cual forza a los otros a darle amor y protección, el que busca el poder se enorgullece de nunca fallar en nada. En ciertas combinaciones de las pseudo-soluciones el fracaso puede estar permitido porque en un área determinada la actitud prevaleciente puede ser la de sumisión. Igualmente, el tipo sumiso puede en ciertos casos recurrir a la solución del poder. Ambos son igualmente rígidos, irrealistas e irracionales. Cualquiera de estas "soluciones" es una fuente constante de dolor y de desilusión en relación al ser y, por ende, conlleva una enorme falta de respeto por uno mismo.

Antes dije que siempre se encuentra una mezcla de las tres "soluciones" en una persona, aunque una sea predominante. Así pues, la persona no puede ni siquiera obedecer completamente a los dictados de la solución escogida. Aun si fuera posible no fallar nunca o amar a todo el mundo, o ser completamente independiente de los demás, eso se vuelve cada vez más imposible cuando los dictados de la imagen idealizada de uno mismo, simultáneamente, exigen amar y ser amado por todos al tiempo que se les domina. Para alcanzar esa meta se tiene que ser agresivo y a menudo despiadado. Una auto-imagen idealizada puede entonces exigir simultáneamente que una persona sea, por un lado, siempre generosa, con el fin de obtener amor y, por el otro lado, que sea completamente indiferente y distante de todas las emociones humanas para no ser molestada. ¿Puedes imaginar el tamaño del conflicto que esto implica para el alma? ¡Cuán desgarrada debe estar esa alma! Cualquier cosa que haga está mal y provoca culpa, vergüenza, imperfección y, por lo tanto, frustración y autodesprecio.

▼ *Serenidad / Retraimiento* ▼

Consideremos ahora el tercer atributo divino, la serenidad, que al ser escogido como solución necesariamente se distorsiona. Originalmente, una persona puede haber estado tan desgarrada entre los dos primeros aspectos que tuvo que encontrar una salida recurriendo a un retraimiento o distanciamiento de los problemas internos y, por lo tanto, de la vida misma. Debajo de ese distanciamiento. O falsa serenidad, esa alma está aún desgarrada en dos, pero ya no se da cuenta de ello. Se ha construido una fachada tal de falsa serenidad que, mientras las circunstancias de la vida lo permitan, la persona está convencida de haber alcanzado la verdadera serenidad. Pero en cuanto las tormentas de la vida la tocan, en cuanto los efectos del rabioso conflicto subyacente salen a flote, inmediatamente se ve cuán falsa era esa serenidad. Comprobando que en realidad estaba construida sobre la arena.

El tipo retraído y el buscador de poder parecen tener algo en común: indiferencia respecto de sus emociones, desapego respecto a los otros y una fuerte necesidad de independencia. No importa cuánto puedan parecerse las motivaciones emocionales subyacentes —temor de ser herido y decepcionado, miedo de depender de los demás y por tanto sentirse inseguro— los dictados de la auto-imagen idealizada de estos dos tipos son muy diferentes. Mientras que el buscador de poder se deleita con la hostilidad y un espíritu de lucha agresiva, el tipo retraído es completamente ajeno a esos sentimientos, y cada vez que salen a la luz se espanta porque violan los dictados de la solución del retraimiento. Esos dictados son: "Debes mirar benévolamente y desapegadamente a todos los seres humanos, conociendo sus debilidades y sus cualidades, pero sin molestarte o dejarte afectar por cualquiera de ellas." Esto, de ser verdadero, sería realmente la serenidad. Pero no existe ningún ser humano que llegue a ser tan sereno, de modo que tales exigencias son irreales e irrealizables. También incluyen el orgullo y la hipocresía: orgullo porque ese desapego parece más bien propio de dioses en su justicia y su objetividad. En realidad la visión que uno puede tener puede estar tan coloreada por lo que el otro piensa, como es el caso del tipo sumiso. Pero dado que es demasiado orgulloso como para admitir que una persona exaltada puede ser tocada por esas debilidades humanas, la persona de este tipo trata de alzarse por encima de todo ello. Pero eso no es posible. Y dado que este tipo es tan dependiente de los demás como los otros dos, la deshonestidad es exactamente la misma. Y puesto que la serena independencia de este tipo no es verdadera y no puede serlo jamás mientras estemos hablando de un ser humano, semejante persona se quedará corta frente a las exigencias y los dictados de la auto-imagen idealizada que le hacen ser tan auto-despreciativa, tan culpable y tan frustrada como los otros dos tipos cuando no logran llenar sus respectivas exigencias.

Estos tres tipos principales han sido esquematizados de manera muy breve y general. De acuerdo con la fuerza, la intensidad y la distribución de estas "soluciones" la tiranía de la auto-imagen idealizada se manifiesta de una manera particular. Todo esto debe ser descubierto en el trabajo personal. Nunca debe olvidarse que estas actitudes surgidas del ser idealizado difícilmente pueden describir la totalidad de una persona. La actitud puede estar presente de una manera más intensa, en ciertas áreas de la vida y de la personalidad, y de manera más suave en otras o incluso no aparecer para nada en ciertas facetas de la vida. La parte más importante de este trabajo consiste en sentir las emociones, en experimentarlas sinceramente. Es imposible deshacerte de la auto-imagen idealizada que te prohibe vivir, si sólo miras y observas lo que hay en ti de manera distanciada, con tu intelecto. Tienes que alcanzar una conciencia clara de estas tendencias contradictorias y eso será doloroso.

▼ *La necesidad* ▼ *del crecimiento emocional*

El dolor que siempre ha estado en ti, aunque oculto, y en contra del cual te "protegiste" culpando de su presencia a los demás, a la vida y al destino, se convertirá en una experiencia consciente que definitivamente necesitas. A primera vista esto parecerá una recaída y pensarás que estás aún peor que antes de haber empezado con este trabajo. Pero no es así. Es precisamente tu avance lo que permite que esas emociones, anteriormente escondidas, se vuelvan conscientes, para que las puedas utilizar para tu análisis. De otro modo no podrías disolver la superestructura de tu tirano, de tu auto-imagen idealizada y todo el daño innecesario que te hace. Estás tan condicionado por las reacciones emocionales a las que te has acostumbrado, estás tan envuelto en ellas, que no puedes ver lo que está justo frente a tus ojos. En tu búsqueda de nuevos descubrimientos de lo oculto pasas por alto tus reacciones emocionales, aparentemente poco importantes ante ciertas situaciones, nada más porque se han vuelto parte de ti mismo. Pero una vez que les pongas atención, precisamente esas reacciones emocionales son las que te darán la clave. Esto sería imposible si no te molestara nada. Sin embargo, la molestia tiende a salir a la luz para que en ese momento la puedas resolver.

Así que, amigos míos, deben comenzar a ver sus emociones bajo esta luz. Entonces se darán cuenta de cuán imposibles son las exigencias que su auto-imagen idealizada les impone. Verán que es ella y no Dios, no la vida o la otra gente, lo que les exige todo eso. También empezarán a ver que esas exigencias de su ser los hacen necesitar a otras personas para soportarlas, y por eso exigen inconscientemente que los demás les den algo imposible. Así que son mucho más dependientes de lo necesario, a pesar de su lucha hacia una distorsionada independencia ya sea del tipo agresivo o retraído.

También es necesario que encuentres las causas y efectos de estas condiciones. Verás tu vida, al igual que tus problemas presentes y pasados, con una nueva mirada. Comprenderás que has creado muchos, si no es que todos esos problemas, simplemente debido a tu "solución".

No basta con entender intelectualmente que mientras más te involucras en las pseudo-soluciones menos se puede manifestar tu ser real. Es algo que tienes que experimentar. Y esa experimentación llegará si dejas que tus emociones salgan a la luz y trabajas con ellas. Sólo entonces podrás empezar a percibir el valor intrínseco de tu verdadero ser. Sólo entonces será posible abandonar los falsos valores de tu ser idealizado. Es un proceso doble: al permitirte ver los falsos valores, no importa cuán doloroso sea ese proceso, tus valores reales gradualmente emergirán para que ya no necesites los falsos.

Dado que tu ser idealizado te aleja de tu ser real, no tienes conciencia de tus valores reales. A lo largo de tu vida te concentras inconscientemente en los valores falsos: ya sea en valores de los que careces, pero crees que deberías tener al tiempo que haces como si los tuvieras ante ti mismo y ante los demás, o te concentras en valores que están potencialmente presentes, pero que no se han desarrollado hasta el punto en que podrían ser honestamente considerados como tuyos. Como tu ser idealizado no admite que esos valores aún requieren desarrollo, no los trabajas y, sin embargo, te ufanas de ellos como si estuvieran completamente maduros. Y como malgastas todos tus esfuerzos en concentrarte sobre estos valores falsos o inmaduros, no logras ver los valores reales, lo cual te hace temer el abandonar los falsos creyendo que te quedarás sin nada. Así es como tus valores reales no cuentan, pues sientes que no existen, ya sea porque contradicen las exigencias de tu ser idealizado o porque todo lo que surge naturalmente y sin esfuerzo no parece real. Estás tan condicionado a forzarte en pos de lo imposible que no se te ocurre que no hay nada por lo cual forzarse, pues lo realmente valioso ya está ahí. Pero cuando no usas esos valores, a menudo les pasa lo que a un campo abandonado. Esto es una verdadera lástima, queridos amigos, pues después de todo tú construiste la autoimagen idealizada porque no creías en tu propio valor. Y debido a que tú construyes al ser idealizado y tratas de ser él, no puedes ver lo realmente valioso y apreciable que hay en ti.

Al principio es doloroso desenrollar todo este proceso, pues uno debe experimentar agudamente emociones como la ansiedad, la frustración, la culpa, la vergüenza y otras. Pero a medida que avanzas valerosamente obtendrás una visión muy diferente de todo. Al final empezarás a ver a tu verdadero ser por primera vez. Verás sus limitaciones. Eso al inicio te espantará porque esas limitaciones están muy alejadas del ser idealizado. Pero a medida que aprendas a hacer esto, empezarás a ver valores que nunca habías visto o de los que no tenías conciencia. Entonces un sentimiento de fuerza y confianza en ti mismo te permitirá ver tanto a la vida como a ti mismo de una manera diferente. El proceso de crecer hacia tu ser real se irá dando gradualmente dentro de ti. Fortalecerá tu verdadera independencia y no una falsa, para que el ser apreciado por los demás no sea la medida de tu propio sentido de valía. La valorización que los otros hagan de ti asume una enorme importancia sólo cuando tú mismo no te evalúas honestamente. Así que esa valorización sólo sirve como sustituto. Conforme empiezas a confiar en tu propio ser y a creer en él, lo que piense la otra gente sobre ti no tendrá ni la mitad de la importancia. Te sentirás seguro dentro de ti mismo y ya no necesitarás construir valores falsos con orgullo y patrañas. Ya no dependerás de un ser idealizado que en realidad no es digno de confianza pues te debilita. La libertad de dejar caer esa carga no puede ser descrita con palabras.

Pero se trata de un largo proceso, amigos míos. No llega de un día para el otro. Proviene de una sólida búsqueda de uno mismo y del análisis de tus problemas, de tus actitudes y de tus emociones. A medida que avanzas de esa manera tu ser real, sus valores y capacidades evolucionarán a lo largo de un proceso de crecimiento interno y natural. Tu individualidad se hará más y más fuerte, tu naturaleza intuitiva se manifestará sin inhibiciones, con una espontaneidad confiable y natural. Así es como sacarás el máximo provecho de tu vida. No sin defectos, o siendo ajeno a todas las fallas, o excluyendo la posibilidad de cometer errores. Sin embargo, las fallas y los errores serán cometidos de una manera diferente a la de antes. Cada vez más combinarás las actitudes divinas del amor, el poder y la serenidad de una manera sana, y no de una manera distorsionada.

El amor no será el medio para alcanzar un fin. No será una necesidad que te salva de ser aniquilado. Dejará de ser egocéntrico. Tu capacidad de amar se combinará con el poder y la serenidad. O, para decirlo de otro modo, te comunicarás con amor y comprensión siendo verdaderamente independiente. El amor, el poder y la serenidad no serán usados para darte el respeto por ti mismo del cual careces. El amor genuino y no egocéntrico ya no interferirá con un poder sano, el cual no es el poder del orgullo y del reto, ni el poder de triunfar sobre los demás, sino el poder de dominarte a ti mismo y a tus dificultades sin probarle nada a nadie. Cuando buscas el dominio distorsionando el atributo del poder, lo haces con el fin de probar tu superioridad. Cuando alcanzas el dominio mediante el poder sano lo haces con el fin de crecer. No tener el dominio en ciertas ocasiones, no representará una amenaza como en su versión distorsionado. No disminuirá tu valor ante ti mismo. Entonces crecerás verdaderamente con cada experiencia vital. Aprenderás, alcanzarás metas y obtendrás un poder real, no uno falso. No habrá ninguna ambición distorsionada, ninguna compulsión o apresuramiento.

La serenidad en su forma sana no te hará esconderte de tus emociones, de la vida, de la experiencia y de tus propios conflictos. El amor y el poder en sus formas divinas originales te darán un sano desapego al verte a ti mismo para que realmente te vuelvas más objetivo. La verdadera serenidad no consiste en evitar las experiencias y las emociones que pueden ser dolorosas en el momento, pero que pueden darte una clave importante cuando tienes el valor de pasar por ellas y descubrir lo que hay detrás.

El amor, el poder y la serenidad pueden caminar en armonía. De hecho, cuando cada uno de ellos es sano, se complementan uno al otro. Pero pueden provocar la peor guerra dentro de ti si están distorsionados.

Que estas palabras les den nuevamente alimento, no sólo para sus futuras reflexiones, sino para su comprensión más íntima. Que con esto logren dar un nuevo paso hacia la luz y la libertad. Continúen hacia su camino de felicidad. Obtengan más y más fuerza y dejen que sus bendiciones y su amor les ayuden y les den vigor. Benditos sean, queridos amigos. Vayan en paz. Vayan con Dios.

▲ 10 ▲

Enfrentar el dolor de los patrones destructivos

Saludos, amigos míos. Que Dios bendiga a cada uno de ustedes. Bendita sea esta hora.

La mayoría de mis amigos que trabajan en este camino se acercan a ciertas áreas de los problemas de su alma en donde encuentran dolor. Para entender el significado de ese dolor quisiera darles una visión general del proceso mediante el cual lo disipamos.

Primero recapitulemos. El niño sufre a causa de ciertas imperfecciones del amor y del afecto de sus padres. También sufre por no ser completamente aceptado en su individualidad particular. Con esto me refiero a la práctica común de tratar al niño como a un niño, en vez de tratarlo como a un individuo en particular. Esto te hace sufrir aunque tal vez nunca te des cuenta de ello en estos términos o con estos pensamientos. Esto puede dejar una cicatriz tan grande como la falta de amor y de cuidados. Causa tanta frustración como lo hace la falta de amor e incluso la crueldad.

El clima general en el cual creces te afecta como un pequeño trauma constante que a menudo deja una marca mucho mayor que una fuerte experiencia traumática. Esto es la razón por la cual suele ser más fácil curar este segundo tipo de trauma. El clima constante de no-aceptación de tu individualidad, lo mismo que la falta de amor y comprensión, provocan lo que suele llamarse una neurosis. Se acepta ese clima como un hecho, como algo dado, crees que debe ser así. Sin embargo, sufres a causa de él. La combinación de sufrir a causa de él y creer que es un hecho inalterable te condiciona para que desarrolles defensas destructivas.

El dolor y la frustración originales con los cuales el niño no podía lidiar son reprimidos. Son sacados fuera de la conciencia, pero permanecen latentes en la mente inconsciente. Es entonces que se empiezan a formar las imágenes y los mecanismos de defensa. Las imágenes que creas son mecanismos de defensa. A través de sus conclusiones equivocadas buscas una manera de luchar en contra de las influencias incómodas que crearon el dolor original. Las pseudo-soluciones son una manera de pelear contra el mundo, contra el dolor y contra todo aquello que deseas evitar.

▼ *El dolor de las pseudo-soluciones* ▼

Cuando tu pseudo-solución consiste en un retraimiento de sentir, de amar y te aleja de la vida, se trata de una defensa en contra de la posibilidad de ser lastimado. Sólo después de mucha comprensión dentro de ti mismo verás qué irreal y limitado es este "remedio". Querrás cambiar y más bien darle la bienvenida al dolor en vez de la enajenación del ser que te lleva a no sentir nada, o muy poco. Continuando con el trabajo y pasando valerosamente a través de los períodos temporales de desánimo y resistencia, llegarás al punto en el que se rompa esa dura concha y dejarás de estar muerto en tu interior. Pero la primera reacción no será agradable. No puede serlo. Todas las emociones negativas reprimidas, lo mismo que el dolor reprimido, se harán conscientes primero y entonces te parecerá que tu retraimiento era correcto o acertado. Sólo después de seguir adelante obtendrás la recompensa de los sentimientos buenos y constructivos.

Si tu pseudo-solución es la sumisión, la debilidad, el desamparo y la dependencia como medio para tener a alguien que cuide por ti, no necesariamente en el plano material, sino emocionalmente, esto es tan limitado e insatisfactorio como la solución anterior. La constante dependencia en los demás crea miedo y desamparo. Disminuye aún más tu ya existente falta de confianza en ti mismo. Así como la solución del retraimiento hace que estés muerto en tus sentimientos y te roba el significado de la vida, igualmente la solución de la sumisión te quita independencia y fuerza y crea un aislamiento similar al del retraimiento, aunque lo haga por otro camino. Originalmente deseabas evitar el dolor consiguiéndote a una persona fuerte que te cuidara. En realidad te haces más daño porque nunca puedes encontrar a esa persona. Esa persona debe ser tú mismo.

Al hacerte deliberadamente débil ejerces la tiranía más dura. No hay peor tiranía que la que ejerce la persona débil sobre la más fuerte o sobre sí misma o su entorno. Es como si esa persona estuviera diciendo constantemente: "Soy tan débil. Tienes que ayudarme. Estoy desamparado. Tú eres responsable de mí. Los errores que cometo no cuentan porque no sé nada. No puedo evitarlo. Debes constantemente perdonarme y dejarme que me salga siempre con la mía. No puedes esperar que me responsabilice de mis actos u omisiones, de mis pensamientos y sentimientos o de la falta de ellos. Puedo errar porque soy débil. Tú eres fuerte, así que debes comprenderlo todo. No puedes fallar porque tu falla me afectaría." La auto-complacencia indulgente y perezosa y la lástima de sí mismo del débil ejerce tremendas exigencias sobre sus semejantes. Eso se vuelve evidente si las expectativas tácitas y el significado de las reacciones emocionales son objeto de investigación y luego se les interpreta en un pensamiento conciso.

Es falso creer que la persona débil no puede hacer daño y que lastima menos que las personas dominantes y agresivas. Todas las pseudo-soluciones conllevan un dolor incalculable para quien las ejerce y para los demás. Al retraerte, rechazas a los demás y retienes el amor que quieres darles y que quieren recibir de ti. Al someterte, no amas, sino simplemente esperas ser amado. No ves que los otros también son vulnerables, que tienen debilidades y necesidades. Rechazas todas esas partes de su naturaleza humana y de ese modo los lastimas. Con la solución de la agresividad alejas a la gente y abiertamente la lastimas con una falsa superioridad. En todos los casos lastimas a los demás y de ese modo te lastimas más a ti mismo. El dolor que provocas no puede más que traer consecuencias, así que las pseudo-soluciones creadas para eliminar el dolor original sólo traen más dolor.

Todas las pseudo-soluciones son incorporadas a tu auto-imagen idealizada. Dado que la naturaleza de tu imagen idealizada es la auto-exaltación, te separa de los demás. Como su naturaleza es el aislamiento, te separa y te hace, lo mismo que a quienes te rodean, una persona solitaria. Puesto que su naturaleza es la falsedad y la patraña, te aleja de ti mismo, de la vida y de los demás. Todo esto tiende a traerte dolor, heridas, frustración e insatisfacción. Escogiste una forma de evitar el dolor y la frustración, pero esa forma ha probado ser no sólo inadecuada sino que de hecho te trae más de lo que querías evitar. Sin embargo, para reconocer claramente este hecho y para establecer las relaciones necesarias, se requiere de un trabajo activo dentro de la sincera búsqueda de uno mismo.

El perfeccionismo que está tan hondamente incrustado dentro de ti y en tu imagen idealizada de ti mismo te hace imposible aceptarte y aceptar a los demás, aceptar la realidad de la vida y, por lo tanto, no eres capaz de enfrentarla ni de resolver sus problemas ni los tuyos propios. Te hace perderte la experiencia de vivir en su verdadero sentido.

Si has alcanzado aunque sea un nivel de conciencia pequeño de tus imágenes, tus pseudo-soluciones y de la naturaleza de tu auto-imagen idealizada, tal vez tengas ya una pista de la forma en que eres perfeccionista y estás alejado de ti mismo. Ya te habrás dado cuenta del nivel del daño que te has hecho a ti mismo y que has hecho a los demás. Puede que estés cerca del umbral que abre el camino hacia una nueva vida interior en la cual estarás emocionalmente dispuesto a abandonar todas tus defensas. Si aún no estás ahí, pronto te acercarás a esa fase, siempre y cuando continúes con tu trabajo con una voluntad interior.

El sólo ejercicio de observar constantemente tus emociones y reacciones poco realistas e inmaduras debilita su impacto e inicia el proceso de disolverlas, por así decirlo, de manera automática. Cuando se ha realizado cierta disolución, la psique está lista para atravesar el umbral. Pero al principio el acto de cruzarlo es doloroso.

▼ *El sufrimiento del cambio* ▼

Podrías esperar que al cruzar ese umbral importante los nuevos patrones constructivos reemplazaran inmediatamente a los viejos. Pero semejante expectativa es poco realista y ajena a la verdad. Los patrones constructivos no pueden tener unos cimientos sólidos si no has experimentado y vivido el dolor y la frustración originales, así como todo aquello de lo que huiste. Debes enfrentar aquello de lo cual trataste de escapar, debes sentirlo, experimentarlo, comprenderlo, soportarlo, aceptarlo y asimilarlo antes de que se disuelva lo que no es sano ni realista, antes de que madure lo inmaduro y antes de que las fuerzas sanas reprimidas sean llevadas a sus canales adecuados para que puedan trabajar correctamente para ti. Mientras más retrases ese proceso doloroso, más difícil y duradero tiende a ser cuando, finalmente, estés listo para pasar de la infancia a la edad adulta. Se trata de un sano dolor de crecimiento y podrás ver la luz si sólo cuando logres superar tu resistencia al proceso. La fuerza, la confianza en uno mismo y la capacidad de vivir completamente con todos tus patrones constructivos empezando a trabajar es suficiente compensación por todos los años de vida destructiva e improductiva, lo mismo que por el dolor de cruzar el umbral hacia la madurez emocional.

¿Crees que te salvarás de experimentar el dolor en contra del cual instalaste los patrones destructivos? Usaste esos patrones para escapar de algo que sucedió en tu vida, y no importa si fue algo real o imaginario. El origen de la enfermedad de tu alma se encuentra en el proceso de pensamiento lleno de deseos que te hizo creer que podías dejar de enfrentar tu realidad huyendo y volviendo la vista hacia otro lado. Así que eso es lo que debe ser trabajado ahora. Es por esto que quienes han dado los primeros pasos hacia el umbral están sorprendidos por el dolor que sienten. A menudo no se puede entender por qué es así. Puedes tener una idea vaga y respuestas parciales, pero esta conferencia te ayudará a desarrollar una comprensión más profunda de las razones.

Intelectualmente, todos ustedes saben que este camino no es un cuento de hadas en el que descubrirán sus desviaciones, ideas equivocadas y evasiones para inmediatamente después encontrarse enmedio de la felicidad. A final de cuentas sí es así, claro está, pues al ser liberado de tus grilletes de error y desviación tiendes hacia la felicidad. Pero hasta que llegues a esa etapa tienes que experimentar muchas áreas de tu alma hasta que tu psique esté realmente equipada para sacar el máximo provecho de la vida. Incluso después de que el dolor agudo ha sido correctamente enfrentado y ya no está presente, todavía existe la expectativa poco realista, aunque inconsciente, de que en adelante la vida te otorgará todo lo que desees. No, amigos míos.

Sin embargo, la realidad es mucho mejor. En realidad aprenderás a enfrentar tus defectos y tus dificultades, en vez de dejarte destruir por ellos. No fortalecerás tus defensas destructivas, lo cual, a su vez, te equiparará con las herramientas para sacar el máximo provecho de cada oportunidad y para obtener el máximo beneficio y felicidad de cada experiencia de la vida.

No hace falta decir que esto nunca puede ser alcanzado con tus defensas negativas y con tus varias imágenes. Volveré a repetir algo que he dicho a menudo: Al principio los eventos negativos del exterior continuarán acercándose a ti como resultado de tus patrones del pasado, pero les harás frente de una manera diferente. A medida que aprendes a hacerlo te darás cuenta de que hay muchas oportunidades para ser feliz, que antes habías ignorado. De este modo empiezas a cambiar los patrones hasta que, muy, pero muy gradualmente, los eventos exteriores infelices van dejando de presentarse. Pero cuando te encuentres al inicio de esa etapa, no debes esperar satisfacción y felicidad en todos sentidos. Primero tienes que ver tus posibilidades, tus oportunidades y tu capacidad para escoger independientemente, en vez de actuar como si estuvieras totalmente desamparado y esperar que el destino te traiga la felicidad.

Ahora ya debes entender cómo en muchos aspectos has causado tu propia infelicidad a través de tus evasiones y tus defensas destructivas. Ahora te darás cuenta, con una nueva sensación de fuerza, de que puedes atraer hacia ti tu propia satisfacción y felicidad. Insisto en que esto no puede hacerse sólo mediante la comprensión intelectual. Se trata de un proceso interno que crece orgánicamente. Puesto que ahora ya entiendes que no hay un destino cruel o un Dios que te haya castigado u olvidado, comprenderás profundamente que eres tú quien puede crear toda la satisfacción que tu alma desea tan vehementemente como ni siquiera lo imaginabas al iniciar este camino.

Esta conciencia puede surgir sólo después de una cabal comprensión de tus pseudo-soluciones y de tus ideas equivocadas, cuyas profundidades te harán consciente de tus necesidades. El primer resultado de este camino es la comprensión de las causas y efectos que hay en uno mismo y una sensación de fuerza, de independencia, de confianza en uno mismo y de justicia, que esta comprensión le da al ser humano. ¿Cuánto tiempo toma el llegar a los inicios tentativos de esa nueva fuerza y luego para incrementarla? Eso depende de tu esfuerzo, de tu voluntad interior y de la superación de la resistencia omnipresente que sólo se desgasta cuando reconoces suficientemente sus engaños.

▼ *El dolor de la insatisfacción* ▼

Pero, amigos míos, al enfrentar este dolor, ¿creen que se trate realmente tan sólo del dolor que vivieron una vez siendo niños? ¿Acaso es realmente la frustración que el niño sufrió a causa de sus padres y nada más? No, eso no es del todo cierto. Es verdad que ese dolor y esa frustración originales han afectado la elasticidad de tu psique y, por lo tanto, te han incapacitado para enfrentarlos correctamente. Ese dolor te hizo mirar hacia otro lado y buscar "soluciones" insatisfactorias. Pero el dolor que vives ahora es mucho más el dolor actual de la insatisfacción causado por tus patrones improductivos. Es algo que no puedes distinguir conscientemente. Tal vez ni siquiera te des cuenta del dolor original de tu infancia. Puede requerirse de cierto tiempo antes de ser capaz de distinguir cualquier dolor. Una vez que lo hayas logrado, verás que el dolor más agudo es la desesperación contigo mismo y con la vida de hoy día, no con el pasado. El pasado es importante sólo porque te hizo construir los métodos improductivos que ahora son responsables de tu dolor actual.

Si no huyes del dolor sino que pasas a través de él cobrando conciencia de su significado, te darás cuenta de que la causa del dolor son tus necesidades actualmente insatisfechas. Tu frustración será esta vez por tu incapacidad para lograr la satisfacción. Pero aún no puedes ver cómo lidiar con esto. Te sientes atrapado en tu propia trampa y no ves cómo salir de ella, de modo que dependes de una intervención exterior que está completamente fuera de tu control. Sólo después de que valerosamente te hayas dado cuenta de todas estas impresiones y reacciones, podrás ir encontrando el camino de salida y entonces reducirás tu desamparo aumentando tu fuerza y tus recursos independientes.

En una conferencia anterior hablamos de las necesidades humanas. Antes de que logres quitar tus diferentes "capas protectoras" no puedes ni siquiera ser consciente de tus verdaderas necesidades. Puede que conozcas algunas de tus necesidades irreales, sobrepuestas, pero sólo después de que hayas logrado una comprensión más completa de ti mismo puedes, gradualmente, comprender las necesidades básicas, desnudas, que has mantenido a raya. Cuando vives el dolor que precede al cruce del umbral hacia la madurez emocional y los patrones productivos, tienes la posibilidad, siempre y cuando así lo escojas, de comprender cabalmente esas necesidades. Esto es inevitable si deseas salir de tu actual estado de vida improductiva.

Conforme vayas pasando por el proceso de percatarte de tus necesidades y de la frustración de su insatisfacción, te encontrarás urgentemente necesitado de amor tal como un niño necesita recibir amor y afecto. Sin embargo, no puede decirse que la necesidad de ser amado sea infantil e inmadura. Sólo lo es cuando la persona adulta ha encerrado su alma rehusándose a crecer en su propia capacidad de amar, de modo que la necesidad de recibir permanece aislada y encubierta. Tus patrones destructivos te hicieron esconder tu necesidad dolorosa de ser amado en el inconsciente. Debido a esta inconsciencia y a tus variados mecanismos de defensa, tu capacidad para dar nunca logró crecer dentro de tu psique.

Sin embargo, a lo largo de todo el trabajo que has realizado no sólo te has percatado de mucho de lo que había sido escondido, sino que, tal como lo dije antes, has empezado a disolver ciertos niveles destructivos. Esto ha hecho que de manera espontánea tu capacidad de dar amor salga a la superficie, aun cuando tal vez todavía no seas completamente consciente de ello. Al enfrentar el dolor, de hecho experimentas la tremenda presión de tus necesidades. Por un lado, enfrentas la necesidad de recibir que permanece insatisfecha mientras prevalezcan los patrones destructivos. Se requiere de cierto tiempo para alcanzar la fuerza y los recursos que permiten acercarse a la satisfacción de la necesidad de recibir. Por otro lado, la necesidad de dar no encuentra salida hasta que se llega a esta etapa. De modo que se causa una doble frustración —lo cual genera una tremenda presión. Es precisamente esta presión lo que provoca tanto dolor. Es como si te desgarrara.

▼ *El cambio de la evasión hacia la realidad* ▼

Sin embargo, no crean amigos míos, que esa presión, esa completa frustración no existía antes de que se percataran de ella. Sí que existía, pero creaba otras salidas, tal vez como una enfermedad física o en otros síntomas. A medida que te percatas del núcleo central, la presión y el dolor tal vez se sientan más agudos, pero ése es el proceso de curación. De ese modo llevas tu conciencia hacia la causa central en donde realmente yace el problema. Enfocas tu atención hacia la raíz. Cambias el énfasis de tu atención de la evasión hacia la realidad.

El verdadero dolor debe ser vivido en todos sus tonos y variedades. Debes darte cuenta de que tus necesidades son exactamente dar y recibir. Tienes que sentir y observar la frustración de no encontrar una salida, tienes que sentir la presión acumulada, el momentáneo sentimiento de desamparo para encontrar alivio, la tentación de evadirte una vez más. Mientras luchas en esta fase y te vuelves más fuerte ya no huirás de ti mismo y del riesgo aparente de vivir. Aparecerán oportunidades, las verás y las aprovecharás. Te enseñarán a avanzar en tu crecimiento y en tu fuerza hasta que tus necesidades puedan ser parcialmente satisfechas. Entonces, esa satisfacción irá creciendo poco a poco al tiempo que tú creces y cambias tus patrones.

Debes comprender que en este período te encuentras en una etapa intermedia. Te has percatado de tu necesidad de recibir, lo cual es sano en sí mismo. Pero esa necesidad se ha vuelto exageradamente fuerte y, por lo tanto, inmadura, debido a que la habías reprimido y a la consecuente frustración de la sana satisfacción de recibir. Si no recibes lo suficiente, tu demanda crece en desproporción, especialmente cuando no eres consciente de ella.

Debido a tus avances y al crecimiento interno que has realizado, también ha crecido una necesidad madura de dar. No podías encontrarle una salida porque aún estaban funcionando los patrones negativos, aunque sólo sea parcialmente, de una manera modificada. Tal vez incluso hayas empezado a lograr ciertos acuerdos entre los viejos métodos y los nuevos y deseables. Sin embargo, no olvides que sólo se obtienen resultados eficaces cuando los nuevos patrones se han convertido en una reacción integral y casi automática. Tus viejos patrones han existido durante años, décadas y a veces por más tiempo. Así que a medida que has empezado a cambiar interiormente, los cambios no pueden llegar de repente. En este período la presión interna puede volverse terrible. Sin embargo, si te das cuenta de esto y tienes el valor de pasar por ello, estás destinado a convertirte en una persona más fuerte y más feliz, mejor equipada para vivir en el verdadero sentido de la palabra. Ten cuidado de no regresar nuevamente hacia la evasión. No creas que este período temporal en el que te enfrentas con la presión interior acumulada, con sus consecuentes desamparo, insatisfacción y confusión, es un resultado final. Es el túnel a través del cual debes pasar.

Una vez que lo hayas hecho, tu sensación de fuerza, de satisfacción y de capacidad crecerá constantemente —con interrupciones ocasionales, claro está—, pero si haces que cada interrupción te sirva como una nueva marca a vencer, como una lección más, los nuevos patrones eventualmente se instalarán en tu ser interior y te harán ver las posibilidades que has desatendido durante tanto tiempo. Entonces tendrás el valor de aprovechar esas posibilidades en vez de rechazarlas lleno de temor. Sólo así llegará la satisfacción.

Es muy importante que entiendan todo esto y que lo integren, amigos míos. Si lo hacen, seguro que les ayudará.

Queridos amigos, benditos sean cada uno de ustedes. Que estas palabras sirvan como una llave más y que les ayuden en su continuo crecimiento y liberación. Que les ayuden a convertirse en ustedes mismos, a poseer completamente al individuo que son, con todos los recursos, la fuerza, la ingenuidad, la creatividad y la capacidad de amar que les son propias y que sólo esperan que se les deje funcionar con libertad. Vayan en paz. Vayan con Dios.

▼▼▼▼▼▼▼▼▼▼▼▼▼▼▼▼▼▼▼▼▼▼▼▼▼▼▼▼▼▼▼▼

PARTE 2

▼

El apego a la negatividad

Quien desee tener una respuesta al problema del mal, tal como es planteada hoy en día, necesita antes que cualquier otra cosa conocerse a sí mismo; esto es, requiere del máximo conocimiento posible de la totalidad de su persona. Debe tener un implacable conocimiento de cuánto bien puede hacer y de qué crímenes es capaz de cometer, y debe cuidarse de creer que lo primero es real mientras que lo otro es mera ilusión. Ambas cosas son elementos de su naturaleza y tienden a salir a la luz en su persona, siempre y cuando quiera —como debería— vivir sin auto-engaño y sin mentiras.

C.G. Jung [1]

No cabe duda de que la disposición mental centrada hacia el bien es una doctrina filosófica inadecuada, pues los hechos malignos que se rehusa positivamente a reconocer son una genuina parte de la realidad; y tal vez sean, después de todo, la mejor clave hacia el significado de la vida. Y posiblemente sean lo único capaz de abrir nuestros ojos hacia las más hondas profundidades de la verdad.

William James [2]

La Parte 1 de este libro ha preparado el escenario —enseñándonos cómo observarnos a nosotros mismos más de cerca, a reconocer al niño irracional e infeliz que vive dentro de cada uno de nosotros y a ver las máscaras, los autoengaños y las pseudo-soluciones que hemos adoptado al tratar de estar uno— arriba en la vida.

La Parte 2 se centra más de cerca en nuestra maldad personal como fuente de toda nuestra infelicidad.

No es fácil mirar nuestra propia maldad. Para hacerlo se requiere de valor y también de una gran compasión hacia nosotros mismos. Puede ser que te sientas tentado, en alguna parte del libro, a dejarlo y no volver a él. Yo necesité mucho tiempo para entrar verdaderamente en este camino y recuerdo muchas ocasiones en que sin ánimo abandoné la lectura de una conferencia, creándome una razón para no creer en ella. Descubrí que el mirar mis defectos y mis fallas en profundidad y en toda su extensión no era uno de los mayores placeres de la vida.

Me fue difícil desplazarme de lo teórico hacia lo personal y lo práctico. Creía en la importancia de amar a toda la humanidad e incluso en ciertas ocasiones prediqué ese amor; pero en la práctica descubrí que a menudo era indiferente al sufrimiento de los demás, despreciaba a mis amigose, incluso, llegaba a ser cruel con mi esposa y con mis hijos. Lo que es peor, a menudo pasaba por alto esta contradicción y no era capaz de ver que mi discurso y mi conducta no correspondían.

Una de las razones por las que estuve tentado a permanecer ciego ante esto es que estaba tratando de evitar el dolor, tanto físico como emocional, tal como todos lo hacemos. ¡Cuán penoso fue descubrir que si realmente buscaba la verdad, debía estar dispuesto a sentir dolores que había reprimido, con éxito, durante años!

¿Y qué recompensa obtuve por este trabajo? Primero, descubrir la felicidad que surge de vivir en la verdad, sin máscara, sin mentiras. Luego, descubrir que a través de la puerta de haber sentido mi dolor llegó una vida llena de verdadero placer, de no seguirme manteniendo alejado de la vida por el miedo al dolor. Y hay muchas otras recompensas más allá de esto. A continuación reproduzco una descripción de ellas hecha por el Guía: "Hay un estado en el cual puedes vivir sin confusiones dolorosas y torturantes; en el cual puedes funcionar en un nivel de flexibilidad interna, satisfacción y seguridad; en el cual eres capaz de sentir sentimientos profundos y un placer bendito; en el cual eres capaz de encontrarte con la vida tal como es, sin miedo, gracias a lo cual eres capaz de descubrir que la vida, e incluso sus problemas, son un alegre reto." [3]

Muchos caminos espirituales enseñan que la manera de lidiar con las grandes y pequeñas negatividades que todos tenemos consiste en alzarse por encima de ellas, trascenderlas. La idea parece ser que si volvemos nuestra atención siempre hacia lo verdadero, lo bueno y lo hermoso, el ser inferior se irá marchitando. El Pathwork afirma que el método de "alzarse por encima" no funciona, que representa al pensamiento fantasioso y a la negación conduciendo hacia la represión y al consiguiente comportamiento inconsciente. El Pathwork enseña que el ser inferior debe ser transformado, en vez de trascendido.

Las conferencias de la Parte 2 se aproximan a este tema desde diferentes puntos de vista. El Guía insiste en la importancia de descubrir la "corriente negativa" inconsciente que sabotea nuestros deseos conscientes; describe el desequilibrio entre el ego y el ser real y cómo deben ser corregidos; señala cómo el entumecerse ante el dolor es una de las principales causas de la negatividad personal, y cómo el haber aprendido a relacionar el principio del placer con los sucesos negativos perpetúa al ser inferior. Ninguna de estas conferencias, por separado, describen adecuadamente el funcionamiento del ser inferior. Pero todas en conjunto deben darte una poderosa comprensión de la naturaleza del ser inferior aunado al ímpetu necesario para transformarlo.

D. T.

[1] C.G. Jung. *Memories, Dreams, Reflections.* Pantheon Books, 1973. p. 330.

[2] William James, *The Varieties of Religious Experience.* Mentor, 1958. pp. 137-138.

[3] Conferencia Pathwork # 204.

▲ 11 ▲

Encontrar el "no" inconsciente

Saludos, mis queridos amigos. Benditos sean. Bendita sea esta hora. Que esta conferencia les ayude nuevamente a descubrir más de ustedes mismos, a ampliar y elevar su conciencia, a fortalecer su aprehensión de la realidad.

El universo, considerado hasta un cierto nivel de desarrollo o de conciencia, consta de dos corrientes primarias: la corriente afirmativa y la corriente negativa. La corriente afirmativa incluye toda la energía constructiva pues se armoniza con la auténtica comprensión, la cual no puede más que generar amor y unidad. La corriente negativa es destructiva porque sin percatarse de ello se desvía de la veracidad, generando entonces odio y desunión. Esta explicación general se aplica tanto a su vida diaria individual, como a grandes conceptos de la historia de la creación.

Es fácil, y absolutamente factible, detectar las corrientes positiva y negativa dentro de ustedes mismos, en sus vidas diarias, si aprenden a comprender e interpretar el lenguaje de su inconsciente personal. Hacer esto requiere de cierta técnica, al igual que cuando se aprende un nuevo idioma.

La corriente afirmativa es más identificable porque es fundamentalmente consciente. Siempre que te sientes incómodo debido a una persistente insatisfacción, puedes estar seguro de que ambas corrientes están trabajando duro, frenando de este modo las cosas. Conscientemente la corriente afirmativa es más fuerte y opaca a la corriente negativa que es inconsciente. Mientras más se sofoca a esta última con la idea errónea de que eso la elimina, más se hunde en el inconsciente, desde donde continúa su trabajo. Y mientras más sucede esto, más urgente y frenética se vuelve la corriente afirmativa. Estas corrientes desgarran a la persona en dos direcciones opuestas, creando una tensión y una presión cada vez más fuertes. La manera de eliminar este corto circuito consiste en descubrir la corriente negativa, comprender sus premisas erróneas y, con base en esto, gradualmente abandonar la creencia en la necesidad de su existencia.

En las áreas de tu vida en las que las cosas fluyen fácilmente, en donde parece que tienes suerte y en donde la mayoría de las veces te sientes satisfecho sin crisis problemáticas y confusas, puedes estar seguro de que hay muy poca corriente negativa, y que la corriente afirmativa, se vuelve predominante sin que exista una corriente subterránea que la contradiga. Dicho de otro modo: la corriente afirmativa no sólo es la actitud que se ve en la superficie, sino que también es la actitud de tu ser integral, sin divisiones y en armonía con la realidad. No estás desgarrado entre motivaciones y deseos.

▼ *El cambio a través de la detección de la corriente negativa* ▼

Pero en las áreas en las que constantemente tienes "mala suerte", la corriente negativa debe estar funcionando de alguna manera. Claro está que las razones pueden variar de una persona a la otra, pero las causas subyacentes deben ser claramente definidas a fin de desactivarlas. La mayoría de ustedes ha comenzado a detectar al menos una parte de ellas.

Cualquier objetivo o meta que te propones de manera consciente y que no puedes alcanzar es una prueba de que alguna corriente negativa está funcionando. No basta con haber comprendido tus imágenes y tus concepciones erróneas, ni con saber cuándo y por qué surgieron en circunstancias particulares de tu infancia. La única forma en que puedes cambiar es a través de la detección de la forma en que la corriente negativa sigue funcionando, incluso prohibiendo la realización del mismísimo cambio tan deseado por la corriente afirmativa.

Asumamos que deseas alcanzar cierta satisfacción en tu vida, una satisfacción en particular de la cual has carecido hasta ahora. Puedes haber sido consciente de un fuerte deseo de alcanzar esa satisfacción y en tu trabajo interno has descubierto ciertas ideas erróneas inconscientes, culpas falsas y actitudes destructivas que te prohiben esa satisfacción. Tal vez hayas descubierto incluso un miedo a la mismísima satisfacción que deseas y, por lo tanto, una sutil actitud de rechazo de la misma. El temor puede basarse en una premisa completamente ilusoria y por lo tanto ser innecesario. Tal vez se deba al deseo infantil de no querer pagar el precio necesario para obtener la realización. Puede ser el sentimiento de que no mereces la satisfacción. Puede haber un buen número de diferentes razones o una combinación de todas ellas. No importa lo que sea, en esencia has descubierto qué está obstaculizando tu camino. Puedes experimentar ese descubrimiento como un núcleo único, como un paquete de estorbos. Pero entre mis amigos es raro que este paquete continúe enviando sus expresiones a pesar de haber sido detectado. Y ésta es la parte importante del trabajo, sin la cual no se puede alcanzar la verdadera liberación.

Debido a esto es necesario que renueves tus esfuerzos en la detección diaria del funcionamiento de la corriente negativa. Sus manifestaciones pueden ser muy sutiles, dispersas y casi imposibles de atrapar. Pero si te dispones a hacerlo, lo que alguna vez pareció brumoso al punto de que parecía imposible formularlo, se volverá obvio. Aparecerá con un contorno bien definido. Descubrirás cómo te tensas un poco cada vez que se acerca la posibilidad de la satisfacción. Puedes detectar un vago sentimiento de incomodidad reconocible que solías descartar y que surgía cuando pensabas en la satisfacción. ¿Es un sentimiento de miedo o de culpa falsa por no merecerla? Sea lo que sea, trata de atrapar esas impresiones emocionales nebulosas y cuestiónalas a la luz del día de la conciencia. Examina tu fantasía lejana cuando, aparentemente, sólo la corriente afirmativa está funcionando. ¿En esa fantasía estás acaso deseando lo imposible al no considerar las imperfecciones humanas relacionadas con esto? ¿O, acaso sientes sutilmente que la vida debería darte la satisfacción ideal a cambio de nada, sin ajustes, sin abandonar algo? Esta actitud común puede ser extremadamente sutil y necesitar todo tu discernimiento para que logres descubrirla. Cuando lo hagas, habrás encontrado una razón para la existencia de la corriente negativa.

Cuando te percates del continuo funcionamiento de la corriente negativa, aún antes de haber comprendido completamente su presencia, encontrarás alivio del desamparo y podrás ver la salida. Entenderás por qué tu vida no ha cambiado a pesar del extensivo reconocimiento de imágenes y de lecciones de la infancia. Ahora detectarás los sentimientos destructivos al servicio de la corriente negativa: el miedo, la culpa, la ira, la frustración, la hostilidad, etcétera. Estos sentimientos continúan merodeando, pero pueden estar muy bien disfrazados, los puedes explicar por las aparentemente reales provocaciones de los otros y así "exitosamente" proyectarlas sobre ellos. El descubrimiento de todos esos mecanismos es el aprendizaje del lenguaje del inconsciente.

Seamos ahora más específicos en cuanto a la detección de la corriente negativa. Puedes estar seguro de que existe si en tu vida persiste la frustración a pesar de que has encontrado imágenes importantes. También puedes estar seguro de que existe si estás desesperado en tu corriente afirmativa: si temes que nunca llegará la satisfacción, si crees que tu vida es un desastre sin ella. Después de haber determinado de este modo que sí existe una corriente negativa, ahora se trata de experimentarla —no sólo una vez, sino cada vez que esté funcionando.

Para adquirir una más aguda conciencia de su existencia, la práctica de una revisión diaria como la que ya aprendiste es de una gran ayuda y debe ser aplicada en esta dirección. La observación y el cuestionamiento de tus reacciones emocionales debe crecer en extensión y en profundidad en el camino, en vez de disminuir. Si avanzas en la dirección correcta, entonces observarás más en vez de menos —contrariamente a la idea errónea de que tu avance implica que hay menos que observar. El cuidadoso escrutinio de tus emociones es un pre-requisito indispensable.

Para observar productivamente lo que expresa el inconsciente es importante separar la parte sana de ti mismo de la parte enferma, confusa e involucrada. Esta observación desapegada de algo oscuro y raro es el procedimiento que más alivia en el camino hacia la liberación. Cuando tu corriente positiva observe a la corriente negativa sin auto-acusaciones frenéticas, entonces se hará posible traducir ésta última a un lenguaje humano conciso. Esa formulación concisa de sentimientos anteriormente vagos es invaluable y a menudo he insistido en ella durante las etapas iniciales de este camino.

▼ *Observar los pensamientos semiconscientes* ▼

De manera errónea estás convencido de que entender lo que sucede en tu inconsciente significa simplemente encontrar ciertos elementos hasta ahora desconocidos. No tienes que esperar algo completamente alejado o escondido. Primero, observa esas capas fácilmente accesibles cuando enfocas tu atención hacia ellas. Son tus pensamientos semiconscientes, las actitudes y expresiones vagas y difusas que forman casi tu segunda naturaleza y que desatiendes fácilmente porque se han vuelto parte de ti. Pero ninguno de esos sentimientos, reacciones e ideas semiconsciente llega a formularse en pensamientos claros y concisos. Si observas esas reacciones semiconscientes en las áreas problemáticas de tu vida, aprenderás todo lo que necesitas saber de ti mismo. Ésta es una parte vital del aprendizaje del lenguaje de tu inconsciente.

El material semiconsciente comprende tus reacciones emocionales inmediatas y tu vida de fantasías. La comparación de ambas a menudo demuestra las discrepancias y contradicciones así como la inmadurez de tus expectativas.

Mientras más claramente ves cómo alejas o te retraes de la mismísima satisfacción que tan vehementemente deseas —tal como lo verás una y otra vez— más cerca estarás de eliminar a la corriente negativa. La debilitas con tal sólo observarla.

Es esencial que pongas más atención a la corriente negativa en su forma exacta. Hay un cierto tipo de meditación que te puede ayudar. Tranquilízate y relájate y empieza a observar el proceso de tu pensamiento, e incluso tu incapacidad inicial para hacerlo. Esto eventualmente te lleva a mantener alejados los pensamientos por un breve espacio de tiempo mientras logras vaciarte a ti mismo por completo. En el vacío es posible que material antes reprimido salga a la superficie, si expresas este deseo con suficiente fuerza y si lo deseas sin temer el esfuerzo necesario para alcanzar la meta. Aunque al principio es algo difícil, después de cierto tiempo este esfuerzo establecerá un canal hacia una parte de ti mismo que antes no podías tocar. Al inicio verás los elementos destructivos flotando hacia la superficie, y luego podrás tocar los elementos constructivos que se hallan ocultos en la profundidad.

Su inconsciente habla continuamente, amigos míos. Habla sin que lo oigas, así que no te comunicas con él y, por lo tanto, pierdes una buena parte de tu trabajo. Muy a menudo te la pasas buscando una comprensión intelectual de las ideas equivocadas, pasando por alto el flujo continuo de la corriente negativa y su funcionamiento. Esto debe convertirse en una tarea el la cual el énfasis principal esté puesto sobre la observación de ti mismo. Si todos los días le dedicas un poco de tiempo a este tema central los resultados serán realmente maravillosos.

PREGÚNTATE: ¿Cuál es mi meta ahora? ¿En qué me siento insatisfecho? ¿Qué quisiera que fuera diferente?

¿Qué tanto lo deseo?

¿Hasta qué punto hay algo en mí que no lo desea? ¿O lo teme? ¿O por alguna razón dice que no?

¿Cómo puedo detectar las diversas formas y manifestaciones de la corriente negativa en mi vida diaria?

Si formulas estas cuatro preguntas con claridad y empiezas a contestarlas con sinceridad, tu trabajo en el camino será de lo más dinámico y tus avances te sorprenderán y te fascinarán.

Benditos sean, todos ustedes, en cuerpo, alma y en espíritu. Vayan en paz, mis queridos amigos. Vayan con Dios.

▲ 12 ▲

La transición de la corriente negativa a la corriente afirmativa

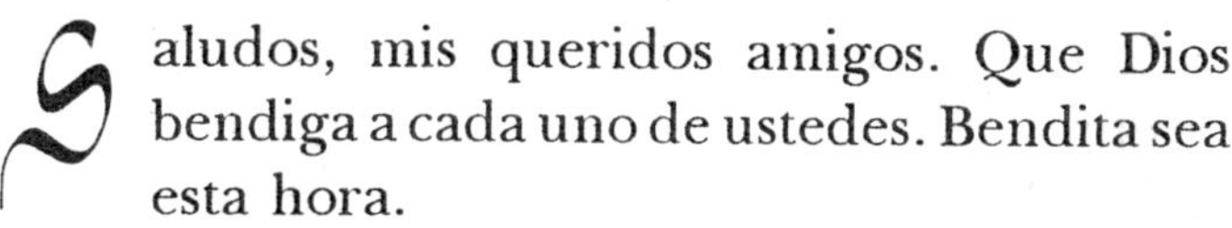

Saludos, mis queridos amigos. Que Dios bendiga a cada uno de ustedes. Bendita sea esta hora.

Mucha gente cree que una actitud positiva hacia la vida implica ignorar lo negativo que hay en uno mismo, pero nada podría estar más lejos de la verdad. Eso es una mala interpretación del proceso de crecimiento y desarrollo. Es imposible adoptar una idea verdadera y reemplazar la vieja idea falsa si uno no ha comprendido claramente por qué esa idea es falsa. El impulso real para transformarse a uno mismo no puede llegar nunca si uno no ve la naturaleza destructiva de una imagen falsa, y si no evalúa los efectos que produce en uno y en los demás. Hacer esto sería suficiente para que uno reúna todos los recursos necesarios para iniciar un cambio. No basta con tener un vago conocimiento de los principios generales de este proceso para lidiar con una corriente negativa profundamente impresa en uno.

▼ *Eres tú quien dice no* ▼

Cuando descubres la manera específica en la que dices No a un deseo en particular o a cierta satisfacción, alcanzas una transición importante en todo tu desarrollo, en tu visión de la vida. Después de semejante descubrimiento, nunca volverás a ser el mismo. Por primera vez comprendes el hecho de que no tienes por qué depender de las circunstancias exteriores que se hallan fuera de tu control, de que no eres una víctima perseguida de algún destino injusto y malo, que no vives en un mundo caótico en el cual reina la ley de la selva. Esos descubrimientos te alejarán de las falsas creencias en una deidad que premia o castiga desde arriba en el cielo, o de que no existe un orden o una inteligencia superior. Cuando descubres que le dices No precisamente a aquello que deseas más en el mundo, ya no puedes sentirte inseguro, ni asustado, ni aferrarte a la errónea idea de que tienes mala suerte y eres inferior. De pronto la verdad del orden divino se acercará tanto a ti que podrás aprehenderla, lo cual es efectivamente una experiencia maravillosa, incluso si al principio no eres capaz de retenerla. En ella se encuentra la extensión de tu capacidad de aprehensión, la profundización de tu comprensión. Te vas volviendo más finamente consciente del hecho de que toda tu infelicidad y tu insatisfacción no son el efecto de una causa remota, aunque fuera remota en ti mismo, sino el efecto directo de algo que está justo frente a tus ojos, si decides mirarlo.

Claro está que se requiere del entrenamiento para cobrar conciencia de las reacciones emocionales ocultas, de movimientos emocionales sutiles, fugaces y vagamente sentidos. Pero una vez que tu mente se acostumbre a observar esas reacciones, esa conciencia no estará lejos. El No que tú y sólo tú puedes reconocer es tan claro como cualquier objeto de tu entorno exterior que deseas atrapar, tocar y mirar.

Encontrar ese No no puede ser una tarea superficial o un reconocimiento voluble. Déjate sentir todo su impacto y su significado al reconocer inicialmente que existe y luego descubriendo por qué existe y en qué ideas equivocadas se basa. Cuando se realiza esto por primera vez el desamparo y el derrotismo dejan su lugar a una genuina —y no impuesta— esperanza y a una actitud positiva hacia la vida.

Antes de que logres tener una visión clara del área específica en la que opera, la corriente negativa actuará en contra de la misma tarea del descubrimiento y el cambio. Algunos de mis amigos ya han constatado que en el momento en que lograron sobrepasar su resistencia al trabajo de una fase en particular, descubrieron también un No correspondiente hacia una situación general de la vida. Mientras que en el nivel consciente hay un urgente, frenético y desamparado Sí que grita, clama y tiembla, el subyacente No vence todos los esfuerzos y hace que todo el proceso parezca realmente inútil. La tentación de cegarse a uno mismo ante lo realmente importante, de proyectar y desplazar, aumenta. Esto a menudo nubla la memoria de victorias anteriores, impide ver el proceso correcto de la plegaria, de la meditación y de la revisión diaria; el proceso de la formulación de las confusiones, las preguntas sin respuestas y los sentimientos vagos e incómodos, en una manera concisa que permite atraparlos cuando nos obstruyen el camino. Nos impide pedir ayuda y cultivar la voluntad interior para sobreponernos a todas las barreras que no nos permiten ver la verdad de uno mismo y tener el ánimo para cambiar; nos impide registrar el *No* interno durante estos esfuerzos; atrapar esos *No* en la única manera productiva, especialmente con la intención de desear ver y entender la verdad respecto del asunto.

Abrirse a la verdad es un paso decisivo para llevar a la personalidad hacia la corriente afirmativa. Un cambio en el estilo de la transformación de la estructura del carácter, lo mismo que de las impresiones o imágenes falsas, es algo casi posible mientras uno no ha comprendido qué lo hace realmente deseable. De modo que el camino puede dividirse en dos grandes fases: primero, atraer ayuda divina para reconocer la verdad; segundo, atraer esa misma ayuda para la fuerza, el ánimo y la capacidad de cambiar. Estos dos deseos fundamentales, puesto que son parte de la gran corriente afirmativa, deben cultivarse en detalles de la vida diaria, en las reacciones, los pensamientos y los sentimientos.

Hace algún tiempo, cuando hablamos de las imágenes, también mencioné la substancia del alma que es el material en el cual se registran la visión y la actitud de un individuo hacia la vida. Cuando esas actitudes derivan de una impresión verdadera y prevalece una actitud constructiva, la substancia del alma se modela de tal manera que la vida de esa persona está llena de significado, es satisfactoria y feliz. Cuando las impresiones se basan en conclusiones erróneas, los moldes de la substancia del alma crean situaciones desfavorables y destructivas. En resumen, el destino de un hombre o de una mujer no es ni más ni menos que la suma de su personalidad, de lo que expresan y emanan, lo cual a su vez determina la forma en la cual la substancia del alma se moldea en términos de realidad o irrealidad. La conciencia humana es el escultor, la substancia dcl alma es el material que se modela. El destino es determinado por la totalidad de la personalidad, incluyendo todos sus niveles. Si una persona tiene un concepto sano, constructivo y realista en ciertos niveles de su personalidad mientras que otros expresan lo contrario, semejante contradicción afecta a la substancia del alma de manera negativa, aunque la actitud positiva sea más fuerte y consciente, mientras que la negativa permanece oculta. Por lo tanto, es esencial que las áreas ocultas de la substancia del alma sean descubiertas con el fin de comprender, al ver sus marcas, por qué todavía no llega a la vida la deseada satisfacción.

Sólo recientemente, y por primera vez, algunos de mis amigos dentro de este camino han descubierto esas áreas ocultas en las cuales existía un No que nunca antes habían sentido. Estaban convencidos de que deseaban con todo su ser alcanzar la satisfacción y que definitivamente no deseaban experiencias desagradables. La sola sugerencia de que podría haber una corriente contraria en el inconsciente les habría parecido ridícula.

Semejantes No están directamente relacionados con la imagen original, con la falsa idea que modeló la imagen en la substancia del alma. Esta confusión inicial hace que uno rechace lo que más desea, actuando sutilmente de una manera que inevitablemente confirma la imagen. Por ejemplo, si funcionas a partir de la base de que eres incompetente y de que no puedes tener éxito, esa convicción te hará comportarte de manera efectivamente incompetente. Lo que es más, tendrás miedo del éxito, pues tu convicción de no poder vivir de acuerdo con él lo hará algo atemorizante. Una vez que sientas ese específico No, lo mismo que el comportamiento que le acompaña y las expresiones tanto obvias como sutiles de lo mismo en esta área, llegarás a entender que la razón por la cual no tienes éxito no es que seas incompetente, sino que lo eres porque piensas que lo eres y porque temes cualquier evento que lo ponga en duda.

El cambio de una corriente negativa profundamente grabada hacia la corriente afirmativa sólo puede realizarse cuando se logra entender todo este proceso; cuando se logra observar la sutil manera en la que uno huye de una meta deseada y cuando se logra cambiar todo eso por: "Quiero alcanzar esa meta con todo mi corazón. No tengo nada que temer de ella."

La meditación sobre por qué no hay nada que temer, sobre por qué el viejo temor era falso y por qué la nueva actitud de aceptación hacia las experiencias de la vida es completamente segura, es el paso final para pasar de la corriente negativa hacia la corriente afirmativa. Esto debe hacerse como un trabajo diario de meditación, creando un nuevo molde en la substancia del alma, algo que ahora es flexible, ligero y verdadero y que borra el molde viejo, rígido, falso y pesado.

▼ *Compara lo positivo con lo negativo* ▼

En este camino has aprendido a revisar tu vida a la luz de los avances ya realizados y a determinar no sólo en que sentido has superado las viejas obstrucciones, sino también qué es lo que todavía debes superar. Cuando al buscar la subyacente corriente negativa examines las áreas de tu vida que aún permanecen insatisfechas, también es útil que compares esas áreas con los aspectos de tu vida en los que te encuentras satisfecho. Entonces piensa en la corriente afirmativa subyacente: la sutil pero clara expresión de seguridad de que eso bueno es tuyo, de que siempre será tuyo, de que no te presenta dificultades y no te da miedo perderlo. También sería bueno investigar las áreas en las que te sientes merecedor, en las que estás dispuesto a pagar un precio, a dar, y luego date cuenta de que tus actitudes en esas áreas sanas difieren enormemente de tus sentimientos y expectativas en las áreas insatisfechas. El esfuerzo de realizar estas comparaciones te proporcionará mucha comprensión. Siente claramente la diferencia que hay entre tu aproximación, tus emociones y las sutiles expresiones dentro de las situaciones sanas, satisfactorias y felices y en aquellas en las que constantemente encuentras un patrón frustrante e infeliz.

No es posible que salgas de la corriente negativa mientras te aferres a la convicción de que no tienes nada que ver con tu problema, de que eres incapaz de cambiar tu predicamento. En cambio, cuando te das cuenta de que el factor decisivo eres tú —tu voluntad y tu convencimiento— el final de tu sufrimiento está cerca. Di: "Quiero salir de esto. Para hacerlo, quiero saber exactamente qué me obstruye el camino en este momento. Sé que las fuerzas constructivas universales me ayudan y me guían en el momento en que decido hacer algo al respecto. Estaré listo para ver qué se presenta." Continúa tus actividades en esta dirección y lo que te había parecido imposible puede de pronto volverse factible. La meditación relajada, la concentración y un mínimo de autoobservación diaria son indispensables. Son las herramientas; aprender a usarlas de la manera indicada es parte de tu proceso de crecimiento.

A menudo he mencionado que nada está bien o mal en sí mismo, nada es sano o enfermizo, constructivo o destructivo. Lo mismo ocurre con los sentimientos, con las experiencias y con la expresión de la actitud que expresa "Yo deseo", en relación con una satisfacción en particular. El sólo hecho de que exista, no significa que ese deseo pertenezca a una corriente afirmativa. Independientemente del deseo opuesto que existe en un nivel inconsciente, semejante "sí" puede provenir de la voracidad y del miedo, de demasiado ansiar; y el miedo y la voracidad son productos de la corriente negativa. Si no existiera una corriente negativa oculta no habría duda de que podrías obtener satisfacción y entonces no existiría el miedo de no lograrla. No tienes por qué ser voraz, pues si eres sincero y estás en armonía con las fuerzas cósmicas, la corriente afirmativa funcionará como un flujo natural y continuo dentro de ti. Podrás incluir tu "Yo deseo" dentro de esa corriente con una integración desprovista de ansiedad, de duda y de voracidad.

La única forma en que se puede determinar si un Sí o un No, si "Yo quiero" o "Yo no quiero", son expresión de la corriente afirmativa o negativa es observando esos deseos desde cerca, para ver si se escucha cualquier emoción ruda o turbia dentro de ellos.

Seguido he mencionado que el contacto con la chispa divina o con tu ser verdadero es resultado de este trabajo interno. Algunos de mis amigos están empezando a experimentar ese evento indescriptible. La seguridad, la convicción sobre la verdad, la armonía y la validez de todo esto valen todo el esfuerzo que se necesita para vencer las resistencias. Sólo esto te puede guiar. Pero la mente del ego suele interponerse en el camino con frecuencia creyendo que sólo ella existe y decide. Pero ahora debe decidir dejar que la inteligencia universal determine tu vida. Deja que tu ser más profundo, que la gran inteligencia que hay en ti, responda ante la confusión y que te guíe hacia la verdad que necesitas conocer sobre ti mismo. Deja que con su promesa de ser inevitablemente satisfecho te fortalezca para cambiar tus falsas imágenes y deja que te ayude a moverte de la corriente negativa hacia la corriente afirmativa.

▼ *Hablar del problema* ▼

Otra fuente de ayuda es el método de hablar de las cosas. Esto ha probado ser cierto en las fases anteriores a este trabajo y tiene la misma importancia en esta etapa. Hablar de lo que quieres, de cuál es tu obstrucción, de sus dimensiones y de las razones de la corriente negativa que has observado tiene un valor terapéutico más allá de tu comprensión actual. Al hablar con otra persona las cosas adquieren un contorno y ganas una claridad que no tenías mientras sólo pensabas en ellas, o incluso cuando sólo las escribías. Además, la comprensión que una tercera persona puede tener y señalarte es, generalmente, imposible de alcanzar por ti mismo pues tú estás demasiado implicado. Al hablar del problema se suelta una presión que libera una energía muy valiosa proporcionándote una nueva perspectiva de las cosas. Algo comienza a cambiar en el interior incluso antes de que lo sepas. Algo se pone en movimiento cuando: a) deliberadamente llamas a tu ser divino para que te dé respuestas y te guíe y b) cuando "hablas" del asunto que provoca presión. El efecto de estas dos importantes actividades será sentido por cualquier persona que siga este consejo.

Para que la corriente afirmativa se pueda expresar dentro de cualquier área de tu vida es necesario que todo tu ser sea de una sola pieza, que sea una totalidad. Tu conciencia no puede dividirse en niveles diferentes que expresan metas, opiniones, ideas y emociones diferentes. La corriente afirmativa no puede expresarse por el sólo hecho de convencerte de hacerlo. Muchos sistemas y aproximaciones tratan de imponer la corriente afirmativa por la fuerza en la conciencia. La gente es mal encaminada hacia un sentimiento temporal de esperanza, hacia un éxito temporal que no puede ser real ni permanente a menos de que todos los niveles de tu ser sean llenados con una sola expresión; hasta que no desaparece cualquier área que pueda alimentar tus dudas y tus miedos y que sea incapaz de conocer y expresar la verdad. Y esto no puede suceder a menos de que ciertas partes de la estructura del carácter sean realmente transformadas, hasta que "renazcan", tal como dijo Jesús.

Cuando alcanzas este estado de unidad contigo mismo, con tu más profundo ser divino, en el flujo y la armonía de la corriente afirmativa, entonces no tienes nada que temer. Pisas sobre suelo firme.

Nada se interpone en el camino de una vida rica, íntegra y satisfactoria. Esto no son promesas vacías. Todas las herramientas que necesitas te están siendo dadas, pero sólo tú puedes y debes usarlas. Aquellos de entre ustedes que logran avances persistentes, luchando en contra del No interior, haciendo su trabajo cada día, van registrando la creciente convicción de que poco a poco están saliendo del encierro y de la obscuridad hacia la libertad y la luz de la verdad. Cualquiera que declare que hizo el intento pero que no tuvo éxito está mintiendo. Sufre de auto-engaño. Él o ella puede estar haciendo buenos esfuerzos en áreas de poca importancia, pero se rehusa a ver la verdad ahí en donde le duele más, en donde aún está perdiéndose de la liberación.

¿Tienen alguna pregunta ahora?

PREGUNTA: Siento que tengo la corriente negativa adentro y afuera, todo es No. ¿Me puede usted ayudar a comprender por qué?

RESPUESTA: Sí, y también puedo ayudarte a salir de eso. Ésta es la razón: tienes miedo de que si no dices No, vas a tener que enfrentar cierta incompetencia y vergüenza. Claro está que no es una incompetencia real o una vergüenza real, pero inconscientemente piensas que así es. El No parece eliminar la necesidad de ver de más cerca. Puede que todavía no seas capaz de sentir esto, pero lo lograrás si continúas con tu trabajo interno. Una vez que lo hagas, te será más fácil atrapar al enemigo interno: el *No*.

En cuanto a consejos inmediatos sobre cómo proceder, toma cualquiera de los pequeños No que surgen en tu trabajo dentro de tu vida diaria y entra en tu meditación personal, sólo, relajado y en paz. Esa meditación puede ser algo como esto, pero usa tus propias palabras: "¿Por qué digo *No*? Tengo el poder para no decir *No*. Y ahora digo *Sí*, real y sinceramente deseo descubrir mis *No* específicos". Toma uno a la vez. "Con todo mi corazón digo *Sí* al deseo de comprender el *No*". Primero sentirás un fuerte jalón negativo en contra de esto, pero como lo estás esperando, estarás preparado y no dejarás que te convenza. Seguirás diciendo: "La verdad no puede lastimarme, aunque algo ignorante en mí se rebela contra esto. A pesar de eso digo *Sí*. Eso que se rebela no tiene poder sobre la forma en que dirijo mi voluntad y mis esfuerzos. Este mismísimo *No* me ha traído mucha destructividad y desgracias y no lo dejaré que siga dominándome. Tomo las riendas en mis manos." Haz esto diariamente durante un tiempo y ábrete a lo que llegue.

Si meditas de este modo, reuniendo las fuerzas divinas que hay dentro de tu ser, te aseguro que experimentarás una gran transformación. La primera vez será difícil, pero si perseveras se volverá más fácil y te dará más y más resultados. Y, te lo ruego, recuerda las muchas veces en las que al seguir este camino estuviste en un feroz y temeroso *No* pero que después de haberlo vencido te sentiste libre y aliviado, sentiste una renovada energía, una salud y una comprensión incrementadas; y también el conocimiento y la seguridad de que lo que antes temías no tenía ninguna base sino que estaba en relación con el miedo y la resistencia que albergabas. Usa el considerable avance que ya has alcanzado en vez de dejarte resbalar hacia la inercia una vez más. ¡Entonces experimentarás la más grande victoria que existe! Al seguir este consejo realmente lograrás la transformación desde una curva de bajada, desde la corriente negativa hacia la construcción, hacia un arroyo dador de vida, hacia la corriente afirmativa.

Mis queridos amigos, benditos sean todos ustedes. Que estas palabras sean más que meras palabras, que se conviertan en las herramientas que deben ser. Así, finalmente, se permitirán ser felices y ya no retrocederán ante la satisfacción. Vayan en paz. ¡Vayan con Dios!

▲ 13 ▲

La función del ego en la relación con el ser real

Saludos, mis queridos amigos. Bendiciones y guía les son prodigados para facilitar el camino de cada uno de ustedes y para que puedan alcanzar la meta con menos lucha y resistencia.

¿Cuál es la meta? La meta, en lo que a ustedes se refiere, sólo puede ser una cosa: convertirse en su ser real.

Primero quiero hablar de las diferencias que hay entre el ser interior y el ser exterior, o entre el ser real y el ego. ¿Qué relación hay entre ellos? Existen muchas teorías confusas respecto del funcionamiento del ego. De acuerdo con algunas, el ego es esencialmente negativo e indeseable y la meta espiritual consiste en deshacerse de él. Otras teorías, especialmente las que caracterizan al pensamiento psicoanalítico, dicen que el ego es importante, que ahí en donde no hay ego no puede haber salud mental. Éstos son dos puntos de vista diametralmente opuestos. ¿Cuál es el correcto? ¿Cuál es equivocado?

Vamos a recapitular brevemente sobre la esencia del ser real. Tu ser interior es una parte integral de la naturaleza, con tendencia a obedecer sus leyes. De modo que desconfiar de ese ser profundamente interior es algo poco razonable, pues la naturaleza merece toda nuestra confianza. Si la naturaleza te aparece como un enemigo, eso es sólo porque no comprendes sus leyes. El ser interior, o el ser real, es la naturaleza, es la vida, es la creación. Esta manera de definir al ser reales más precisa que cuando decimos que se trata de "una parte" de la naturaleza. El ser real y la naturaleza son exactamente la misma cosa.

Siempre que funcionas a partir de tu ser real estás en la verdad y eres feliz. Las contribuciones más creativas y constructivas que haces a la vida provienen de tu ser interior. Todo lo que es grande y generoso, todo lo que expande a la vida, que es bello y sabio viene del ser interior o real.

▼ *La necesidad de un ego fuerte* ▼

Si esto es así, entonces ¿cuál es la función del ego, es decir, del nivel exterior de la personalidad? El nivel del ego es algo más accesible para ti y tienes una conciencia más directa y precisa de él. El ego es la parte que piensa, actúa, discrimina y decide. La persona cuyo ego no ha crecido suficientemente, cuyo ego es débil, no puede dominar o enfrentar la vida. Y la persona que tiene un ego demasiado grande o demasiado enfatizado no puede acercarse al ser real. En otras palabras, ambos extremos, la debilidad o la exageración del ego, entorpecen el alcanzar al ser real.

Sólo cuando el ego se ha desarrollado lo suficiente entonces se puede prescindir de él. Esto puede sonar como una contradicción, pero no lo es. Pues si el ego no se ha desarrollado, tus esfuerzos para compensar esa carencia crean una debilidad y una evasión que sólo puede generar más debilidad. Mientras el ego no sea lo suficientemente fuerte te harán falta las facultades características de tu ser exterior, esto es, pensar, discriminar, decidir y actuar adecuadamente en cualquier situación con la que te enfrentes en el mundo exterior.

Quien quiera que trata de alcanzar su ser real rechazando el desarrollo de un ego sano lo hace a causa de su pobreza. Esa gente aún no posee a su ser exterior. Lo cual puede deberse a cierta pereza, ya que el desarrollo del ego es muy difícil, así que esperan que ese paso vital pueda ser evitado. Pero este error, lo mismo que todos los errores, cuesta caro. De hecho retrasa el alcanzar la meta. Sólo cuando uno posee completamente a su ser exterior, su ego, se puede prescindir de él y alcanzar al ser real.

Sólo cuando el ego es sano y fuerte puedes saber que no es una respuesta final, que no es el último dominio del ser. Sólo cuando posees un ego fuerte y sano que no está exagerado o hiperdesarrollado puedes usarlo para trascenderlo y lograr un nivel mayor de conscientización.

En tu trabajo dentro de este camino aprendes, a partir de tus meditaciones, a usar todas las facultades de tu ego para ir más allá de él. Lo que absorbes del exterior primero debe pasar a través de las facultades de tu ego. En términos prácticos: primero vas hacia el exterior con las facultades de tu ego y las utilizas para aprehender verdades que posteriormente experimentas en un nivel de conciencia más profundo.

▼ *Ir más allá del ego* ▼

Existen muchos seres humanos que no se dan cuenta de que hay algo más allá del ego. Su meta final es cultivar un ego fuerte, ya sea que lo piensen o no en estos términos. Esa lucha puede llevarlos a la distorsión de un ego hiperdesarrollado. Se trata de un callejón sin salida: en vez de trascender el nivel del ego poderoso, las energías son usadas para agrandarlo.

Amigos míos, es sumamente importante comprender la ley que dice que tienes que alcanzar cierto nivel y estar completamente en él antes de poderlo abandonar para ir a uno superior. Los humanos suelen pasarla por alto y, aún más frecuentemente, la ignoran por completo. La importancia de esta ley no ha sido muy clara para la humanidad a pesar del descubrimiento de muchas verdades espirituales y psicológicas.

En una forma diferente se puede ver la esencia de esta ley dentro del tema que estamos tratando: la función del ego en relación con el ser real. El ser real sabe que el universo no tiene limitaciones; que en realidad la perfección absoluta existe y puede ser alcanzada por todos, que la ilimitada expansión de las facultades y de las fuerzas tanto del universo como del individuo hace que la perfección sea algo posible.

El niño recién nacido aún no posee un ego. Sin el ego, es posible percibir este mensaje del ser real con mucha claridad. Pero sin el ego, el significado del mensaje se distorsiona. Tal vez tú has descubierto y experimentado dentro de ti el esfuerzo infantil por la perfección, por la omnipotencia, por el placer supremo, por la más grande felicidad que no conoce carencias, insatisfacciones ni frustración.

Cuando no existe el ego, ese esfuerzo es poco realista e incluso destructivo. Algunos de ustedes han experimentado en su trabajo interno de este camino que al principio es necesario abandonar esos esfuerzos y esos deseos antes de poder volver a ellos y realizarlos.

En otras palabras, cada uno de ustedes que están en este camino tiene que aceptar sus limitaciones en tanto que ser humano, antes de poder percatarse de que tienen una fuente ilimitada de poder a su disposición. Todos deben aceptar sus imperfecciones, lo mismo que las imperfecciones de esta vida, antes de poder experimentar la absoluta perfección que finalmente descubrirán que es su destino. Pero esto sólo lo puedes entender una vez que hayas abandonado este distorsionado conocimiento infantil. Sólo cuando tu ego lidia correctamente con el dominio en el cual tu personalidad y tu cuerpo viven ahora puedes comprender profundamente tus facultades reales, tus posibilidades y tu potencial.

Cuando hablo de la meta final de la perfección, del poder ilimitado, del placer supremo, no quiero decir que se trata de algo que se realizará en un futuro lejano cuando ya no poseerás un cuerpo. No hablo de este estado en términos de tiempo, sino en términos de calidad; es algo que puede ocurrir en cualquier momento, en el momento en que despiertas a la verdad. Despertar a la verdad es posible sólo cuando ya has encontrado y abandonado las distorsiones infantiles de la máxima perfección, del máximo poder y del máximo placer. En el ego poco desarrollado esos deseos no son sólo ilusorios sino egoístas y destructivos. Deben ser abandonados antes de ser alcanzados.

Mis queridos amigos, esta conferencia es muy importante para todos ustedes. Puede no sólo disipar la confusión sobre ciertas contradicciones aparentes presentes en ideas filosóficas sobre la vida, sino algo más importante, puede darles una clave esencial hacia su propio desarrollo. Puede facilitar el abandono que sólo llega cuando uno confía en su ser interior y profundo, sabiendo que es parte integral de la naturaleza y de la creación.

Cuando sientas y experimentes tu ser real, ya no exagerarás las facultades de tu ego. Ni dejarás que algunas facultades importantes de tu ego duerman sin que les pongas atención.

Les extiendo todas las bendiciones a cada uno de ustedes. Esas bendiciones son una realidad que los envuelve. Son el amor universal, en respuesta a sus valientes esfuerzos de autoexpansión. Vayan en paz, vayan con Dios.

▲ 14 ▲

¿Qué es el mal?

Saludos, queridos amigos. Que esta conferencia sea una ayuda y, por lo tanto, una bendición. Que estas palabras arrojen luz y claridad sobre su búsqueda de la liberación.

La mayoría de las religiones de Occidente tienen una aproximación dualista al problema del mal. Dicen que el mal es una fuerza separada del bien. De acuerdo con esta idea, la gente tiene que enfrentar la decisión entre el bien y el mal. El punto de vista religioso reconoce el peligro del mal, su poder derrotador de la vida y la infelicidad y el sufrimiento que conlleva.

Por otro lado, también existen filosofías que establecen que el mal no existe, que es una ilusión. Estas dos enseñanzas opuestas expresan grandes verdades, pero la exclusividad con la cual las afirman hace que su verdad se vuelva falsa. De hecho, negar la existencia del mal es tan falso como sería creer que existen dos fuerzas separadas, el bien y el mal. Tienes que luchar entre estas dos alternativas para encontrar la verdadera respuesta. Esta conferencia te ayudará a realizar el esfuerzo.

▼ *El mal como entumecimiento* ▼

El mal es o resulta del entumecimiento del alma. ¿Por qué el mal es entumecimiento? Cuando piensas en los mecanismos de defensa que funcionan en la psique humana, la relación con el entumecimiento se hace bastante clara. Los niños que se sienten heridos, rechazados y desamparados ante el dolor o la privación a menudo descubren que entumecer sus sentimientos es su única protección en contra del sufrimiento. Éste suele ser un mecanismo de protección útil y muy realista.

Del mismo modo, cuando los niños están confundidos porque perciben contradicción y conflicto en torno a ellos, surgen emociones igualmente contradictorias en su propia psique. Los niños no pueden enfrentar ninguna de estas cosas. El entumecimiento también es una protección en contra de sus propias respuestas, impulsos y reacciones contradictorias. En esas circunstancias eso puede incluso ser una salvación. Pero cuando el entumecimiento se ha convertido en parte de uno mismo y se mantiene después de que las circunstancias dolorosas ya han cambiado y cuando la persona ya no es un niño desamparado, eso es, en la escala más pequeña, el comienzo del mal.

El entumecimiento y la insensibilidad hacia el dolor de uno significa el mismo entumecimiento y la misma insensibilidad hacia los demás. Al examinar nuestras reacciones desde cerca podemos observar que la primera reacción espontánea ante los demás es la de sentir con y por ellos, compasión o empatía, una participación del alma. Pero la segunda reacción restringe ese flujo emocional. Algo se activa en el interior y parece decir no, lo cual significa que se ha formado una capa protectora de insensibilidad. En ese momento uno se separa —se pone aparentemente a salvo; pero se separa. Más tarde la separación puede ser sobrecompensada con un falso sentimentalismo, con dramatización y una simpatía exagerada y nada sincera. Pero éstos son sólo sustitutos que ocupan el lugar del entumecimiento. El entumecimiento, que se instaló para uno mismo, inevitablemente se extiende a los demás, al igual que todas las actitudes que adoptamos hacia nuestro ser tienden a expandirse hacia los otros.

Podemos diferenciar tres niveles de entumecimiento. Primero, el entumecimiento hacia el ser, un mecanismo de protección. En segundo lugar, encontramos el entumecimiento hacia los otros. En este nivel se da una actitud pasiva de indiferencia que permite que uno observe el sufrimiento de los demás sin sentir nada desagradable. Mucho del mal que existe en el mundo es causado por este estado del alma. El que sea menos burdo, a largo plazo es mucho más dañino, pues la crueldad activa provoca reacciones más expeditas en su contra. La indiferencia pasiva, sin embargo, surgida del entumecimiento de los sentimientos, puede pasar inadvertida porque puede ser fácilmente disfrazada. Permite que la persona siga sus impulsos más egoístas sin que se les pueda detectar abiertamente. La indiferencia puede no ser tan activamente malvada como la crueldad que se expresa, pero a largo plazo es igual de dañina.

▼ *La crueldad* ▼

El tercer nivel del entumecimiento es la crueldad activamente infligida. Este nivel surge del miedo a los otros, quienes aparentemente esperan esos actos, o de la incapacidad de enfrentar cóleras reprimidas o de un sutil proceso de fortalecimiento del mecanismo protector del entumecimiento. Al inicio, esto parece incomprensible. Pero cuando piensas en ello de manera profunda te das cuenta de que, en ocasiones, la gente puede encontrarse, casi conscientemente, en la orilla de una decisión: "O dejar salir mis sentimientos de empatía por el otro, o, con el fin de desviar ese fuerte influjo de sentimientos cálidos, tengo que comportarme de una manera exactamente opuesta." En un instante ese razonamiento desaparece, la decisión consciente se olvida y lo que se queda es una fuerza que empuja hacia actos crueles.

En todos estos casos podemos ver una y otra vez cómo todo el daño, toda la destructividad, todo el mal proviene de la negación de el ser real espontáneo y de sustituirlo por reacciones secundarias que, de un modo u otro, siempre están relacionadas con el miedo.

La frontera entre el entumecimiento pasivo y la crueldad activa es a menudo muy fina y precaria, algo que depende mucho de circunstancias aparentemente exteriores. Si la gente entiende este proceso, no sólo de manera intelectual sino dentro de sí mismos, estará adecuadamente equipada para enfrentar la crueldad del mundo que con frecuencia hace surgir la desesperación, la duda y la confusión.

La crueldad activa entumece a la persona que la realiza en un grado mucho mayor; no sólo le prohíbe el influjo de sentimientos positivos espontáneos, sino que también desvía a el temor y la culpa. El acto de provocar dolor en los demás mata simultáneamente la capacidad de uno mismo para sentir. De modo que éste es un mecanismo más fuerte para alcanzar el entumecimiento.

Siempre se debe distinguir entre los actos, ya sea que surjan de la indiferencia o de la crueldad, y las tendencias emocionales. La indiferencia o el entumecimiento pueden no traducirse en actos, es posible experimentar esa ausencia de participación y ese entumecimiento sin llegar a actuar con base en ellos. Puede ser que hagas todo lo posible para ayudar a alguien, incluso exagerando tu actitud, tan sólo porque conscientemente no deseas ser tan indiferente. El deseo de lastimar a los demás puede existir sólo como una emoción sin traducirse en actos concretos. Sin embargo, cuando te sientes culpable, no diferencias entre esas dos manifestaciones vitales, de modo que no importa si sientes o si actúas de manera destructiva. Lo que sucede es que se niega la totalidad del área problemática, se la empuja fuera de la conciencia, en donde ya no puede ser corregida.

La admisión, el reconocimiento o el enfrentamiento de una emoción, no importa cuán indeseable sea ésta, nunca puede hacer daño al ser o a los demás y, eventualmente, tiende a disolver el sentimiento negativo. Confundir el impulso con el acto y, por lo tanto, negar ambos, provoca una confusión extrema para el ser, lo cual indirectamente afecta a los demás sin que haya ninguna esperanza de cambio mientras el proceso permanezca inconsciente.

Bajo esta luz podemos ver con claridad que en este extremo el entumecimiento se convierte en crueldad activa. La diferencia entre estos dos no es más que de grado. Es importantísimo que entiendan esto, amigos míos. Quienes están más espantados y atemorizados, siendo incapaces de soportar la crueldad que hay en el mundo y que, por lo tanto sufren con tan sólo saber que existe esa maldad, inevitablemente se han adormecido de alguna manera, así que se sienten culpables. Tiene que existir una correlación entre el entumecimiento de uno y su manera de aproximarse y actuar ante los aspectos de maldad que hay en la vida. Hay quienes se sienten sobrecargados, otros son excesivamente sentimentales, mientras que hay quienes pueden ser excesivamente duros e indiferentes ante la existencia de la maldad. Cualquiera de estas reacciones excesivas, con seguridad, está conectada con el entumecimiento que de algún modo se ha inscrito en la psique. Aunque hubo un momento en el cual ese entumecimiento parecía ser la única protección accesible, más tarde fue erróneamente mantenida.

▼ *El apego de la Fuerza Vital a las situaciones negativas* ▼

A menudo se plantea la pregunta de por qué existen la destructividad, la enfermedad, la guerra y la crueldad. Las respuestas que han sido dadas, en general no han sido suficientemente comprendidas, pero incluso cuando se les entiende, hasta cierto grado, algo sigue faltando. Creo que todos mis amigos están listos para comprender esto en un nivel más profundo. A menudo he dicho que las ideas erróneas crean conflicto y esto es perfectamente cierto. Pero existe un elemento adicional sin el cual ninguna idea errónea, sin importar qué tan descabellada sea, tendría ningún poder. Se trata de esto: La negatividad considerada en sí misma, como en el caso de una actitud negativa, tiene un efecto mucho menos destructivo que la destructividad que se relaciona y se combina con el principio vital positivo. Esto es lo que hace que las manifestaciones en este plano terrestre sean partícularmente serias y severas. En otras palabras, cuando una fuerza positiva se mezcla con una negatividad o con una actitud destructiva, la combinación crea la maldad. La verdadera destructividad, entonces, no es sólo una distorsión de la verdad y de los poderes constructivos del universo, sino una distorsión que ha permeado el poderoso principio vital y su poder constructivo. Si el principio vital positivo no estuviera implicado y no fuera usado inadvertidamente, entonces la maldad o la destructividad tendrían una duración muy corta.

La mejor manera en la cual pueden aplicar lo que digo aquí y obtener de esta conferencia algo más que una idea vaga y abstracta, es mirándose a sí mismo desde la siguiente perspectiva: Todos ustedes que están en este camino han encontrado ciertas heridas y dolores que tuvieron que soportar durante su infancia. Algunos de ustedes han empezado a comprender, aunque sea sólo un poco, que en el momento en que se dieron esas heridas se realizó un proceso específico. El principio erótico o del placer fue puesto al servicio de su herida, de su sufrimiento, de su dolor. Todas las emociones que surgieron de esa herida original, de acuerdo con su carácter y su temperamento, también se combinaron con el principio del placer. Esa combinación crea todas las dificultades personales, todas las circunstancias adversas.

Todas las innumerables almas que habitan esta tierra, sumadas, crean la lucha general de la humanidad. Cuando te das cuenta de cuánta gente, independientemente de sus actos exteriores, puede experimentar el principio del placer sólo en fantasías de crueldad, entiendes que éste es el verdadero núcleo de las guerras —de la crueldad como un todo. Esto no debe hacerte sentir culpable. Más bien debe iluminarte y liberarte para permitir que tus procesos internos se transformen. Pues es una herida mal aplicada y mal entendida lo que ha creado esta situación. La crueldad sin el principio del placer no puede nunca tener un poder real. La falta de conciencia de esta combinación de crueldad y de placer de ningún modo alivia el efecto que tiene sobre el clima general de la emanación de la humanidad.

▼ *La persistencia del mal:* ▼ *el placer conectado con la crueldad*

Si has experimentado la crueldad, tu principio del placer está conectado a la crueldad y funciona en cierta conexión con ella. A menudo la culpa y la vergüenza provocadas por esto son tan fuertes que se niega completamente toda la vida de fantasía, pero a veces es consciente. Es preciso cobrar conciencia de esto desde un punto de vista global, pues si realmente se las comprende, tanto la culpa como la vergüenza desaparecerán. A medida que crece la comprensión el principio del placer gradualmente va respondiendo a eventos positivos.

La combinación del principio del placer y de la crueldad puede existir de manera pasiva o activa. Esto es, el placer se vive ya sea infligiendo la crueldad o soportándola —o de ambas formas. El relacionar el principio del placer con una condición en la cual funciona preferentemente en conjunción con la crueldad, crea un retraimiento del amor, lo limita y hace imposible la misma experiencia del amor. El amor existe sólo como un vago deseo que no puede ser mantenido o seguido a fondo. En estas circunstancias el amor no es la experiencia atractiva y placentera que puede ser para otra parte de la personalidad. La añoranza del placer de amar y la ignorancia sobre el hecho de que uno está rechazando esta experiencia, porque se teme el relacionar el principio del placer con la negatividad, a menudo crea un profundo desamparo. El desamparo puede ser entendido e instantáneamente aliviado sólo cuando se comprende con profundidad este hecho en particular.

En casos menos obvios, en los que el niño no experimenta una crueldad directa, sino un vago rechazo, el principio del placer se relacionará con situaciones similares, de modo que a pesar del deseo consciente de ser aceptado, la corriente de placer sólo será activada cuando haya rechazo. Existen muchos grados y variaciones de esto. Por ejemplo, existen situaciones en las que un niño experimenta una aceptación y un rechazo parciales. En ese caso el principio del placer se relaciona con una ambivalencia del mismo orden, lo cual obviamente crea un conflicto en las relaciones reales.

El primer ejemplo, en el cual se relaciona la crueldad con el placer, hace que las relaciones sean tan peligrosas que mejor de plano se les evita. O las relaciones son tal fuente de temor que te sientes completamente confundido y, por lo tanto, incapaz de continuarlas. O bien te inhibes debido a que la vergüenza del deseo de infligir o sufrir la crueldad te prohíbe toda espontaneidad haciendo que te retraigas y entumezcas todos tus sentimientos.

Queridos amigos, es tremendamente importante comprender este principio. Se aplica a toda la humanidad lo mismo que a cada individuo. En general, no se le ha entendido muy bien por qué la psicología y la ciencia espiritual no se han compenetrado lo suficiente. Se han realizado vagos intentos dentro de la psicología para comprender este factor y se le ha llegado a comprender hasta cierto grado, pero no se ha entendido su enorme significado en términos de la civilización y su destino o su evolución. No ha sido entendido. El mundo está listo ahora para comprender esta realidad.

La evolución significa que, a través del proceso de la confrontación consigo mismo y de la auto-realización, cada individuo gradualmente cambia la orientación interior del principio del placer. En sus reacciones espontáneas, más y más personas responderán ante los sucesos, las situaciones y las condiciones positivas.

Todos ustedes saben que semejante cambio interior no puede ser ordenado de manera directa. La expresión directa de la voluntad exterior puede y debe ir en la dirección del mantenimiento de un trabajo personal similar a este, el cual incrementa la capacidad de comprender y cultivar la voluntad y el valor para mirar al ser de cada uno y de vencer la resistencia. Mientras hagan esto, mientras usen su voluntad y las facultades de su ego de esta manera constructiva, el cambio real irá sucediendo, tal como algunos de ustedes han empezado a experimentar, casi como si no tuviera nada que ver con los esfuerzos realizados, como si fuera un producto secundario o un desarrollo sin conexión con ellos. ¡Y eso es lo verdaderamente auténtico! Ésta es la manera en que el avance y el crecimiento deben ocurrir.

A través de este proceso, gradualmente una persona tras otra va reorientando los movimientos del alma, las fuerzas del alma. La expresión del movimiento cósmico dentro de la psique entonces se relacionará sólo con condiciones y circunstancias puramente positivas. Los sentimientos positivos o placenteros ya no derivarán de circunstancias negativas. Actualmente estás acostumbrado a esto último, de modo que reprimes la combinación de los sentimientos placenteros con eventos negativos.

Pero, en vez de reprimir esto, de negarlo y mirar hacia otra parte, debes hacerle frente. Al enfrentarlo y comprenderlo, sin culpa ni vergüenza, debes aprender en el curso del crecimiento que la imperfección ha de ser aceptada y comprendida antes de poderla cambiar. Así que según el grado en que logres enfrentar y comprender tu conflicto, el principio del placer correrá por canales diferentes. Al suceder esto, la movilidad existirá sin tensión ni ansiedad y el relajamiento existirá sin estancamiento.

Todos ustedes, amigos míos, traten de encontrar su "matrimonio" particular entre la corriente del placer y una situación negativa. Al descubrir ese matrimonio dentro de las fuerzas de su propia alma, en términos específicos, conocerán y comprenderán perfectamente ciertas manifestaciones exteriores de sus problemas. El alivio de una comprensión total sólo puede llegar cuando se ha tenido el valor de enfrentar ese matrimonio. Al ser capaces de formular clara y concisamente cómo se combinan las fuerzas positivas y negativas en su caso específico, podrán ver con claridad la imagen exacta de su insatisfacción. Verán por qué continúan escondiéndose de sí mismos y de la vida; por qué se retraen de sus propios sentimientos; por qué reprimen, y por qué vigilan las fuerzas más espontáneas y creativas que hay en cada uno de ustedes. Verán por qué bloquean sus sentimientos, en ocasiones con un dolor tremendo, y luego tratan de racionalizarlos y de explicarlos.

Trata de encontrar los dos factores de los que he hablado:

Primero, descubre cómo te has entumecido; encuentra las áreas en las que has desarrollado una insensibilidad ante tu propio dolor. Mantente alerta en tus interacciones con los demás, busca las ocasiones en las que tienes un sentimiento inmediato y momentáneo de compasión, o de empatía, y bruscamente lo bloqueas aislándote y volviéndote insensible.

En segundo lugar, descubre en qué aspecto se conecta el principio de vida y placer con una situación negativa. ¿En qué grado se manifiesta esto —tal vez sólo en tus fantasías— y cómo te retiene impidiéndote alcanzar la expresión de ti mismo, la comunión, la experiencia, un estado de auto-realización ajeno al miedo junto a un espíritu afín?

¿Tienen ahora alguna pregunta relacionada con el tema?

PREGUNTA: Quisiera entender de manera un poco más concreta el matrimonio entre las fuerzas del amor y de la crueldad. Por ejemplo, en el caso de los niños que se sienten rechazados por su madre, ¿ese matrimonio significa que la persona no puede experimentar placer sin experimentar al mismo tiempo la venganza, un cierto tipo de deseo sádico dirigido hacia la madre? Esto tal vez ocurre sólo en la fantasía, nunca en la realidad, pero ¿entonces la persona no se percata de que su pareja representa a su madre?

RESPUESTA: Sí, puede ser exactamente eso. O también puede ser que el placer sea experimentado sólo en situaciones en las que uno nuevamente es rechazado, o en las que se es rechazado un poco, o en las que se teme ser rechazado nuevamente.

PREGUNTA: ¿Pero no experimentaron placer al ser rechazados?

RESPUESTA: Claro que no. Pero el niño usa el principio del placer para que el evento negativo, el sufrimiento, le resulte más soportable. Esto sucede inconscientemente, de manera no intencional y casi automáticamente. Así pues, el principio del placer se combina inconscientemente con la condición negativa. La única manera de descubrir esto es mediante la investigación de las fantasías de cada uno. Así es como se establece el matrimonio. Los reflejos automáticos, entonces, se orientan hacia las situaciones que combinan la corriente inherente del placer con el evento doloroso.

PREGUNTA: ¿Y el niño desea reproducir el rechazo?

RESPUESTA: No de manera consciente, obviamente. En realidad, nadie desea ser rechazado. El problema es que la gente conscientemente desea ser aceptada y amada, pero inconscientemente no puede responder a una situación de aceptación completamente favorable. En esos casos el principio del placer ya ha sido llevado hacia el canal negativo y sólo puede ser devuelto al otro canal mediante la conciencia y la comprensión. La naturaleza de este conflicto consiste en que el principio del placer funciona de la manera en la que la gente menos lo desea. No se puede decir que una persona inconscientemente desea el rechazo, pero el reflejo hacia él se instaló en un momento en el que esa manera de funcionar le hizo la vida más soportable al niño. ¿Entienden eso?

PREGUNTA: No puedo entender cómo alguien puede experimentar placer en absoluto cuando es rechazado, salvo en la forma de venganza. Eso sí lo puedo entender.

RESPUESTA: Tal vez también puedes imaginar —es algo que vemos una y otra vez— que cuando la gente se siente demasiado segura de ser aceptada y amada, pierde la chispa de interés. Eso también se racionaliza diciendo que es una ley inevitable, algo que sucede por hábito o bien por otras circunstancias. Pero eso no tendría que suceder así si no fuera por los factores explicados en esta conferencia. La chispa, el interés, el flujo dinámico existe sólo cuando se da una situación insegura o infeliz. Vemos eso con frecuencia. Algunas veces la condición negativa se manifiesta sólo en las fantasías. Cuando las examinamos de cerca, esas fantasías revelan estar de un modo u otro ligadas con el sufrimiento, la humillación o la hostilidad. Esto es lo que se llama masoquismo o sadismo. ¿Entiendes ahora?

PREGUNTA: Sí, creo que sí.

RESPUESTA: No cabe duda, queridos amigos míos, que cada uno de ustedes que sinceramente lo desee, encontrará más y más la belleza, la paz, la vida dinámica y la seguridad interior que existe en la auto-realización que han empezado a cultivar. Así experimentan los momentos de vivir en el eterno presente de ustedes mismos, en vez de huir de él. Cada momento les debe traer respuestas ahora. Si recuerdan este simple hecho en sus meditaciones, en su manera de aproximarse a ustedes mismos, sus meditaciones serán más fructíferas a medida que avanzan. Lo que deben esperar en el futuro será aún más liberador que lo que ya han empezado a experimentar.

Benditos sean, vayan en paz. Vayan con Dios.

▲ 15 ▲

El conflicto del placer positivo y negativo como origen del dolor

Saludos, mis queridos amigos. Les traigo bendiciones, a cada uno de ustedes, para cada paso que den, para cada esfuerzo que realicen en su camino hacia la liberación.

A manera de prólogo a esta conferencia quisiera explicar el significado del dolor y su causa real. El dolor es el resultado del conflicto. Ocurre cuando coexisten dos direcciones opuestas dentro de una personalidad. La dirección de las fuerzas creativas universales es hacia la luz, la vida, el crecimiento, el desarrollo, la afirmación, la belleza, el amor, la inclusión, la unión y el placer supremo. Siempre que esa dirección es desviada por otra se crea una perturbación. No es la perturbación misma lo que crea el dolor, sino el desequilibrio y un tipo especial de tensión provocado por la dirección opuesta. Esto es lo que causa el sufrimiento.

▼ *Vida y anti-vida* ▼

El principio que acabo de explicar es verdadero en todos los niveles. De hecho es algo comprobable en el nivel físico. El sistema físico, al igual que otros sistemas o planos, también lucha hacia la integración y la salud. Cuando una fuerza perturbadora jala en una dirección opuesta, el jalón de ambas direcciones crea el dolor.

En casos en los que se lucha sin éxito contra la perturbación la personalidad quiere la salud, pero niega que también quiere la no-salud. Puesto que la lucha por la no-salud es reprimida e ignorada, la búsqueda de la salud se vuelve cada vez más tensa. Ése es el origen del dolor. Si la persona fuera consciente de desear la no-salud tanto como la salud, la lucha cesaría instantáneamente dado que el primer deseo no puede ser sostenido, sino sólo el segundo. Es la inconciencia quien crea una separación entre causa y efecto: la causa es el deseo negativo; el efecto es la perturbación del sistema. Los dos impulsos continúan y entonces surge el dolor.

Pero cuando se entiende completamente este proceso y las consecuencias temporales, aunque inevitables, del deseo negativo son aceptadas, entonces uno puede abandonarse al dolor que existe ahora, y ese dolor dejará de existir. Ésta no es una manera destructiva de abordar el dolor, o un elemento masoquista de auto-castigo que en sí mismo encierra y perpetúa un deseo negativo. Es una aceptación total de lo que es —y con ella cesa el dolor. Ése es el principio, por ejemplo, del parto sin dolor. Es el principio de no-luchar. Es el principio que Jesús explicó cuando dijo: "No resistas al mal".

En los planos mental y emocional existe algo similar. Cuando la lucha es entendida y aceptada como una manifestación temporal, como un efecto; aceptada como tal sin finalidad, y con conciencia de la pertinencia de sus consecuencias, el dolor mental o emocional cesa. Esto no sucede cuando se desea lo negativo, pues, como hemos visto, ese deseo sólo crea la nueva dirección, contraria a la original positiva. Y tampoco sucede confiscando el principio afirmativo, sino comprendiendo el ahora. Entonces cesa el dolor mental y emocional, al igual que el dolor físico cesa cuando se abandona el impulso opuesto. Esto se puede verificar y ha sido verificado en todo el mundo. Todos ustedes que se encuentran en un camino de auto-realización lo han experimentado, aunque sólo sea ocasionalmente.

El plano espiritual, amigos míos, es diferente, debido a que el plano espiritual es la causa, mientras que los otros planos o esferas de conscientización son efectos. El plano espiritual es el origen de la dirección positiva. No contiene y no puede contener una dirección negativa. La dirección negativa crea y es creada por diversas actitudes incompatibles con el origen de toda vida. El plano espiritual es la unidad misma, de modo que el conflicto, las direcciones opuestas y, por lo tanto, el dolor, son impensables e ilógicos en su contexto.

Es muy importante entender, amigos míos, que sólo una parte de la personalidad puede desear lo negativo, nunca toda ella. Siempre habrá una parte de la psique que violentamente rechaza el deseo negativo, de modo que surge el dolor. En los niveles tanto físico, como emocional y mental, se puede aceptar temporalmente lo negativo como un nivel por el que hay que pasar, a sabiendas de que es el efecto de una causa inadvertida y sólo una perturbación momentánea. Al entender y aceptar esto uno deja de luchar. Se acepta lo negativo sin finalidad con una actitud objetiva, no indulgente.

El dolor y el sufrimiento siempre son el resultado de que la personalidad sea jalada por dos tendencias, por las direcciones de la vida y la anti-vida. También se les puede llamar las direcciones de amor/odio o direcciones positiva y negativa. Las capas exteriores de la personalidad sufren inevitablemente mientras no se alcanza la unidad. La unidad existe exclusivamente en la completa realidad del principio cósmico creativo.

Es sumamente importante, amigos míos, que entiendan lo que les estoy diciendo, pues esa comprensión les abrirá nuevas puertas.

▼ *El deseo de lo negativo* ▼

Ser o no ser conscientes de nuestros deseos negativos implica una diferencia fundamental. Claro que hay diversos niveles de conciencia. Se puede ser consciente de ellos casual y fugazmente, o bien haber sentido con profundidad su existencia, pero, sin embargo diluir esa conciencia. Mientras más seas consciente de un deseo deliberado de lo negativo, más estarás en control de ti mismo y de la vida, y menos te sentirás como una víctima desamparada y débil.

Cuando una entidad no es consciente de su deseo deliberado de lo negativo, el sufrimiento es mucho más grande que cuando se es consciente de haberlo deseado. La falta de esa conciencia crea un clima psíquico en el cual el individuo se siente marcado como víctima. La separación en la conciencia entre causa y efecto crea confusión, duda y sentimiento de desamparo. Una vez que se alcanza la conciencia del deseo negativo, al menos sabes qué está provocando las situaciones desagradables y tus dificultades exteriores. Incluso antes de que seas capaz de abandonar los deseos negativos, debido a que aún no logras comprender la razón de su existencia, el sólo hecho de saber que tú mismo has creado las manifestaciones indeseables en tu vida te convertirá en alguien más libre.

Aquellos de ustedes que han dado los primeros pasos hacia la conciencia de sus deseos negativos, deben tener cuidado de expandir esa conciencia y ligarla con las manifestaciones desagradables de su vida. Este paso fundamental no debe ser olvidado, pues efectivamente se puede ser consciente de un deseo negativo, al menos hasta cierto grado, y no obstante ignorar que ese deseo es la causa inmediata de una cantidad de manifestaciones de la vida en contra de las cuales luchamos afanosamente. En eso consiste precisamente tu dolor. Luchas en contra de algo que tú mismo has provocado y continúas provocando, al mismo tiempo que siempre está presente un impulso hacia la luz, hacia la integración, hacia el amor, la inclusión y la constructividad, hacia la belleza y el desarrollo. Tu negación de la dirección hacia la integración y tu olvido de esa negación —al no saber que simultáneamente deseas dos cosas opuestas— te confunde y te llena de dolor.

Aquellos de ustedes que han reconocido sus deseos negativos han alcanzado una nueva fuerza y esperanza. Pues gracias a ello pueden percatarse, primero como de una idea básica y luego como de una posibilidad, de la forma que puede adoptar su vida si logran abandonar los deseos negativos, incluso cuando aún no sepan por qué se instalaron originalmente. Pero el sólo hecho de saber que tienen esos deseos y, a partir de ahí, conectarlos con los resultados desagradables, les debe dar una nueva esperanza y una nueva visión de las cosas.

Aquellos amigos que aún no han alcanzado esta conciencia deben tratar al máximo de encontrar sus deseos negativos. En la superficie la mayoría de la gente no puede imaginar cómo pudieron albergar deseos destructivos. Medita y trata, con sinceridad, de descubrir lo que hay en ti. Hacer esto es especialmente difícil cuando insistentemente se niegan los aspectos de la vida que aún dejan algo que desear y no se quiere hacer frente al hecho de que algo hace falta. Este tipo de negación de lo que realmente sientes y te hace falta te hace imposible alcanzar una real satisfacción en la vida.

Así que pregúntate a ti mismo: "¿Experimento todas las cosas al máximo de mi potencial? ¿Qué me molesta tal vez más de lo que estoy dispuesto a admitir?" Ésa será la primera pregunta pertinente para quienes tienen la tendencia a escapar de sus insatisfacciones, a negarlas, a dar explicaciones sobre ellas y a falsificar su situación. Claro está que también existen quienes tienen una enorme conciencia de su sufrimiento y de lo que les hace falta, pero en cambio están desconectados del mecanismo interno que desea el resultado negativo.

El trabajo en este camino continúa con la toma de conciencia de los deseos negativos deliberados, o del hecho de que se evitan los resultados positivos, lo cual equivale a lo mismo. Esto es un paso vital en la construcción de tu camino hacia la evolución. Constituye la diferencia entre sentirse como una paja empujada por el viento y sentir que uno gobierna su propia vida y es autónomo. El principio de los ciclos o círculos —ya sean virtuosos o viciosos— es siempre el principio de la auto-perpetuación. La autonomía es definitivamente auto-perpetuante, y es puesta en marcha por la conscientización de la realidad.

▼ *Ciclos auto-perpetuantes* ▼

Cuando alcanzas un cierto nivel de comprensión de tu psique, te percatas de que las actitudes tanto positivas como negativas son auto-perpetuantes. Por ejemplo, piensa en una actitud sana. Cuando eres extrovertido, constructivo, abierto e inclusivo, todas las cosas te salen bien. No tienes que trabajar muy duro para alcanzar tus objetivos. Se perpetúan a sí mismos. Ni siquiera tienes que gastar energía en ningún tipo de meditación deliberada. Por sí solos, tus pensamientos, actitudes y sentimientos positivos crean más pensamientos, actitudes y sentimientos positivos. Éstos, a su vez, crean satisfacción, productividad, paz y dinamismo. El principio es exactamente igual en lo que toca a las situaciones negativas. Las fuerzas auto-perpetuantes, en ese caso, sólo pueden ser cambiadas mediante un proceso deliberado que pone algo nuevo en movimiento.

Es de gran importancia que comprendas y visualices que las esferas de la conciencia operan exactamente de acuerdo con lo que hemos explicado. En otras palabras, el principio y la dirección positivos son la esfera de la realidad, la esfera en la cual se encuentra una auto-perpetuación ilimitada en cualquier aspecto en el cual la conciencia sepa de la existencia de una integración y abundancia inagotable.

El nivel de la personalidad que desea lo negativo y busca esa dirección crea un nuevo mundo, o esfera psíquica, que cubre a la esfera positiva que había originalmente. Las imágenes y las formas —productos de actitudes, pensamientos y sentimientos— crean ese mundo negativo. De acuerdo con la fuerza de los deseos negativos, con la conciencia de los deseos positivos y negativos así como del equilibrio entre ellos, se dan muchas variaciones de ese mundo negativo. Puedes percibir un esbozo de esto comparando el cambio de tu propia conciencia en relación con tu negación anterior de las experiencias positivas, o incluso de tu deseo directo de lo negativo. Verás que esa diferencia constituye otra esfera de la conciencia, un mundo diferente, con un sabor y una atmósfera característicos.

El mundo físico y material en el que vives manifiesta tanto lo positivo como lo negativo, y presenta una combinación de ambos. Todo eso existe dentro y fuera de ti —independientemente del tiempo y el espacio. Puedes y debes alcanzar esos mundos dentro de tu psique cobrando una aguda conciencia de ellos. Son un producto de las expresiones de ti mismo, de tus diversas esferas de conciencia y tienes que pasar a través de ellas, capa por capa, dentro de ti mismo. En donde estás relativamente libre de deseos negativos te será fácil aprehender, sentir y experimentar el mundo de la verdad, ahí en donde existe todo el bien en su calidad auto-perpetuante. Ahí no hay necesidad de lucha, de duda, de temor o de privación. En esas áreas descubrirás que sin ningún temor abres tu corazón a la experiencia positiva y dinámica que se mueve eternamente hacia un mayor desarrollo, hacia una mayor felicidad, hacia una mayor inclusión, pues ese movimiento no es entorpecido por una mente temerosa que lo retiene y lo estanca. Esas esferas están ahí; no sólo existen en el fondo de tu psique ahí en donde puedes sentir la vida eterna de toda la existencia, sino que se manifiestan también en tu vida exterior. Cobrar conciencia de ellas también es algo útil, con el fin de que las puedas comparar adecuadamente.

Pero, claro está, también existe el problema principal, el área de tu psique en donde reside el miedo de lo positivo y, por lo tanto, su negación.

Como consecuencia dentro de tu vida exterior se manifiestan el sufrimiento y la privación. Debes experimentar esta esfera profundamente dentro de tu conciencia antes de poder trascenderla transformándote a ti mismo. Debes pasar por ella y no negarla o luchar para escapar de ella, sino verla y aceptarla, aprendiendo a comprender su naturaleza. Eso es lo que quiere decir pasar a través de ella. Sólo cuando se la afirma y reconoce como una realidad temporal, puede alcanzarse el mundo subyacente del bien auto-perpetuante, ahí en donde ya no tienes que ir tras de nada o desear nada, sino que sabes que ya es tuyo, aun antes de que lo hayas alcanzado.

Siempre que estás separado de los demás, de tus semejantes, de seguro estás en un mundo negativo, en una negatividad auto-perpetuante que siembras con tus deseos negativos. Por lo tanto, sufres pues niegas e ignoras el significado completo de la lucha que se desarrolla. Esa lucha varía de un individuo a otro y, en cada individuo, de una fase a la otra e incluso a veces de una hora a la otra, pues en cada momento surgen distintas direcciones de los deseos. Esas direcciones se alternan en su predominancia en cualquier momento.

De modo que siempre hay en ti una lucha incesante en la cual un lado busca la integración y la unión con tus semejantes de maneras diferentes: hacia el amor y la comprensión, hacia la consideración, hacia el dar y recibir. Pero siempre está ahí el otro lado que niega la dirección anterior, que la teme y se le resiste. Así que surge un dolor en partícular, y mientras más grande sea la negación, más grande será el dolor.

El dolor se agrava por la lucha que se establece con otra persona. No olviden, amigos míos, que de por sí es muy doloroso alternativamente desear relacionarse y amar, por un lado, y odiar, rechazar y retraerse, por otro. Las cosas se complican infinitamente cuando este conflicto se multiplica por la presencia de otro individuo, dentro de cuyos parámetros entramos y que, a su vez, vive una lucha similar en su interior.

▼ *El placer orientado* ▼ *hacia la negatividad*

Tanto la corriente positiva como la negativa se hallan ligadas al principio del placer. Es esta liga lo que dificulta el abandonar la dirección negativa para cambiar. El placer orientado hacia lo positivo y hacia lo negativo te desgarra, te provoca dolor por su sola existencia, pero además no sólo existe dentro de ti. También existe en aquellos con los que te involucras dentro de ese conflicto y sobre quienes no puedes decidir si debes amarlos o rechazarlos. Si esas personas estuvieran perfectamente equilibradas y fueran ajenas a semejante desgarramiento interno, seguramente no les afectaría tu propia lucha. Su armonía con las fuerzas universales y su alto nivel de conciencia les protegerían de tu negatividad y de la tensión que resulta entre los impulsos positivos y negativos. Si fuera posible que un ser tan evolucionado entrara en relación con una persona normal que vive el desgarramiento de esta lucha, lo cual suponemos únicamente con el fin de desarrollar este argumento, la persona normal seguiría viviendo el conflicto debido a su propia división. Pero las cosas se vuelven mucho más complicadas cuando las dos personas se encuentran en una posición similar, pues entonces la lucha no sólo tiene dos caras, sino cuatro. Imagina las innumerables posibilidades matemáticas que surgen de una situación de este tipo, con todas las consecuencias psicológicas de incomprensión, prejuicios y heridas emocionales que, a su vez, generan más negatividad.

Imaginemos a dos personas, A y B. A momentáneamente expresa la dirección positiva hacia la unión; B se asusta de esto y, por lo tanto, se retrae rechazando a A. En consecuencia A se convence nuevamente de que el sano movimiento del alma hacia la unión era arriesgado y doloroso, de modo que vuelve hacia lo negativo. Como esto es muy doloroso, el principio del placer negativo tiene que relacionarse con la situación con el fin de hacerla más soportable. Entonces A puede gozar de la situación negativa. Mientras tanto el dolor del aislamiento de B se vuclvc insoportable, así que decide salir ahora que A se ha encerrado en un hoyo. Y las cosas continúan de este modo, en una terrible oposición, aunque a veces se logre una fugaz conjunción. En ciertas ocasiones la dirección positiva de A se encuentra con la dirección negativa de B; en otras, la situación se invierte; en nuevas ocasiones se enfrentan las dos corrientes negativas, ambos se retraen o se oponen uno al otro. Y, finalmente, en otras ocasiones, ambos se aventuran temporalmente hacia lo positivo, pero como el principio negativo aún existe en ellos, la posición positiva sólo es tentativa, incierta, temerosa, dividida, defensiva y aprehensiva, de modo que las emociones negativas de la dirección positiva tarde o temprano producen resultados negativos. Entonces se atribuyen esos resultados a la tentativa positiva en vez de a las emociones problemáticas que surgen en torno a ella. Inevitablemente la dirección negativa vuelve a dominar después de esos períodos de actitud positiva de ambos, perpetuándose hasta que el lado negativo, destructivo y negador, es finalmente bien comprendido y eliminado.

La dirección negativa y destructiva no sería tan potente y tan difícil de vencer si el principio del placer no estuviera ligado a ella.

Sucede que en realidad no quieres abandonar el precario placer que obtienes al involucrarte en sentimientos y actitudes destructivas. Esto puede desarrollarse de manera sutil, insidiosa e inconsciente aun cuando la persona en cuestión parta de una dirección sana y constructiva.

Tomemos el siguiente ejemplo, que puede ser útil para todos ustedes. Supongamos que en tu camino hacia la auto-realización logras tener fuerza y confianza en ti mismo. En donde sentías incertidumbre y culpa, al experimentar las fricciones con otra persona, ahora vives una nueva calma interior, certidumbre sobre ti mismo y una fuerza y flexibilidad que nunca antes conociste. Si usaras tus métodos anteriores tal vez responderías mediante la sumisión para apaciguar tu culpa o agresivamente para calmar tu desprecio contigo mismo a causa de tu incertidumbre. Cada vez que actuaste de ese modo, cada vez que respondiste con tu negatividad y con las dudas sobre ti mismo estuviste ligado a tu principio del placer en su orientación negativa. Disfrutaste de tus penas. Ahora has avanzado. Te vives a ti mismo de una nueva forma. En vez de escoger la duda persistente de ti mismos, alcanzas la comprensión sobre por qué la otra persona se comporta de esa manera. Por ahora esa comprensión te libera, te fortalece y te da un entendimiento más objetivo de ti y del otro. En otras palabras, el principio auto-perpetuante de la comprensión y de la perfección ha sido puesto en movimiento.

Pero entonces el aún existente, porque no está completamente reconocido, principio negativo del placer se liga con tu comprensión de la negatividad de la otra persona. Empiezas a convencerte a ti mismo de la necesidad de entrar más y más en la consideración de los defectos y la ceguera del otro y sin darte cuenta de ello empiezas a disfrutar de esto. No distingues inmediatamente la diferencia que hay entre estos dos tipos de alegría. El primero llega cuando puedes ver con cierto desapego lo que existe en el otro, lo cual te libera; el segundo aparece cuando placenteramente te sumerges en la consideración de los errores del otro, cegándote. Lo que en un principio descubriste en el otro te sirve de material para hacer que el viejo principio negativo del placer reaparezca con un nuevo disfraz. Ahí es donde pierdes tu armonía y tu libertad, pues nuevamente te sumerges en el placer negativo. Éste es un ejemplo de cuán insidiosamente puede reintroducirse la negatividad siempre que sus viejas raíces aún no han sido descubiertas.

A partir de aquí, amigos míos, la continuación del camino se vuelve más clara y su definición se hace más concisa. Ya tienen las herramientas inmediatas para salir a descubrir lo que les he explicado aquí.

Benditos sean, cada uno de ustedes. Reciban el cálido flujo de amor que los rodea. Ábranse, pues este amor es la verdad y esta verdad es la vida. Y esta vida es suya para que la pidan. Los valerosos pasos que están dando tienen un significado. Ojalá siempre lo sepan. El reconocimiento de cada cosa negativa que existe en ustedes contribuye más al proceso universal de la integración que cualquier otra cosa imaginable. Así que procedan de esa manera. Benditos sean. Vayan en paz. ¡Vayan con Dios!

▼▼▼▼▼

▲ 16 ▲

Positividad y negatividad: una sóla corriente de energía

Saludos, mis queridísimos amigos. Que las bendiciones de la inteligencia creativa que existen fuera y dentro de ustedes les fortalezcan e iluminen para que estas palabras hagan eco en ustedes y que les sirvan como material para continuar con éxito en su camino hacia el descubrimiento de su ser auténtico.

Muchos de ustedes ya han descubierto una capa dentro de sí mismos, en la cual se encuentran cara a cara con su propia destructividad. Me refiero a algo más que el descubrimiento de la sola emoción o el reconocimiento de una hostilidad momentánea. Estoy hablando de una destructividad generalizada, penetrante, esencial y prolongada que ha permanecido dormida y apenas oculta. Ahora están en un estado en el cual se pueden observar a sí mismos mientras piensan, sienten y actúan destructivamente, mientras que antes en el mejor de los casos sólo eran conscientes de esa destructividad de manera teórica y apenas podían intuir su presencia por las desagradables manifestaciones que provocaba en sus vidas. Ahora enfrentan el problema de cómo salir de esta situación.

Estás confundido porque no te gusta ser de este modo. Incluso sabes y comprendes, con cierta profundidad, que esa condición es inútil y sin sentido, que la destructividad no sirve a ningún buen propósito. Sin embargo, en la situación actual eres incapaz de abandonar esa destructividad.

▼ *La naturaleza de la destructividad* ▼

No es fácil alcanzar un nivel de conciencia en el cual ya puedes verte pensando, sintiendo y actuando de manera destructiva, en el cual también puedes darte cuenta de que eso te provoca desgracias; pero en el cual aún no eres completamente capaz y no estás dispuesto a abandonar esa manera de ser. Podría decir que ser consciente de semejante estado es una importante prueba de tu éxito, si se puede usar esa palabra. Pero para realizar la segunda parte de esta fase de tu evolución, es decir, abandonar la destructividad, es necesario comprender mejor la naturaleza de la destructividad.

Todo el problema humano del concepto dualista de la vida tiene mucho que ver con la incomprensión que padecen los humanos de su propia destructividad. Los seres humanos tienden a pensar que una fuerza destructiva es algo opuesto a una fuerza constructiva. Incluso aquellos de ustedes que teóricamente saben muy bien que no existe tal división, tienden a pensar: "Éstos son mis sentimientos negativos. Quisiera tener sentimientos positivos en su lugar." O bien piensas que una vez que se han disipado las emociones negativas, se instalará un nuevo conjunto de sentimientos como si consistieran de una energía o de un material psíquico completamente diferentes. Cuando hablas de las dos fuerzas, de los dos conjuntos de sentimientos, sólo se trata de una figura del lenguaje, una forma de expresar dos tipos diferentes de experiencia. Sin embargo, esa figura del lenguaje es una expresión del error dualista que opera dentro de todas las conciencias humanas.

En realidad sólo existe un poder y es muy importante comprenderlo, amigos míos, especialmente cuando tiene uno que lidiar con su propia destructividad y negatividad. Sólo existe una fuerza vital que energetiza cada expresión de la vida. La misma fuerza vital puede fluir de una manera constructiva, positiva y afirmativa o bien puede convertirse en una corriente destructiva y negadora. Con el fin de comprender este proceso de una manera personal y específica, lo explicaré desde el punto de vista de un individuo que observa su vida. No haré un discurso sobre principios espirituales generales, sino que sólo los mencionaré cuando sea necesario para comprender todo el tema. Primero repetiré que la fuerza vital en sí misma, si no se la obstaculiza, es completamente constructiva, totalmente positiva y afirmativa. De modo que produce placer total para cualquier conciencia viviente que siente y que percibe. Mientras más desarrollada sea esa conciencia, mayor será el placer que puede experimentar directamente y a través de la pura fuerza vital, en cualquier forma en que ésta se esté expresando.

Todo organismo viviente —un bebé recién nacido, una planta, una célula— tiende a realizar su potencial natural. Cuando ese flujo natural sufre alguna interferencia, la corriente energética que busca expresarse se bloquea y se inhibe su flujo hacia su destino; el flujo natural es detenido por ciertas condiciones. Esas condiciones pueden ser exteriores o interiores, o bien una combinación de ambas. Cuando los niños pequeños se enfrentan a condiciones del medio ambiente exterior que inhiben el flujo natural de la fuerza vital, las dimensiones del daño causado dependen de qué tanto padecen o no de bloqueos internos. Si existen bloqueos internos que se encuentran latentes debido a que no han sido eliminados en existencias anteriores, las condiciones negativas externas crean un bloqueo muy serio, congelando a la ligera corriente de energía y petrificándola en una masa psíquica endurecida. Cuando no existen bloqueos previos, las condiciones negativas del exterior crean sólo una perturbación temporal en el flujo de la fuerza vital. Los problemas recurrentes que la gente tiene en la vida provienen de ese tipo de bloqueo de la energía. Sólo es posible desbloquear la energía cuando la relación entre las condiciones exteriores e interiores responsables del bloqueo es íntegramente comprendida. Las inmaduras facultades del ego del niño hacen imposible un manejo correcto de las condiciones negativas. Una condición exterior negativa, por lo tanto, no es completamente responsable de la condensación de la energía y de la parálisis de la corriente de vida. Sólo es el último factor que activa a la condición negativa interna.

El sitio dentro del alma en donde las condiciones negativas exteriores activan a la condición negativa interna es exactamente el punto en donde la fuerza vital positiva se convierte en una fuerza destructiva de no-vida. Los sentimientos se convierten de amor en miedo y hostilidad, de confianza en desconfianza, etcétera. Finalmente, el poder negativo se vuelve tan insoportable que los sentimientos relacionados con él son completamente adormecidos.

Cuando los seres humanos se sitúan en el camino del conocimiento es muy importante que entiendan de manera precisa que una emoción negativa no puede ser reemplazada por una emoción positiva diferente. Debe ser retransformada a su estado original. ¿Pero cómo hacemos esto, amigos míos? Cada individuo debe encontrar la manera de convertir ese flujo de energía en lo que originalmente era. Cada manifestación de la vida que experimentas como desagradable, problemática o productora de ansiedad es el resultado de la repetición del suceso original que en esta vida bloqueó, obstaculizó o inhibió la fuerza positiva del placer convirtiéndola en su contrario, en disgusto o desagrado.

▼ *El placer de la negatividad* ▼

Pero no se puede decir que dentro de ese disgusto o desagrado el placer se halle completamente ausente. Cuando estás frustrado en tu intento por vencer a la negatividad es muy importante que sientas muy dentro de ti el aspecto placentero de esa negatividad, sin importar cuánto dolor sientas en tu conciencia superficial. La dificultad para deshacerte de la negatividad también se debe a otras razones que ya antes has constatado: el deseo de castigarte o de utilizar la corriente que dice: "Si soy suficientemente infeliz, eso mostrará al mundo cuán equivocado está por no darme lo que deseo." Pero esas razones no constituyen la dificultad más profunda en la tarea de disolver la negatividad. Es necesario sentir intuitivamente, y luego con gran precisión, que tu negatividad, paradójicamente, implica, de manera simultánea, el placer y su contrario.

Esto es muy comprensible cuando observas el proceso en términos de lo que he explicado. El principio del placer no puede estar completamente ausente aunque aparece en una forma distorsionada. Sus ingredientes básicos siempre están ahí, sin importar cuán distorsionada sea su manifestación y cuán difícil sea detectar la naturaleza original de la corriente de vida. Esto es precisamente la razón por la cual la negatividad parece ser algo difícil de transformar. Siempre existe un aspecto placentero en ella. Al entender que sólo es necesario cambiar la forma de su expresión para que la misma corriente de vida sea reconvertida, entonces es posible dejar atrás a la negatividad. La negatividad se puede transformar a sí misma cuando ya has entendido que es posible abandonar los aspectos dolorosos de la expresión negativa, al mismo tiempo que se fortalecen los aspectos placenteros. Cuando has entendido que un nuevo conjunto de emociones no puede salir de la nada, sino que la misma corriente se manifiesta de manera diferente, entonces lo que ahora parece difícil sucederá por sí mismo.

Cuando medites sobre esto, te será posible darte cuenta del placer ligado a tu destructividad. En vez de sentirte culpable respecto de este placer y, consecuentemente, reprimirlo, estarás en una posición que te permitirá dejar que la corriente destructiva se desenvuelva, se exprese y se transforme a sí misma. El apego o la conexión del placer y la destructividad ha sido básica en el difundido sentimiento de culpa que tienen los seres humanos, en relación con todas las experiencias placenteras. Esto, a su vez, es la causa del adormecimiento de todos los sentimientos. Pues, ¿cómo se puede liberar al placer de la destructividad si ambos son considerados como igualmente erróneos? Y, sin embargo, los seres humanos sienten que no pueden vivir sin placer aun si deben mantenerlo en secreto, pues la vida y el placer son una sola cosa. Cuando el placer se encuentra ligado a la destructividad no es posible abandonar ésta última. Se siente como si se abandonara la vida. Esto provoca una situación en la cual en un nivel de tu vida interior te aferras igualmente al placer y a la destructividad, sintiéndote culpable y, al mismo tiempo, temeroso de ambos. En un nivel más superficial de la conciencia estás adormecido y sientes muy poco o nada.

No basta con saber esto de manera general, el conocimiento debe ser traído hacia tus circunstancias específicas. ¿Cuál es la manifestación exterior que en este momento te hace sentirte continuamente angustiado? No es una experiencia momentánea provocada por una condición que sólo se produce en una ocasión y que luego se disuelve cuando aparecen nuevas condiciones. No, se trata de problemas de tu vida con los cuales no logras armonizarte. Para lograr resolver verdaderamente esas condiciones que nosotros llamamos imágenes y que siempre recrean condiciones similares en situaciones nuevas, la energía bloqueada y paralizada debe convertirse nuevamente en algo fluido. Y esto sólo puede ocurrir cuando, como primer paso en esta etapa de tu desarrollo, empiezas a constatar el aspecto placentero de tu destructividad. Debes sentir el placer ligado a ese anti-placer del problema.

▼ *La energía sexual bloqueada* ▼

Dado que la corriente del placer en la fuerza vital originalmente se manifiesta en tu vida dentro de lo que a menudo se llama sexualidad, la energía destructiva, bloqueada, contiene también una energía sexual bloqueada. Como consecuencia, los problemas exteriores deben ser algo simbólico o representar la forma en la que la energía sexual fue originalmente bloqueada por esas condiciones exteriores. El dolor de este bloqueo ha causado destructividad que al mismo tiempo contiene aspectos del principio del placer. Así pues, cada situación difícil de la vida representa una fijación sexual dentro de tu psique más profunda que temes y de la cual huyes. Debido a que no enfrentas esto ni lo resuelves, las condiciones exteriores se vuelven irresolubles y cada vez te alejas más de la causa interna a la cual el principio del placer continúa dándole vida.

Tú que estás en este camino debes, entonces, volver hacia estas cuestiones y dejarte sentir el placer que hay en la destructividad. Sólo así podrás realmente comprender la situación exterior dolorosa que, de hecho, puede no tener nada que ver con tu vida emocional o con ningún problema sexual. A menudo he mencionado que en tus más secretas fantasías sexuales se encuentra el secreto de tus conflictos, lo mismo que la clave de su resolución. Cuando encuentres el paralelismo entre el problema externo y la corriente del placer en tu sexualidad, podrás hacer que fluya nuevamente la energía congelada. Eso te capacitará para disolver la negatividad y la destructividad, lo cual, obviamente, es necesario para resolver el problema exterior de tu vida.

Tu incapacidad para sentir el placer en el disgusto o desagrado es resultado de que luchas en contra de ti mismo y de que no te gustas a ti mismo como consecuencia de esa distorsión. Por lo tanto, hay una negación, una represión y una alienación del núcleo en donde esas condiciones pueden todavía ser experimentadas y modificadas gradualmente.

Todo problema tiene un núcleo de ese tipo, en el cual la corriente original ha sido bloqueada y, por lo tanto, se halla distorsionada, y en el cual la dicotomía placer-disgusto produce una fijación inconsciente de la experiencia del placer dentro de una situación negativa. Como resultado, luchas en contra de esto por un sinnúmero de razones, con la consecuencia posterior de que los problemas exteriores empiezan a formarse y a repetirse incesantemente. Pero esos problemas no pueden ser resueltos hasta que se experimenta ese núcleo. Esto se aplica a todos los problemas persistentes, ya sea que parezcan o no tener algo que ver con la sexualidad.

Todo esto puede sonar muy teórico si aún estás lejos de este nivel, pero eventualmente puede convertirse en un momento crucial en tu vida, tanto interna como externa, después del cual abandonar la destructividad ya no será un problema. No es posible tener éxito empujándola por la fuerza con la voluntad exterior, sin una profunda comprensión de las fuerzas interiores que constituyen esa destructividad. Sí, la voluntad debe ciertamente estar ahí en un principio, pero al mismo tiempo, tal como lo he dicho en otros contextos, lo exterior sólo debe ser utilizado con el propósito de liberar los poderes internos que hacen que el desarrollo sea un proceso natural, orgánico y armonioso. De ese modo la destructividad se disuelve a sí misma. No se la deja caer deliberadamente como si fuera una vestimenta, ni se pueden construir sentimientos constructivos en su lugar mediante un acto similar de voluntad. Es un proceso de evolución dentro de ti, que ocurre en este preciso momento y lugar.

¿Tienen alguna pregunta?

PREGUNTA: ¿Qué es lo que hace que la percepción del placer sea algo tan único y específico en relación con el disgusto o desagrado?

RESPUESTA: Sabemos que temes el placer cuando aún estás lleno de conflictos y problemas cuya naturaleza no entiendes. Cualquiera de ustedes que esté en este camino y que vaya lo bastante lejos en el sondeo de sus reacciones, descubre un hecho sorprendente: tiene más miedo del placer que del dolor. Quienes no han verificado esto en sí mismos podrán pensar que es algo increíble pues sienten conscientemente el disgusto o desagrado y desean deshacerse de él. Esto es verdadero hasta cierto punto, ya que el disgusto, lo contrario del placer, no puede ser realmente deseado. No puedes resolver esta dicotomía a menos de que vayas muy hondo dentro de tus procesos psíquicos para sentir el placer que se encuentra en el disgusto o desagrado.

El placer total es algo temido por una razón muy importante: El supremo placer de la corriente de energía cósmica parece ser algo insoportable, atemorizante, sobrecogedor y casi aniquilador cuando la persona todavía está orientada hacia la negatividad y la destructividad. Para decirlo de otra manera, de acuerdo con el grado en el que la persona ha perturbado su integridad, y que la impureza, la deshonestidad, el engaño y la malicia existen aún el la psique, el placer puro debe ser rechazado. Así que el placer negativo es la única forma en la que esa persona puede experimentar un mínimo de placer. Cuando tú que estás en tu camino descubres hondo dentro de ti que temes el placer como si fuera un peligro, debes preguntarte a ti mismo: "¿En qué no soy honesto con la vida o conmigo mismo? ¿En dónde hago trampas? ¿En dónde obstaculizo mi integridad?" Estas áreas muestran precisamente en dónde, por qué, y hasta qué grado se debe rechazar el placer puro. Cuando constatas dentro de ti que temes y rechazas el placer, y que no es la vida quien te priva de él, puedes hacer algo planteándote preguntas pertinentes para, a partir de ellas, ir encontrando los elementos de deterioro dentro de ti. Ésta es la salida. Cuando descubres en dónde violas tu sentido de la decencia y la honestidad puedes abrir la puerta que ha cerrado tu acceso hacia la transformación del placer negativo y que te ha obligado a rechazar el placer que no es perturbado por el dolor.

Que su comprensión crezca para que sientan sus propias distorsiones y cómo esas distorsiones representan una valiosa energía vital que puede ser activada de la manera específica que expliqué aquí.

Bendito sea cada uno de ustedes; reciban la fuerza y el poder que fluye dentro de ustedes. Úsenlo, viajen por este camino hacia el núcleo de su propio ser. Vayan con Dios.

▲ 17 ▲

Supera la negatividad

Saludos y bendiciones para cada uno de mis amigos.

En conferencias recientes hemos estado hablando sobre las creaciones negativas que constituyen un proceso continuo en todo ser humano. Esto es así porque si estuvieras libre de las creaciones negativas no serías un ser humano, no vivirías en este plano de conciencia en el cual se expresa un cierto nivel de desarrollo.

La humanidad es libre hasta cierto grado, de modo que la gente también crea de manera relativamente constructiva. Pero de acuerdo con diferentes grados, las creaciones negativas siguen siendo algo presente en la psique. Esto significa que la tarea de la humanidad sobre esta tierra consiste en luchar para deshacerse de esas creaciones negativas, con el fin de volverse cada vez más libre de sus trampas. Esto no es fácil, pues la fascinación de cualquier proceso creativo embelesa a la gente a tal punto que no desea salir de él. Ahora es mi tarea ayudarles a que gradualmente vayan abandonando su involucramiento con los procesos creativos distorsionados.

Hay un mundo de diferencia entre la creencia intelectual en esta filosofía y la clara toma de conciencia de que uno crea de manera negativa, de que la mismísima infelicidad que lamentas es causada por actitudes negativas que secretamente disfrutas y deseas mantener. Esto no significa que los males que ves en la sociedad no existan en la realidad. Claro que existen. Pero no podrían afectarte si no estuvieras contribuyendo, profunda y todavía inconscientemente, precisamente a los males que deploras.

Esta verdad parece algo difícil de creer cuando aún estás en los inicios de un camino como este. Pero una vez que realmente te has comprometido dentro de él, te percatas de que las cosas sí son de ese modo. Nunca eres una víctima inocente y la sociedad no es más que la suma o el producto de las producciones y creaciones negativas provenientes de ti y de muchas otras personas. Esta toma de conciencia en un inicio es chocante y dolorosa, aunque sólo mientras no estás dispuesto a abandonar la negatividad. Si no estás dispuesto a abandonarla, de verdad necesitas creer en la ilusión de que son los demás quienes la crean. Deseas alcanzar la gloria sin tener que enfrentar el aspecto de ti mismo que hace imposible alcanzarla. Esperas convertirte en un ser humano que se acepta y se respeta a sí mismo sin abandonar todo lo que deteriora tu integridad. Así que vives en la ilusión de que los demás te hacen mal, las gentes a las que culpas de supuestamente convertirte en su víctima. Éste es uno de los frecuentes juegos de falsas pretensiones que muchos de ustedes han descubierto de diversas maneras.

▼ *Tres pasos para encontrar la salida* ▼

Quisiera explicar los diversos pasos que son necesarios para encontrar la salida del embrollo de tu propia ilusión, y de tus creaciones negativas, dentro del cual te hallas tan inextricablemente atrapado. Es obvio que el primer paso debe ser encontrar, determinar, reconocer, aceptar y observar tus propias actitudes negativas.

El segundo paso consiste en cuestionar profundamente tus sentimientos y reacciones ante esa creación negativa y ante tu intención deliberada y elegida en ese sentido. Entonces verás que es algo que te gusta, que encuentras cierto placer en ella y que no quieres abandonarla.

El tercer paso consiste en trabajar arduamente sobre las exactas consecuencias y ramificaciones de tu creación negativa sin dejar pasar ningún detalle, ningún efecto directo o secundario. La toma de conciencia y la precisa comprensión de los efectos dañinos que tiene tu negatividad sobre ti y sobre los demás debe ser algo muy claro. No sirve de nada que te digas a ti mismo, con el fin de calmar tu sentimiento de culpa, que sólo te dañas a ti mismo. Debes percatarte de que no puedes dañarte a ti mismo sin dañar a los demás, del mismo modo que no puedes dañar a los demás sin dañarte a ti mismo. No es posible pensar que lo que te afecta negativamente no afecta también a los demás. El odio de ti mismo, por ejemplo, siempre se manifiesta simultáneamente como la incapacidad de amar, e incluso como la compulsión a odiar a los otros.

El tercer paso también consiste en ver que el placer que obtienes de tu creación negativa nunca llegará a valer el precio exorbitante que pagas por él; pues todo lo que más deploras de ti y de tu experiencia de la vida se deriva de ella. El precio es que sacrificas la alegría, la paz, la autoestima, la seguridad interior, la expansión y el crecimiento, el placer en todos los niveles de tu ser y una existencia significativa y libre de miedos.

Otro aspecto de este tercer paso consiste en tratar de comprender que no es necesario abandonar el placer que obtienes al ser destructivo en tus sentimientos y actitudes. De hecho, ese mismo placer será transferido hacia la dirección opuesta, hacia la creación positiva, en donde podrás crecer alegremente y sin culpas dejando de pagar el elevado precio que ahora estás pagando por tus creaciones negativas. Lo único que hace posible desear abandonar la negatividad cs un cxacto trabajo sobre las causas y efectos en el cual puedes ver los resultados y las conexiones. No basta con tener conciencia de ser deliberadamente destructivo. Tienes que admitir que no deseas abandonar esa actitud.

En el segundo paso aún estás separado de los efectos. Puedes ver que la causa es tu destructividad y admitirlo, pero todavía no ves la conexión de esto con todo lo que deploras de tu vida. La liga que conecta la causa y el efecto aún está ausente. Mientras no establezcas esa conexión no puedes llegar realmente a desear abandonar la negatividad. Debes ver el elevado precio que pagas con el fin de estar realmente motivado a abandonarla. El segundo paso puede ser el más difícil de dar; definitivamente constituye el cambio más dramático en la percepción de ti mismo y en la percepción de los procesos vitales. Pero trabajar dentro del tercer paso es igualmente importante, pues sin él aún falta la motivación para cambiar. Sin embargo, el tercer paso no es ni la mitad de difícil que el segundo y nunca enfrenta tanta resistencia.

Cuando empieces a descubrir que existe la misma fascinación al crear de una manera positiva que al hacerlo de manera negativa, pero que ahora no hay sufrimiento, sentimientos de culpa ni miedo, el mundo se abre ante ti con una tal belleza y luz que no tenemos palabras para describirlo. Probarás la libertad de ser el creador de la vida que has escogido.

▼ *Roles y juegos* ▼

Para facilitar el descubrimiento de esa liga entre la positiva fascinación ante la creación necesitarás reconocer la destructividad y la negatividad que se esconden detrás de diferentes tipos de fachada: las falsas pretensiones, las defensas, los juegos, las auto-imágenes idealizadas, las formas específicas de negación que usas con el fin de esconder tu destructividad. Todas estas máscaras son algo hipócrita y siempre muestran lo contrario de lo que rechazas y te disgusta de ti mismo.

Con el fin de esconderte de los demás, y sobretodo de ti mismo, produces algo que parece ser lo opuesto de lo que quieres esconder. El rol que juegas se convierte en tu segunda naturaleza, pero no tiene nada que ver contigo. Sólo es un hábito que no puedes abandonar mientras no estés dispuesto a mirar lo que hay detrás de él. Te resulta muy importante engañarte a ti mismo en lo que se refiere a la imagen de ti que proyectas al mundo y de cuya autenticidad tratas afanosamente de convencerte. Y la artificialidad de ese rol que te impones no debe ser descubierta. A ti siempre te parece que eres bueno, aunque sea haciendo creer que eres una víctima. Pero debes analizar esto con exactitud y comprender sus detalles con el fin de ver que no se trata más que de una máscara.

Sin embargo, el rol que actúas contiene los mismos aspectos que tan afanosamente tratas de esconder. Si te escondes y tu papel es el de ser perseguido por el odio y las injustas acusaciones de los demás, dentro de ese juego está implicado el odio. La máscara o el rol nunca es, básicamente, diferente de lo que cubre o esconde. La actitud de pretender que se es víctima del odio de los demás es una actitud de odio. Esto no es más que un ejemplo. El juego mismo debe ser expuesto no sólo para revelar lo que esconde, sino también para mostrar sus aspectos reales y lo que significan. La energía creativa negativa está completamente implicada en la imagen que se presenta. Te sugiero que te tomes el tiempo que necesitas ahora para identificar los diferentes roles que has escogido. Dale a cada uno de esos roles un nombre sencillo expresado en frases simples que describan lo que el rol debería de esconder. Observa si puedes detectar cómo el rol, pretendidamente algo tan angelical, es tan destructivo como lo que esconde. De hecho, no puede ser de otro modo, pues no puedes esconder la energía de las corrientes del alma, no puedes cambiarlas pretendiendo ser otra cosa, no importa cuán afanosamente lo intentes.

El rol o el juego que adoptas con la ilusión de que eliminará tu destructividad deliberada es la primera capa con la que debes enfrentarte. Entonces puedes empezar a dar los pasos que describí. A veces esos pasos se entrecruzan.

▼ *El cuarto paso* ▼

Mientras mejor comprendas que el juego que juegas con la vida al aferrarte al falso rol que cubre tus actitudes destructivas está destinado a perderte, estarás más motivado para abandonarlo por completo. Fortalecerás tu voluntad. Esto te conducirá hacia el cuarto paso, el cual es el proceso mismo de recreación de la substancia del alma. Mediante la meditación, con tus plegarias y mediante la formulación de pensamientos deliberados de verdad, sobre todo este asuntocon el fin de imprimirlos en tu material psíquico, la recreación se inicia y continúa a medida que eres más constante. Cobrarás conciencia de tu intento de exagerar y de sacar viejas heridas para castigar a los otros, un tanto cuanto intencionalmente, por lo que tus padres te hicieron o por lo que crees que te hicieron, y de tu negativa a ver que sus actos no fueron en absoluto un acto deliberado de odio hacia ti. Cuando logres percibir el placer que obtienes al merodear dentro de todas esas cosas dentro de ti mismo sin cambiar tu visión, tu actitud ni tus sentimientos, entonces podrás empezar a recrear. Cuando veas la falsedad de tus máscaras, entonces podrás recordarte que más te vale mirar lo que hay debajo de tu personal fachada de culpas y sacrificios, sin importar el disfraz que adoptes.

Tus sentimientos de haber sido herido al principio aparecen como algo muy real y se requiere de un más hondo sondeo para poder descubrir que no lo son. Son hábitos cultivados. Lo mismo que los roles que juegas. Cada reconocimiento objetivo de tus máscaras y pretensiones te permite desear ir más hondo en la verdad, abandonar esas falsedades y enfrentar la vida con actitudes reales y honestas. El surgimiento de esa intención y el llamado de los poderes superiores para que te auxilien son el cuarto paso.

Otra parte del cuarto paso consiste en preguntarte en lo más profundo de tu ser: "¿Cómo puedo acercarme a vivir mi vida sin falsas pretensiones? ¿Cómo se siente desarrollar mejores maneras de responder a las experiencias de la vida?" Al responder a estas preguntas surgirá algo nuevo. En este proceso de recreación, las reacciones sanas, flexibles, adecuadas y verdaderas surgirán más fácilmente de tu ser real, el cual no necesita esconderse. Al crear, formula tus frases de manera muy concisa. Establece con claridad que lo que haces no funciona, por qué no funciona y que deseas actuar de una manera diferente. Estas afirmaciones tienen un gran poder cuando son realizadas con sinceridad.

Éstos son los pasos de la purificación más profunda y vital. La purificación es impensable sin el paso por estas cuatro etapas. También es impensable si no se recibe una ayuda activa. Hacerlo solo es algo muy difícil. Y es tremendamente ilusorio esperar, consciente o inconscientemente, que se puede evitar el mirar de frente, que se puede saltar o esquivar estos aspectos de tu ser mediante algún medio "mágico" espiritual. La realización personal, o alcanzar tu centro espiritual o cualquier otro nombre que desees utilizar para describir la meta de toda vida, no puede llegar a menos que enfrentes tus más profundas negatividades e hipocresías. Existe mucha gente que quiere alcanzar grandes alturas espirituales pero que alberga la tácita ilusión de que podrá evitar mirar de frente lo que he estado describiendo. Corren de un lado para otro y, cada vez que confrontan su verdad desagradable, salen huyendo.

Siempre que existan actitudes negativas a las que no se ha enfrentado, se vive en una dolorosa ambivalencia. Pues nunca se puede ir hacia una sola dirección cuando se quiere ser negativo. Siempre está ahí el ser real pidiendo la realidad total y jalando hacia la dirección opuesta. La unificación de la dirección interior sólo puede conseguirse cuando la personalidad es verdadera y genuinamente constructiva sin ninguna destructividad oculta.

Con el fin de experimentarte a ti mismo como el tú esencial que definitivamente eres, tienes que considerar y probar la posibilidad de crear positivamente. Entonces verás que crear positivamente es algo mucho más natural y más fácil, pues es un proceso orgánico. La creación negativa y las actitudes destructivas son artificiales e impuestas, aun cuando por ahora estés tan acostumbrado a ellas al punto de que te parecen naturales. Lo positivo no requiere esfuerzo. De pronto parece que el abandonar lo negativo, que se ha convertido en tu segunda naturaleza, es algo demasiado difícil. Parece así porque todavía crees que al abandonar la negatividad tienes que crear una corriente positiva completamente nueva. Si esto fuera de ese modo, en la mayoría de los casos sería realmente imposible. Pero en cuanto te percatas de que la creación positiva ya está ahí dentro de ti y que se puede desplegar y revelar en el momento en que se lo permitas, abandonar la negatividad significa aliviarte de una pesada carga que te ha estado oprimiendo durante toda tu vida —y durante muchas vidas anteriores a esta.

Cuando decimos que Dios está dentro de ti, queremos decir precisamente esto. No sólo se te hace accesible la más grande conciencia con una sabiduría infinita en cualquier momento que la puedas necesitar, no sólo se te hacen accesibles en todos los niveles los poderes de la fuerza y la energía creativas, los sentimientos de bendición, alegría y placer supremo, sino que además justo debajo de donde estás enfermo de tu negatividad descubres que existe una vida nueva en la cual todas las reacciones a todas las posibles contingencias son claras, fuertes, completamente satisfactorias y correctas para cada ocasión. Detrás de los falsos roles y las falsas pretensiones existen una flexibilidad y una creatividad para reaccionar, más allá de donde la destructividad las puede alcanzar. Debajo de tu superficie moribunda yace una burbujeante vitalidad. Al inicio sólo brillará por momentos, pero eventualmente se manifestará como tu sólido clima interno.

Creo que la mayoría de ustedes puede percibir la importancia de esta conferencia especialmente si la usan como una referencia a su propia vida y no como una mera explicación teórica. Luego demostrará ser algo de un significado vital en su evolución personal. Benditos sean. Amor y fuerza les son prodigados a todos los presentes.

PARTE 3

Transformación

Existe un gran deseo universal de la humanidad que se expresa en todas las religiones, en todo el arte y en toda la filosofía, lo mismo que en toda la vida humana: el deseo de mejorar su estado actual.

Beatrice Hinkle[1]

Mucha gente entra en un camino como el propuesto por el Pathwork por la misma razón que otros entran en alguna forma de psicoterapia: debido a la infelicidad y la insatisfacción que hay en su vida. Otros empiezan el camino porque están buscando respuestas a preguntas fundamentales. Todos los que andan un camino semejante deben lidiar con ambos aspectos: el psicológico/emocional y el espiritual. El trabajo psicológico, si se le lleva lo suficientemente lejos, necesariamente se convierte en trabajo espiritual. El trabajo espiritual, con el fin de ser realmente eficaz, también debe lidiar con la psique de la persona. Esta verdad no es algo nuevo; en seguida citamos una formulación de esta idea perteneciente al teólogo y místico del siglo catorce, Meister Eckhart:

Para sentir la grandeza de Dios, uno debe primero conocerse a sí mismo, pues nadie puede conocer a Dios, sin antes conocerse a sí mismo. Ve a la profundidad de tu alma, el lugar secreto, tu raíz, tu altura: pues todo lo que Dios hace está ahí.[2]

De modo que la meta final del Pathwork no es simplemente alcanzar el conocimiento de uno mismo, sino cambiar, transformarse a sí mismo; y ese cambio es al mismo tiempo psicológico y espiritual. Las secciones anteriores del libro nos han enseñado cómo examinarnos a nosotros mismos y cómo penetrar bajo la máscara de nuestra imagen idealizada. Si ahora tenemos el valor para empezar a sentir todos nuestros sentimientos reprimidos, eventualmente lograremos saber que lo que provoca los problemas de nuestra vida es nuestra propia negatividad inconsciente. Ese conocimiento es necesario si acaso existe la oportunidad de que se de un verdadero cambio profundo. En la Parte 3, volveremos nuestra atención a la manera en que se puede realizar la auto-transformación.

El proceso del cambio se lleva a cabo en dos niveles. El primero es fundamentalmente psicológico y emocional y en él aprendemos a convertirnos en un nuevo tipo de ser humano, habiendo visto a través de y habiendo abandonado nuestras actitudes, creencias, miedos y comportamientos derrotistas y de auto-sabotaje. El segundo nivel es predominantemente espiritual; implica un cambio radical de la identidad, más allá de la personalidad, incluso, podríamos decir, más allá del estado humano.

Al ir adquiriendo el conocimiento de uno mismo se va realizando un importante cambio psicológico y emocional. Vemos partes de nuestro comportamiento de auto-derrota con tal claridad y sentimos tan fuerte el dolor que provoca que no queda más remedio más que abandonarlo; desaparecen. O, dicho con mayor precisión, la energía que había estado atada a la negatividad vuelve a estar disponible para una expresión positiva de la vida.

Pero las conferencias posteriores del Pathwork se enfocan en la forma de lidiar con los patrones negativos que permanecen atorados con insistencia, aun cuando hayan sido completamente analizados y comprendidos, completamente sentidos, apropiados y repudiados. Este trabajo final depende enormemente del uso correcto de un tipo especial de meditación. En la meditación del Pathwork, uno primero debe haber aprendido a ir más abajo del nivel común de diálogo interno, para poder permanecer en un sitio de profunda quietud. En esa quietud uno puede aprender a oír claramente la voz del ser inferior del niño para poder dialogar con él. Ahí también podemos entrar en contacto y solicitar la sabiduría y la fuerza del ser superior. En esta fase del trabajo empieza a transformarse el sentido que se tiene de la identidad de uno mismo.

El Guía ha dicho: "El Pathwork no es una psicoterapia, aunque ciertos de sus aspectos necesariamente lidian con áreas comunes a las de la psicoterapia. En el marco del Pathwork, la aproximación psicológica sólo es un tema colateral, una manera de atravesar las obstrucciones. Resulta fundamental el lidiar con las confusiones, con los conceptos erróneos, ideas que hay en el interior, con la incomprensión, con las actitudes destructivas, con las defensas alienantes, con las emociones negativas y con los sentimientos paralizados, todo lo cual también trata de hacer la psicoterapia y que incluso se propone como meta. En cambio, el Pathwork inicia su fase más importante sólo una vez que se ha terminado con esta primera etapa.

La segunda y más importante fase consiste en el aprendizaje de la manera de activar la conciencia universal que vive dentro de cada alma." [3]

¿Qué es esta "conciencia universal"? ¿O que se quiere decir en realidad con la frase "El sentido de identidad de uno mismo comienza a transformarse"?

Existen diferentes niveles de concientización y se requiere de diferentes tipos de trabajo en cada uno de ellos dentro del largo proceso de despertar, de volverse más y más consciente, de iluminarse. Cuando empezamos a salir de nuestro sueño despiertos, de nuestra hipnosis consensual, debemos penetrar nuestros auto-engaños y reintegrar las partes de nosotros mismos que hemos escondido en la sombra. Podríamos decir que se trata del proceso de hacernos "más grandes", pues estamos integrando y reivindicando más de nosotros mismos. Hemos re-identificado, como parte nuestra, ciertos aspectos que inconscientemente habíamos negado.

A medida que continúa el trabajo, finalmente se llega al nivel que Abraham Maslow llamó de auto-realización. La mayoría de las terapias tiende a pensar que ese es el nivel más alto al que se puede llegar, que realmente llegar hasta él representa el exitoso fin del proceso de crecimiento. Pero existen dos niveles más allá de éste: el nivel transpersonal y el nivel de la unidad.

En el nivel transpersonal, uno empieza a experimentar que hay dominios más allá del humano y que es posible entrar en contacto con ellos. Tal como lo dice Ken Wilber: "La persona promedio seguramente escuchará con incredulidad cuando se le dice que anidado en los lugares más recónditos de sí mismo, posee un ser que trasciende su individualidad y que lo conecta con un mundo más allá del espacio y el tiempo convencionales"[4] Pero de hecho uno puede, en momentos de experiencias cumbres, o de autotrascendencia, o de meditación profunda, realmente sentirse a uno mismo como un ser que vive en ese plano espiritual de la existencia. El Guía transmitió el Pathwork a Eva Pierrakos desde ese nivel y de ese nivel proviene toda revelación verdadera. Para quien está en la búsqueda espiritual, el resultado más práctico de haber alcanzado ese nivel de conciencia es que uno empieza a vivir su vida siendo guiado; uno puede entrar en ese nivel de sabiduría superior y recibir de él la instrucción necesaria para saber cómo vivir la vida de manera realmente satisfactoria.

Trabajar cada vez más en este nivel se convierte en un proceso en el cual uno va abandonando las preocupaciones de su personalidad para aprender a ser un testigo apacible de ellas. Se encuentra la calma interna, que existe todo el tiempo, incluso cuando la personalidad está haciendo corajes o se encuentra inmersa en la ansiedad. Se ha realizado un sutil deslizamiento. Ya no trabajo en la re-identificación de mis partes que había abandonado. Ahora más bien me encuentro en un proceso de des-identificación, en el cual descubro, cada vez con mayor claridad, que aunque "yo" tengo "problemas", existe un ser más profundo por debajo del nivel de los problemas, que precede a los problemas y que existe tranquilamente todo el tiempo, incluso a través de la vida y la muerte.

A medida que continúa aumentando el tiempo que vivo en ese nivel, la experiencia de ser guiado empieza a modificar su calidad. Ya no siento como si alguien más "me" hablara. Más bien tengo la creciente sensación de que una parte de mí le habla a otra parte de mí. No es que una "Conciencia Universal" me esté enviando un mensaje, sino que cada vez más parece como si yo mismo fuera esa "Conciencia Universal". Por un tiempo esto puede confundirnos mucho, incluso parecer un embrujo. Pero a su tiempo deja de ser algo inquietante, a su tiempo se siente como un maravilloso y apacible regreso a casa.

Las conferencias de esta sección tratan de la meditación, del desvanecimiento de los miedos, de la identificación con el ser espiritual y de la realización de la transición hacia la intencionalidad positiva. Luego, después de ese riguroso examen de la negatividad personal, terminamos con una conferencia que se abre hacia la inmensidad del espacio interior y describe cómo ese espacio interior puede ser llenado por el Espíritu Santo.

D. T.

[1] Beatrice Hinkle, *The Re-creating of the Individual.* Harcourt, Brace, 1923.
[2] Meister Eckhart. Tomado de la traducción de R. Blakney.
[3] Conferencia Pathwork # 204 "*¿Qué es el Camino?*"
[4] Ken Wilber, *No Boundary.* Center Publications, 1979. p. 123.

▲ 18 ▲

Meditación con tres voces: ego, ser inferior, ser superior

Saludos a todos mis amigos que están presentes. Amor y bendiciones, ayuda y fuerza interior están llegando para sostenerlos y ayudarles a abrir su más profundo ser. Espero que continuarán y cultivarán este proceso, para que hagan vivir todo su ser, creando la integridad dentro de ustedes.

Existen muchas formas diferentes de meditación. La meditación religiosa consiste en recitar ciertos rezos. Existe la meditación en la cual se pone el énfasis principal en incrementar los poderes de la concentración. En otro tipo de meditación se contemplan las leyes espirituales y se reflexiona en torno a ellas. También existe la meditación en la cual se hace que el ego se vuelva completamente pasivo y desprovisto de voluntad para dejar su propio flujo a lo divino. Éstos y otros tipos de meditación pueden tener un mayor o menor valor, pero mi sugerencia para los amigos que trabajan conmigo es que mejor utilicen la energía y el tiempo disponibles para confrontar la parte del ser que destruye la felicidad, la satisfacción y la integridad. Nunca podrás crear la integridad a la que sinceramente aspiras, ya sea que esa meta sea o no algo manifiesto, si no aceptas esa confrontación. Esta aproximación implica darle voz al aspecto recalcitrante del ser egoísta y destructivo que niega la felicidad, la satisfacción y la belleza por la razón que sea.

Para comprender realmente la dinámica, el significado y el proceso de la meditación, y obtener el máximo beneficio de ella, debes entender con claridad ciertas leyes psíquicas. Una de ellas es que para que la meditación sea realmente eficaz en necesario que estén implicadas en ella tres capas diferentes de la personalidad.

Estos niveles fundamentales de la personalidad pueden ser llamados:

1. El nivel del ego consciente, con todo el saber y la voluntad conscientes;

2. el nivel inconsciente infantil y egoísta, con toda su ignorancia, destructividad y pretensiones de omnipotencia, y

3. el ser universal supraconsciente, con su sabiduría superior, su poder y su amor, lo mismo que su comprensión global de los eventos de la vida humana.

En la meditación eficaz, el ego consciente activa tanto al ser inconsciente, egoísta y destructivo como al ser superior supraconsciente y universal. Debe llevarse a cabo una constante interacción entre estos tres niveles y se requiere de un gran estado de alerta por parte del aspecto consciente del ego.

▼ *El ego como mediador* ▼

El ego consciente debe estar decidido a permitir que el ser egoísta inconsciente se revele a sí mismo, que se desenvuelva, se manifieste en la conciencia, que se exprese. Esto no es ni tan difícil ni tan fácil como parece. Sólo es difícil, amigos míos, a causa del miedo de no ser tan perfecto, tan evolucionado, tan bueno, tan racional, tan ideal como uno quiere ser y pretende ser, de modo que en la superficie de la conciencia el ego casi se convence de ser la auto-imagen idealizada. Esa convicción superficial es constantemente obstaculizada por el conocimiento inconsciente de que la imagen es falsa, lo cual acarrea el resultado de que secretamente toda la personalidad se siente fraudulenta y aterrorizada ante la posibilidad de verse expuesta. Una gran prueba de auto-aceptación se realiza cuando un ser humano es capaz de dejar que su parte egoísta, irracional y destructiva se manifieste en la conciencia interior, reconociéndola detalladamente en todos sus aspectos. Sólo esto puede evitar una peligrosa manifestación indirecta de la cual la conciencia no se percata porque no está conectada con ella, de modo que los resultados indeseables suceden como si provinieran del exterior.

Así que el ego consciente debe ir hacia abajo y decir: "Cualquier cosa que haya en mí, cualquier cosa que esté oculta y que deba saber sobre mí mismo, cualquier negatividad y destructividad que haya, debe salir a la luz. Quiero verla, me comprometo a verla, sin importar la herida que eso haga en mi vanidad. Quiero ser consciente de cómo deliberadamente me rehúso a ver la parte de mí en donde estoy atorado y cómo, en consecuencia, me concentro excesivamente en los errores de los demás". Ésa es una dirección que puede tomar la meditación.

La otra dirección debe ser hacia el ser superior universal, el cual tiene poderes que sobrepasan las limitaciones del ser consciente. Esos poderes superiores también deben ser llamados para sacar a la luz al pequeño ser destructivo, para poder vencer la resistencia a hacerlo. La voluntad del ego puede ser incapaz de lograr eso por sí sola, pero el ego consciente, auto-determinante puede y debe pedir la ayuda de los poderes superiores.

También debes pedirle a la conciencia universal que te ayude a comprender las expresiones de tu niño destructivo de manera correcta, sin exageración, para que no pases de ignorarlo a convertirlo en un monstruo. Una persona puede fácilmente fluctuar entre el presentarse exteriormente como alguien maravilloso y el desprecio oculto de sí mismo en el interior. Cuando el niño destructivo se revela a sí mismo, uno puede caer en la trampa de creer que ese ser destructivo es la triste realidad definitiva. Para obtener una perspectiva completa de la revelación del niño egoísta se necesita pedir, constantemente, la guía del ser universal.

Cuando la criatura empieza a expresarse más libremente porque el ego se lo permite y lo recibe sin juicios como un interlocutor interesado y abierto, se debe reunir ese material para un estudio posterior. Cualquier cosa que se revele debe ser explorada en busca de sus orígenes, de sus resultados y de ramificaciones posteriores. Pregúntate qué ideas erróneas subyacentes son responsables del odio, del desprecio, de la malicia o de cualquier emoción negativa que aflore. Cuando reconozcas las ideas erróneas, la culpa y el odio de ti mismo disminuirán proporcionalmente.

Otra cosa que puedes preguntarte es: ¿qué consecuencias tiene el someterme a mis impulsos destructivos para obtener una satisfacción momentánea? Cuando se plantean con claridad preguntas de este tipo se debilitan los aspectos destructivos, nuevamente de manera proporcional a la comprensión de la causa partícular y de su efecto. Sin esta parte del trabajo personal, sólo se realiza la mitad de la tarea. La meditación debe lidiar, paso a paso, con todo el problema de la negatividad inconsciente.

La interacción tiene tres aspectos. El ego observador debe inicialmente desear y comprometerse a alcanzar y exponer el lado negativo. También debe pedir la ayuda del ser universal. Cuando el niño se revela, el ego debe nuevamente pedir la ayuda del ser universal para fortalecer la conciencia necesaria para el trabajo posterior de exploración de las ideas erróneas subyacentes y del alto precio que se ha tendido que pagar a causa de ellas. El ser universal puede ayudarte —si se lo permites— a vencer la tentación de rendirte una y otra vez ante los impulsos negativos. Esa rendición no necesariamente se traduce en actos, pero muchas veces se manifiesta como actitudes emocionales.

▼ *La actitud meditativa* ▼

Este tipo de meditación requiere de mucho tiempo, paciencia, perseverancia y determinación. Recuerda que en cualquier área en la cual estés insatisfecho, en la que halles problemas o conflictos dentro de tu vida, tu actitud no debe ser la de concentrarte lleno de quejas en los demás o en las circunstancias exteriores que están fuera de tu control, sino en buscar dentro de ti y explorar las causas arraigadas en tu nivel egocéntrico e infantil. La meditación es un pre-requisito indispensable en este caso: significa un recogimiento interno, significa desear conocer la verdad y las causas de la circunstancia partícular que te interesa, con calma y tranquilidad. Luego debes pacientemente esperar una respuesta. En ese estado mental te llegará la paz, incluso antes de que hayas comprendido cabalmente por qué tienes esa negatividad en especial. Este sincero acercamiento a la vida te dará una medida de la paz y el respeto de ti mismo que te han faltado durante el tiempo en que considerabas que los otros eran responsables de tu sufrimiento.

Si cultivas este tipo de meditación, descubrirás un lado de ti mismo que nunca antes conociste. De hecho, lograrás conocer dos aspectos: los más altos poderes universales se comunicarán contigo para ayudarte a descubrir tu lado más destructivo e ignorante, el cual requiere de comprensión, purificación y cambios. Gracias a tu disposición a aceptar tu ser inferior, el ser superior se convertirá en una presencia más real dentro de ti. De hecho cada vez lo experimentarás más y más como tu ser real.

Mucha gente medita, pero dejan de lado el doble aspecto del esfuerzo y, por lo tanto, se pierden de la integración. Pueden tal vez poner en acción algunos de los poderes universales que entran en juego cuando la personalidad es suficientemente libre, positiva y abierta, pero se olvidan de los aspectos que no son libres, que son negativos o que están cerrados. Los poderes universales que se ponen en acción no pueden forzar una integración con la parte no desarrollada del ser inferior. El ego consciente debe decidir realizar la integración y luchar por ella, de otro modo el ser universal no puede pasar a través de las áreas bloqueadas. Una integración parcial con el ser universal puede, incluso, conducir hacia un mayor auto-engaño si la conciencia se deja confundir por esa integración parcial con los poderes divinos e incrementa su tendencia a no ver el lado olvidado. Esto provoca un desarrollo desequilibrado.

▼ *Los cambios provocados por la meditación Pathwork* ▼

Cuando pasas por todo el proceso se lleva a cabo un tremendo fortalecimiento de todo tu ser. Empiezan a suceder varias cosas dentro de su personalidad, amigos míos. En primer lugar, el ego consciente se vuelve más fuerte y más sano. Será más fuerte de una manera buena y relajada, con mayor firmeza, claridad, una dirección llena de sentido y con un mayor poder de concentración capaz de guiar la atención hacia un punto. En segundo lugar, podrás cultivar una mayor auto-aceptación y una mayor comprensión de la realidad. El odio irreal de ti mismo y el desagrado de tu persona se irán, lo mismo que los no menos irreales reclamos de perfección y de ser especial. Desaparecerán el falso orgullo espiritual y la vanidad, al igual que la falsa auto-humillación y la vergüenza. Mediante la contínua activación de los poderes superiores, el ser se siente menos y menos abandonado, desamparado, perdido, sin esperanza o vacío. Se revela desde el interior todo el sentido del universo con sus posibilidades maravillosas y la realidad de ese mundo más amplio te muestra el camino hacia la aceptación y el cambio de tu niño interior.

Este cambio gradual te permite aceptar todos tus sentimientos y dejar que la energía fluya a través de tu ser. Cuando aceptas tu lado pequeño y mezquino sin pensar que es la realidad final o total, entonces la belleza, el amor, la sabiduría y el poder infinito del ser superior se vuelven más reales. Lidiar con tu ser inferior te conduce hacia un desarrollo equilibrado, a la integración y a un sentido más profundo y seguro de tu propia realidad. Como resultado, te gustas a ti mismo de manera realista y bien fundada.

Cuando vez la verdad de tu ser y el compromiso con ella se vuelve natural, entonces puedes detectar un lado feo de ti mismo que antes te resistías mirar. Al mismo tiempo, también detectarás ese gran poder espiritual universal que hay en ti y que en realidad eres tú mismo. Por paradójico que parezca, mientras más aceptas al pequeño niño ignorante que hay dentro de ti sin perder tu sentido de valor personal, mejor podrás percibir la grandeza de tu ser más profundo, siempre y cuando de verdad no uses esos descubrimientos para castigarte o derrotarte. El ser inferior quiere seducir al ego consciente para que se quede dentro de los estrechos confines del auto-castigo neurótico, de la falta de esperanza y de la enfermiza capitulación, los cuales son siempre el disfraz de un odio tácito. El ego consciente debe evitar este estratagema utilizando todos sus recursos y conocimientos. Observa ese hábito de auto-castigo, de falta de esperanza y de capitulación dentro de ti y neutralízalo, pero no desconociéndolo nuevamente, sino utilizando lo que ya sabes. Hablándole a esa parte tuya puedes dirigirle todo el conocimiento de tu ego consciente. Si eso no basta, pide la ayuda de los poderes que están más allá de tu conciencia.

A medida que vas conociendo lo más elevado y lo más bajo que hay en ti descubres la función, las capacidades y también las limitaciones del ego consciente. En el nivel consciente la función del ego es desear ver toda la verdad tanto de lo más bajo como de lo más elevado de ti mismo, desear con todas sus fuerzas cambiar y abandonar la destructividad. La limitación consiste en que el ego consciente no puede realizar esto por sí solo y debe pedir ayuda y guía al ser universal y esperar pacientemente sin dudar y sin presionar impacientemente. Esa espera requiere de una actitud abierta ante la manera en que se puede manifestar la ayuda. Mientras menos ideas preconcebidas se tenga, la ayuda llegará y se hará reconocible más rápidamente. La ayuda de la conciencia universal puede llegar en una manera completamente diferente de lo que tus ideas y concepciones se lo permiten.

▼ *La re-educación del ser destructivo* ▼

Hasta ahora hemos expuesto dos fases del proceso de meditación: la primera es el reconocimiento del ser inconsciente, destructivo y egoísta y, la segunda, es la comprensión de las ideas equivocadas subyacentes, de las causas y los efectos, del significado y el precio que hay que pagar por las actitudes destructivas presentes. La tercera fase es la reorientación y la re-educación de la parte destructiva del ser. El niñito destructivo ya no es completamente inconsciente. Ese niño con sus falsas creencias, con su resistencia necia, debe ser reorientado. La re-educación, sin embargo, no puede llevarse a cabo a menos de que seas completamente consciente de cada aspecto de las creencias y actitudes destructivas del niño. Ésa es la razón por la cual la primera parte de la meditación —la fase exploratoria y de revelación— es tan importante. No hace falta decir que esa fase no es algo con lo cual uno termina para que puedan llegar la segunda y luego la tercera fases. Esto no es un proceso lineal, de modo que las fases se entrecruzan.

Lo que voy a decir ahora debe ser tomado con mucho cuidado, pues de otro modo no se comprenderán las sutilezas implicadas. La reeducación puede muy fácilmente ser confundida y llevarnos hacia una nueva supresión o represión de la parte destructiva que apenas empieza a desenvolverse. Debes tener mucho cuidado y, deliberadamente, tratar de evitar esto, pero sin dejar que la parte destructiva te absorba. La mejor actitud hacia el desenvolvimiento de la parte destructiva es una observación disociada, no juzgar y aceptar sin molestar. Mientras más se desenvuelva, más debes recordarte que ni la verdad de su existencia ni sus actitudes destructivas son algo definitivo o último. No son las únicas actitudes que tienes y no son absolutas. Sobretodo tienes el poder dentro de ti para cambiar cualquier cosa. Puede ser que te falte el incentivo para cambiar cuando aún no eres del todo consciente del daño que la parte destructiva de ti mismo le hace a tu vida, cuando aún no la reconoces. Así que otro aspecto importante, de esta fase del camino de trabajo en la meditación, consiste en mirar profunda y ampliamente para descubrir las manifestaciones indirectas de tu parte destructiva. ¿Cómo se manifiesta el odio no expresado dentro de tu vida? Tal vez en el sentimiento de que no mereces nada o en la inhibición de tu energía. Esto es sólo un ejemplo, debes explorar todas las posibles manifestaciones indirectas.

Es importante que recuerdes aquí que donde hay vida hay movimiento constante, aunque ese movimiento esté temporalmente paralizado: la materia es el material vital paralizado. Los bloques congelados de energía que hay en tu cuerpo momentáneamente están endurecidos, son material vital inmovilizado. Ese material vital siempre puede ser nuevamente llevado hacia el movimiento, pero sólo la conciencia es capaz de hacerlo. El material vital está lleno de conciencia, lo mismo que de energía, así que no importa que esa energía esté momentáneamente bloqueada y congelada o que esa conciencia esté momentáneamente disminuida. El significado de la meditación debe ser que la parte de ti que ya es consciente y que está en movimiento trate de hacer que la energía bloqueada y la conciencia disminuida se muevan y vuelvan a estar alertas. La mejor manera de hacer esto es dejando que la conciencia congelada y disminuida antes que nada se exprese. Aquí necesitas una actitud receptiva en vez de una reacción que haría aparecer lo que surge como algo devastador y catastrófico. La actitud de pánico hacia el desenvolvimiento del niñito destructivo que tenemos dentro hace más daño que el niño destructivo. Debes aprender a escucharlo, a aceptarlo, a recibir calmadamente sus expresiones sin odiarte, sin querer echarlo fuera.

Sólo con esa actitud puedes llegar a comprender las causas de su destructividad subyacente. Sólo entonces puedes iniciar el proceso de reeducación.

La actitud negadora, llena de pánico, asustada, esa actitud de auto-rechazo y de exigencia de perfección que sueles tener, hace imposible cada una de las partes de esta meditación. No deja que haya desenvolvimiento, no permite la exploración de las causas de lo que podría desenvolverse y, definitivamente, no permite la re-educación. Sólo la actitud de aceptación y comprensión permite que el ego consciente afirme su benigno dominio de la materia psíquica violentamente destructiva y estancada. Tal como lo he dicho en muchas ocasiones, se necesitan bondad, firmeza y una profunda determinación en contra de tu propia destructividad. Es paradójico: te identificas con la destructividad y, al mismo tiempo, te disocias de ella. Acepta que eres tú, pero sabe también que hay otra parte de ti que puede tener la última palabra si así lo decides. Para esto tienes que ampliar las limitaciones de las expresiones de tu ego consciente con el fin de incluir la posibilidad de decir en cualquier momento: "Seré más fuerte que mi destructividad y no la dejaré obstaculizarme. Decido que mi vida será lo mejor y lo más completo, que soy capaz de vencer y venceré los bloqueos que hay dentro de mí y me hacen desear ser infeliz. Esta decisión traerá los poderes superiores que me ayudarán a experimentar, más y más, la gloria porque puede abandonar el dudoso placer de ser negativo, el cual ahora reconozco plenamente." Ésta es la tarea del ego consciente. Sólo así puede atraer los poderes de la guía, de la sabiduría, de la fuerza y un nuevo sentimiento interno de amor que proviene del dejarse penetrar por el ser universal.

La re-educación también debe proceder mediante la relación de los tres niveles de interacción, del mismo modo en que se debe realizar para cobrar conciencia del lado destructivo a fin de explorar su significado más profundo. La re-educación depende tanto de los esfuerzos del ego consciente, con sus instrucciones y el diálogo con el niñito ignorante y egoísta, como de la intervención y la guía del ser universal, espiritual. Cada uno a su manera ayudará en la maduración de ese niñito. El ego define su meta de cambiar la conciencia del niño interno negativo deseándolo y comprometiéndose a lograrlo. Ésa es su tarea. Y la ejecución total de la tarea se hace posible gracias al influjo espiritual de la personalidad más profunda la cual debe ser activada de manera deliberada. En este caso la conciencia debe nuevamente realizar un doble acercamiento: uno de ellos es la actividad que afirma el deseo de transformar los aspectos de auto-derrota, conduciendo el diálogo y dirigiendo al niño ignorante tranquila pero firmemente; el otro es más pasivo, se trata de esperar pacientemente la final, pero siempre gradual, manifestación de los poderes universales. Son ellos quienes provocan el cambio interno cuando los sentimientos guían hacia reacciones nuevas y más flexibles. Así los buenos sentimientos reemplazan a los que eran negativos o estaban muertos.

Apresurar o presionar a la parte resistente es tan inútil y tan ineficaz como aceptar su negativa directa a moverse. Cuando el ego consciente no reconoce que hay una parte del ser que efectivamente se rehusa a dar cualquier paso hacia la salud, el desarrollo y una vida buena, un movimiento contrapuesto puede ser de una presión impaciente. Ambas derivan del odio de uno mismo. Cuando te sientas frustrado y sin esperanza toma eso como una señal de que estás buscando la parte de ti que dice: "No quiero cambiar, no quiero ser constructivo." Ponte en busca de esta voz, usa nuevamente el dialogo meditativo para explorar y deja que lo peor de ti se exprese.

Esta es la única manera significativa en la cual la meditación puede mover tu vida hacia la resolución de los problemas, hacia el crecimiento y la satisfacción, y hacia el desenvolvimiento de tu mejor potencial. Amigos míos, si hacen esto llegará el tiempo en el que la confianza en la vida ya no será una teoría lejana y vaga que no pueden poner en acción. En cambio, su confianza en la vida, lo mismo que el amor de sí mismos en el sentido más sano, les llenará más y más.

Éstos son conceptos muy importantes que deben entender, usar y observar dentro de ustedes. Cuando la triple interacción dentro de ustedes se lleva a cabo, siempre se da una armoniosa mezcla entre el deseo y la ausencia de deseos, entre el compromiso y el desapego, entre la actividad y la pasividad. Cuando ese equilibrio se convierte en un estado persistente, el niñito destructivo crece. No lo matamos ni o aniquilamos. No es exorcisado. Sus poderes congelados se convierten en energía vital, que de inmediato se siente, amigos míos, como una nueva fuerza vital. No deben matar a ese niñito. Le deben enseñar cómo lograr la salvación, liberándolo, haciéndolo crecer. Si trabajan hacia esa meta, se moverán continuamente hacia la unificación del nivel del ego con el ser universal.

Esto es un material poderoso. Benditos sean, vayan en paz, vayan con Dios.

▼▼▼▼▼

▲ 19 ▲

La auto-identificación y los niveles de la conscientización

Saludos y bendiciones son vertidos para todos ustedes en una enorme y magnífica fuerza espiritual que pueden compartir y asimilar hasta el grado en que, sinceramente, se abran a ella con su corazón y su mente.

En esta conferencia explicaré la conciencia desde un punto de vista nuevo y diferente. Tal vez es difícil para los seres humanos el comprender que la conciencia es algo que permea a todo el universo. La conciencia no es simplemente algo que depende de la personalidad de una entidad. Permea todo lo que existe. La mente humana tiende a pensar que la conciencia es exclusivamente un producto secundario de la personalidad y que, además, se asocia de manera exclusiva con el cerebro. Esto no es así. La conciencia no necesita de una forma fija. Cada partícula de materia contiene conciencia, pero en la materia inanimada la conciencia está consolidada, al igual que la energía se encuentra petrificada en los objetos inanimados. La conciencia y la energía no son lo mismo, pero son aspectos interdependientes de la manifestación de la vida.

A medida que avanza la evolución, esa condición estática decrece mientras la conciencia y la energía se vuelven más vibrantes y móviles. La conciencia se vuelve más alerta, la energía obtiene un poder más creativo para moverse y crear formas.

Cada característica familiar para la comprensión humana, cada actitud conocida en la creación, cada aspecto de la personalidad, no son más que una de las muchas manifestaciones de la conciencia. Cada una de las manifestaciones que aún no está integrada en la totalidad, necesita ser unificada y sintetizada dentro de un todo armonioso.

Se necesita un salto de tu imaginación para entender la idea que estoy tratando de transmitir aquí. ¿Puedes imaginar por un momento que las muchas características que te son familiares, que siempre asumiste que sólo pueden existir en una persona, no son la persona per se, sino que son partículas de una conciencia global que flotan libremente? No importa si esas características son buenas o malas: por ejemplo, pensemos en el amor, la perseverancia, la pereza, la impaciencia, la bondad, la necedad o la malicia. Todas tienen que estar incorporadas dentro de una personalidad manifiesta. Sólo así puede realizarse la purificación, la armonización y el enriquecimiento de la conciencia manifiesta, creando las precondiciones del proceso de evolución de la unificación de la conciencia.

El ser humano es un conglomerado de varios aspectos de la conciencia. Algunos ya están purificados. Otros siempre han sido puros y, por lo tanto, son parte del individuo conformando una totalidad integral. Otros aspectos de la conciencia son negativos y destructivos y por lo tanto están separados como apéndices. La tarea de cada ser humano en cada encarnación consiste en sintetizar, unificar y asimilar esos diferentes aspectos de la conciencia. Si tratas sinceramente de comprender lo que digo aquí, podrás descubrir que se trata de una nueva manera de explicar la existencia humana. Obviamente esto no sólo se aplica al nivel de la conciencia humana, sino también a los niveles más altos de la conciencia en donde la lucha ya no es tan dura o dolorosa. Una percepción incrementada de niveles más elevados de concientización facilita el proceso de síntesis de manera inconmensurable. El predicamento humano surge de la común falta de comprensión de lo que sucede, de la ceguera de muchos de los individuos implicados en la lucha y de sus intentos deliberados por perpetuar esa ceguera.

En la medida en la cual existen lucha y tensión dentro de una persona, los diferentes aspectos de la conciencia estarán en lucha uno con el otro. La entidad no es consciente del significado de la lucha y trata de identificarse con alguno o con varios de sus aspectos, sin saber cuál, o qué es su ser verdadero. ¿En dónde está localizado? ¿Qué es? ¿Cómo se le puede encontrar en el laberinto de esta discordia? ¿Eres lo mejor de ti? ¿O eres lo peor? ¿O bien eres alguno de los aspectos intermedios? Ya sea que las personas lo sepan o no, siempre se realizan esa lucha y búsqueda internas. Mientras más consciente es la lucha, obviamente es mejor. Cualquier camino de desarrollo personal tarde o temprano debe enfrentar esas preguntas, relacionadas con el profundo problema de la identidad personal.

▼ *Tú eres el integrador* ▼

Identificarse con alguno de los aspectos mencionados arriba es una distorsión propia del ser humano. No eres ni tus características negativas ni tu conciencia superpuesta auto-castigadora, ni tampoco tus características positivas. Aun cuando te las hayas arreglado para integrar éstas últimas en la totalidad de tu ser, eso no es lo mismo que identificarte con ellas. Resulta más preciso decir que eres la parte de ti que logró esa integración al decidir, actuar, pensar y desear, de modo que pudieras absorber dentro de tu ser lo que antes sólo era un apéndice. Cada aspecto de la conciencia posee una voluntad propia, y eso es algo que saben aquellos de ustedes que andan el Pathwork. Mientras te encuentres ciegamente involucrado en la lucha y, por lo tanto, sumergido en ella, cada uno de esos diferentes aspectos te controlará en su oportunidad pues el ser real que podría decidir tu identificación de otra manera aún no ha encontrado su poder. Tu involucramiento ciego te esclaviza y desactiva tu energía creativa. Esa falta de sentido del ser conduce hacia la desesperanza.

Si la persona ciegamente cree que en realidad no es más que sus propios aspectos destructivos, se enfrasca en un cierto tipo de batalla interior. Por un lado, habrá auto-aniquilamiento y auto-castigo, y un violento odio de uno mismo como reacción ante la percepción del ser únicamente como las partes negativas. Por el otro lado, ¿cómo puedes sinceramente desear abandonar esas características negativas, o al menos enfrentarlas e investigarlas completamente si crees que son la única realidad de tu ser? Te ves tironeado entre las actitudes que dicen: "Debo permanecer tal como soy, sin cambios y sin mejoras, pues ésta es mi única realidad y no quiero dejar de existir" y "Soy tan terrible, tan malo, tan despreciable, que no tengo ningún derecho a existir de modo que debo castigarme suprimiendo mi existencia". Dado que es demasiado doloroso enfrentar este conflicto cuando se piensa que es algo real, mejor se deja todo el asunto adormecido.

Entonces llevas una vida de "como si" o de falsas pretensiones, que desliza tu sentido de identidad hacia tu máscara. Luchas en contra de la exposición de la máscara, no digamos de la posibilidad de abandonarla, pues la única otra alternativa es la dolorosa lucha que acabo de describir. Por eso no sorprende el que los seres humanos se resistan tanto. Y, sin embargo, es un terrible desperdicio. Pues nada de esto es la verdadera realidad. Hay un ser real que no se identifica ni con tus aspectos negativos, ni con tu auto-aniquilamiento inexorable, ni con la falsa pretensión que cubre todo. Nuestra principal preocupación es encontrar a ese ser real.

Antes de que el ser universal se pueda manifestar de manera completa dentro de ti, ya hay un aspecto de él que está enteramente a tu disposición ahora mismo y que puedes comprender inmediatamente: tu ser consciente en su mejor aspecto tal como existe ahora. Es una manifestación limitada actual de tu ser espiritual, pero es realmente tú; es el "Yo" que necesitas para poner orden en tanta confusión. Esta conciencia que ya se manifiesta existe en muchos dominios de tu vida, pero la das por sentado. Aún no la has puesto a trabajar en esa área de conflicto, en la cual continúas a ser ciegamente controlado por una falsa auto-identidad o, más bien, por sus consecuencias.

El "Yo" que puede tomar una decisión, por ejemplo, para enfrentar sinceramente este conflicto y para observar sus diferentes expresiones es el ser con el que te puedes identificar sin riesgos. Esas decisiones y elecciones son posibles en el nivel en el cual la personalidad despierta y obtiene auto-conciencia. Igualmente, la conciencia despierta y se expande de acuerdo con el nivel en el que se logra tomar esas decisiones y escoger las actitudes. La conciencia inmediata disponible de cada ser humano vivo, generalmente, no es usada ahí en donde existen los peores sufrimientos y conflictos. No se utiliza la visión total de su poder poniéndola al servicio de esa lucha en torno a la identidad. Cuando la entidad empieza a hacer esto de manera sistemática, se lleva a cabo un cambio importantísimo y se alcanza un nuevo nivel de desarrollo. Tu conciencia se expande y se deja infiltrar, cada vez más, por la conciencia espiritual de acuerdo con el grado en el cual tu ser consciente puede utilizar su conocimiento presente de la verdad, su poder actualmente existente para ejecutar su buena voluntad, su ya existente capacidad para ser positivo, comprometido, sincero y su habilidad existente para escoger la actitud con la cual debe lidiar con el problema.

La conciencia espiritual no puede manifestarse cuando tu conciencia existente ahora no es completamente puesta a funcionar en la conducción de tu vida. Cuando puedes poner la conciencia existente a funcionar, surgen de tus profundidades una nueva inspiración, nuevos campos de visión, de comprensión y de profunda sabiduría. Pero mientras sigas la línea de menor resistencia, rindiéndote ante un compromiso ciego, rindiéndote en la búsqueda de tu verdadera identidad y permaneciendo ciegamente dentro de una existencia fantasiosa, te quedas atorado en tu manera habitual de reaccionar y fácilmente la justificas. Te sumes en un pensamiento compulsivo, negativo y desesperanzadamente circular y tu conciencia actual no puede ser utilizada plenamente. En consecuencia la conciencia no puede expandirse ni puede cambiar y sintetizar los aspectos negativos con los cuales falsamente se identifica a sí misma. Tampoco puede internalizar los aspectos más profundos del ser espiritual. Mientras no se usen los valores existentes, no es posible realizar nuevos valores. Ésta es la ley de la vida que se aplica a todos los niveles del ser. Se trata de algo muy importante de entender, amigos míos.

Cuando te identificas con alguno o incluso con algunos de esos aspectos y piensas que eso eres tú, te sumerges en ellos. Al principio, cuando empecé a dar estas conferencias, usé los términos ser superior, ser inferior y máscara. Ésos son términos muy abreviados que comprenden, obviamente, muchas subdivisiones y variaciones. A manera de un marco de referencia útil, se pueden clasificar ciertos aspectos como pertenecientes a alguna de esas tres categorías básicas.

La voluntad genuina orientada hacia lo bueno, no hace falta decirlo, es una expresión del ser superior. Pero también existe otra voluntad orientada hacia lo bueno que puede ser fácilmente confundida con la anterior, aunque de ninguna manera es la misma. Se trata de la voluntad de ser bueno tan sólo por las apariencias, sólo con el fin de negar a los aspectos inferiores, debido a que el ser consciente que toma las decisiones no acepta el reto de confrontar sus aspectos negativos. Los aspectos demoniacos y destructivos obviamente son una expresión del ser inferior. Pero la gigantesca culpa que amenaza con castigar esos aspectos con el aniquilamiento total no es una expresión del ser superior, aunque fácilmente puede pretender serlo. De hecho se trata de algo más destructivo que la destructividad misma. Proviene completamente de la falsa auto-identificación que mencioné anteriormente. Si crees que eres tu demonio, parece que no tienes otra opción sino aniquilarte; sin embargo, temes el aniquilamiento y, por lo tanto, te aferras a ese demonio. Pero si observas al demonio, puedes empezar a identificarte con la parte de ti mismo que observa.

Nunca debes olvidar que nadie está completamente sumergido en esta lucha, pues de otro modo sería imposible salir de ella. Hay muchos aspectos de tu ser en los cuales sí utilizas el poder de tu pensamiento creativo, en donde expandes tu mente y construyes productivamente. Pero por ahora estamos enfocados hacia esas áreas que no son expansivas ni productivas.

Mientras los seres humanos sean incapaces, o mejor dicho no estén dispuestos a reconocer sus aspectos destructivos permanecerán perdidos en ellos de modo que no podrán alcanzar una correcta auto-identificación. Aunque tu deseo de esconder los aspectos destructivos es más destructivo que cualquier cosa que estés escondiendo, al mismo tiempo eso indica que deseas liberarte de la destructividad. Así que el deseo de esconder la destructividad es un mensaje mal localizado, mal interpretado e incomprendido del ser superior. Es una manera incorrecta de aplicar e interpretar los deseos del ser espiritual. Ahora hablemos más a fondo de cómo se puede activar y utilizar mejor al ser consciente para que puedas expandirlo y hacerle lugar a la conciencia espiritual para que se infiltre en él.

Todos los que están en este camino y han trabajado seria y concienzudamente para romper la máscara, para abandonar las defensas y para vencer la resistencia a exponer sus tendencias aparentemente vergonzosas, han experimentado el hecho de que reconocer los aspectos negativos crea una nueva libertad. ¿Cómo es esto? La respuesta evidente es que el solo hecho de que tengas el valor y la honestidad de hacerlo es un factor liberador y de alivio en sí mismo. Pero hay mucho más, amigos míos.

▼ *El cambio en la identificación* ▼

A través del mero acto del reconocimiento se da un muy sutil pero bien definido cambio en la identificación. Antes de ese reconocimiento eras ciego a alguno o algunos de tus aspectos destructivos y, por lo tanto, estabas irremediablemente controlado por ellos, lo cual indica que creías que eran tú mismo. No podías atreverte ni siquiera a reconocer esos aspectos inaceptables porque te identificabas con ellos. Pero en el momento en el que reconoces lo anteriormente inaceptable, en cambio te identificas con la parte de ti que puede y logra decidir hacer el reconocimiento. Entonces, otra parte diferente toma el control para poder hacer algo respecto de lo reconocido, aunque al inicio tan sólo pueda observar y luchar por una comprensión más profunda de la dinámica subyacente. Es algo completamente diferente identificar los aspectos feos e identificarte con ellos. En el momento en que los identificas dejas de identificarte con ellos. Ésta es la razón por la cual es tan liberado reconocer lo peor de tu personalidad después de que has vencido la siempre presente resistencia a hacerlo. Se volverá incluso más fácil cuando puedas hacer esta clara distinción.

En el momento en el que identificas, observas y formulas con claridad tus aspectos destructivos has encontrado a tu ser real con el cual puedes identificarte sin riesgos. Ese ser real puede hacer muchas cosas, de las cuales la primera es lo que estás haciendo ahora: identificar, observar y formular. Ahora ya no necesitas perseguirte tan despiadadamente con el odio en contra de ti mismo. Parece que no hay manera de evitar el odiarte mientras hayas olvidado ese importantísimo proceso de identificarte con el ser real, el cual también tiene el poder de reconocer y adoptar nuevas actitudes, sin un juicio personal devastador. También es posible juzgar negativamente en un espíritu sincero, pero es completamente diferente creer que lo que juzgas es la única verdad de tu ser, y el darte cuenta de que la parte de ti que puede reconocer la presencia de la destructividad tiene otras opciones y se halla más cerca de tu realidad más profunda.

Qué diferente debe ser tu actitud hacia ti mismo cuando te das cuenta de que la tarea de un ser humano consiste en llevar consigo los aspectos negativoscon el fin de integrarlos y sintetizarlos. Eso permite una gran sinceridad sin falta de esperanza. Cuánta dignidad te otorga esto al considerar que asumes esa importante tarea por el deseo de evolucionar.

Cuando llegas a esta vida traes contigo aspectos negativos con el propósito que acabo de mencionar. Existen ciertas leyes muy importantes que determinan qué aspectos traes contigo. Cada ser humano realiza una tarea inmensa en la escala universal de la evolución. Esa tarea te da una gran dignidad, lo cual es mucho más importante que el sufrimiento momentáneo que se incrementa cuando no sabes quién eres. Sólo cuando por primera vez asumes la responsabilidad de esos aspectos negativos es que puedes percatarte de que no eres ellos, sino que llevas contigo algo de lo cual te has responsabilizado con un propósito evolutivo. Sólo entonces puede llegar el siguiente paso: la integración.

▼ *Los cuatro niveles de la conciencia* ▼

Déjenme recapitular sobre los cuatro niveles de la conciencia mencionados hasta ahora:

1. El estado semidormido en el cual no sabes quién eres y ciegamente luchas en contra de lo que odias de ti mismo —ya sea a nivel consciente, inconsciente o semiconsciente;
2. el primer estado del despertar, cuando puedes reconocer, observar y formular lo que no te gusta, cuando puedes sentir que eso es sólo un aspecto de ti y no la última realidad secreta de tu ser;
3. la conciencia de que el "Yo" o el ser real que observa y formula también puede tomar nuevas decisiones y hacer nuevas elecciones y puede buscar opciones y posibilidades hasta ahora nunca soñadas, no por arte de magia, sino ensayando actitudes que estaban completamente negadas e ignoradas anteriormente. Algunos ejemplos de nuevas actitudes son: proponerte una meta positiva de autoaceptación sin perder el sentido de las proporciones; buscar nuevas formas; aprender de los errores y de los fracasos; rehusar a darte por vencido cuando no llega el éxito inmediato; tener fe en los

potenciales desconocidos que pueden manifestarse sólo cuando la conciencia adopta estos nuevos métodos.

La actitud de adoptar nuevas formas de percepción de las cuales tu conciencia es capaz ahora mismo te conduce hacia:

4. una eventual comprensión de los aspectos previamente negados y odiados, lo cual significa su disolución y su integración.

De manera simultánea, la conciencia continuamente expansiva se fusiona con más realidad espiritual que ahora puede desenvolverse en niveles mucho más altos. Eso es lo que significa la purificación. En la medida en que conduzcas tu vida de esa manera la conciencia total que inunda el universo deja de estar separada en múltiples partículas y se unifica.

Cuando asimiles lo que he dicho aquí comprenderás varios hechos importantísimos. Primero que nada verás la tremenda importancia general del reconocimiento de los aspectos demoniacos distorsionados. Te harás plenamente responsable de ellos lo cual paradójicamente te liberará de identificarte con ellos. Conocerás a tu ser real y reconocerás que esos aspectos negativos son sólo apéndices que puedes incorporar en ti al disolverlos. Su energía básica y su naturaleza no distorsionada pueden volverse parte de la conciencia que manifiestas.

De este modo, no importa cuán indeseable pueda ser la realidad, puedes lidiar con ella, aceptarla, explorarla y no seguir sintiéndote asustado por ella. Esta capacidad de observar, formular, evaluar y escoger las mejores actitudes posibles para lidiar con lo que observas —ese es el verdadero poder de tu ser real tal como existe ahora mismo. Libertad, descubrimiento y conocimiento del ser son los primeros pasos hacia la realización de la conciencia universal y divina dentro de ti. Mientras no hagas esto, tu más profunda conciencia espiritual se queda como un principio, una teoría y un potencial que sólo podrá ser realizado en el futuro. Puedes creer en ella con tu intelecto, pero no puedes realmente constatar su existencia dentro de ti hasta que utilices la conciencia que ya tienes disponible ahora, pero que dejas sin utilizar en donde existe eso que llamas tus problemas. A medida que vayas reconociendo estos cuatro niveles y que pases por ellos en la forma en que he descrito en esta conferencia, tu mente consciente se expandirá lo suficiente para dejar entrar la sabiduría, la verdad, el amor, la energía, la fuerza de los sentimientos y la capacidad de trascender las oposiciones dolorosas que aún no se manifiestan y que enriquecerán y reorientarán tu vida hacia la creación de más alegría y placer.

▼ *Desaparece el terror* ▼

En el momento en el que se realiza la autoidentificación desaparece del alma humana un profundo y aparentemente infinito terror. A menudo ese terror no es vivido conscientemente. Sólo cuando te encuentras en el umbral de estos estados, realizando el cambio del estar perdido, ciego y confundido sobre qué y quién eres hacia el descubrimiento de las primeras claves de identificación con tu ser real, sólo entonces te percatas del terror. Éste es un período de transición que puede durar unas semanas o varias encarnaciones. Puedes esconder el terror o hacerle frente. En la medida en que lo enfrentes lograrás salir de él con mayor rapidez. Cuando lo escondes, no ganas nada, pues el terror siempre deja sus marcas indelebles en tu vida. Los temores ocultos no son en lo más mínimo menos dolorosos o limitantes de lo que es la experiencia directa del terror. De hecho, la verdad es exactamente lo contrario.

El terror existe sólo porque no sabes que hay un verdadero tú más allá de esos aspectos de ti que odias. A causa de ese terror continuamente te rehusas incluso a identificar lo que odias. Mientras carezcas del valor de explorar si tu miedo es justificado o no, no puedes descubrir que no lo es, y de que eres mucho, pero mucho más que lo que temes ser. La personalidad humana se halla a menudo a punto de desear dar ese paso. Pero siente que es como brincar a un precipicio y, por lo tanto, duda y prolonga una pseudoexistencia. Cuando no lidias con este asunto, el terror permanece en el alma, es negado y reprimido. Y el terror reprimido tiene efectos perversos adicionales sobre la personalidad, la cual se aliena aún más de su auténtico núcleo.

Cuando finalmente tomas la decisión y aceptas el compromiso de enfrentar tus miedos, el terror desaparece y te das cuenta de que puedes descubrir quién eres en realidad. También descubres que la vida es algo rico, lleno, abierto e infinito. En el momento en el que te experimentas a ti mismo en la parte que observa y no en la que es observada, ya no necesitas aniquilarte o limitar tu identidad a una máscara fraudulenta o al odioso demonio ni al mezquino egoísta. Así que la identificación con el ser real desaloja al terror del aniquilamiento, no sólo de la muerte, sino del aniquilamiento, que es diferente.

Volvamos ahora a tu mente consciente tal como existe en ti en este momento. Ahora es capaz de reconocer y observar al ser o un aspecto del ser y tiene muchas opciones. La actitud que has escogido tener hacia tus aspectos no desarrollados, e indeseables, es la clave para expandir tu conciencia.

▼ *Expandir la conciencia* ▼

Hoy en día se oye hablar mucho sobre la expansión de la conciencia. A menudo se piensa que es un proceso mágico que sucede de pronto. No es así. Para alcanzar una conciencia verdaderamente espiritual es necesario, antes que nada, poner atención al material que existe dentro de ti y que aún no ha sido utilizado completamente. Cada minuto de depresión o de ansiedad y cada actitud desesperanzada o negativa en alguna otra forma ante cualquier situación contiene diversas opciones. Pero requieres de un acto de voluntad interior de tu parte para despertar tus fuerzas latentes y ponerlas a tu disposición. Cuando ya estás usando el potencial existente, desarrollas un poder mucho mayor de conciencia espiritual de manera orgánica y gradual.

La gente a menudo pasa por diferentes prácticas espirituales en espera de una milagrosa manifestación de una conciencia superior, pero su mente inmediata y su poder de pensamiento se encuentran enredados en las mismas actitudes, en los mismos sentimientos y pensamientos negativos. O bien se sienten decepcionados o se engañan. Ningún ejercicio, ni esfuerzo o esperanza de que algo intervenga desde el exterior puede traerte una conciencia genuina ni una genuina manifestación de tu ser espiritual.

La energía creativa inherente a los pensamientos y a sus procesos es completamente subestimada por la mayoría de los seres humanos. Así, pues, tus procesos para crear y recrear la vida son descuidados. Utilizar ese poder creativo es una tarea retadora y fascinante. Ahora mismo puedes explorar los rincones de tu mente consciente y buscar maneras nuevas, mejores y más creativas para enfrentar las dificultades, para reaccionar de forma más realista y constructiva. No tienes que reaccionar en la forma en que lo haces, tienes a tu disposición muchas posibilidades de pensamiento, de dirección de tus pensamientos, de procesos de pensamiento y de patrones de actitud con nuevas metas.

Tu conciencia no puede aprovechar sus opciones y posibilidades exactamente en proporción al grado en el que no has alcanzado la identificación con tu ser real y en que, por lo tanto, te encuentras secretamente identificado con los aspectos de ti que más odias y que, en consecuencia, te resistes a observar.

Cuando empiezas a plantearte la pregunta: "¿Qué actitud escojo hacia lo que estoy observando en mí ahora y hacia lo que no me gusta de mí?", en ese momento haces uno de los descubrimientos más importantes que puedes realizar en esta fase de tu evolución. Esto no requiere de la trascendencia subliminal de tu más profundo ser espiritual. Simplemente significa utilizar lo que ya has logrado poner a tu disposición en el curso de siglos y milenios de evolución.

¿Qué opciones tienes mientras observas las actitudes e intenciones destructivas dentro de ti?

Puedes escoger, como lo has hecho hasta ahora, pero sin darte cuenta de ello, estar completamente desanimado y desesperanzado, o bien puedes escoger creer que es imposible cambiar y que no tienes otras posibilidades. También puedes escoger pensar que tienes el poder para realizar un cambio dramático e inmediato. Esta última actitud no es más positiva que la anterior, pues se basa en la irrealidad. De modo que inevitablemente te conduce hacia la decepción y hacia una negatividad aparentemente aún más justificada. La desesperanza poco realista y la esperanza mágica, igualmente poco realista, son dos extremos que conducen hacia un círculo vicioso.

¿Pero acaso no tienes otras opciones disponibles? ¿No es posible, utilizando tu mente tal como está ahora, escoger otras modalidades?

Di: "Es probable y predecible que olvidaré y me veré nuevamente envuelto en la vieja ceguera y en sus reflejos condicionados. Pero eso no tiene por qué desanimarme. Tendré que luchar nuevamente y tantear para encontrar mi llave una y otra vez. Pero es algo que puedo hacer y que haré para, gradualmente, ir construyendo una nueva fuerza, nuevos recursos y energías. No me dejaré desanimar por el hecho de que construir un bello edificio necesita paciencia. No seré tan infantil como para esperar que esto se haga de inmediato. Lo deseo y usaré todos mis poderes para hacerlo, pero seré paciente y realista. Quisiera que me guiaran los poderes espirituales que hay en mí, pero si no puedo percibir esa guía, aún porque al inicio de esta tarea mis energías son demasiado densas y mi conciencia está demasiado adormecida, confiaré, esperaré y perseveraré. Quiero dar lo mejor de mí mismo a la aventura de vivir. Trataré una y otra vez de identificar, observar y formular lo que no me gusta sin identificarme con ello. Tantearé para encontrar nuevas maneras de comprender todo esto y para, eventualmente, poder salir de ahí."

Una actitud de éstas está a tu disposición. No es mágica. Es una opción inmediatamente accesible. Puedes empezar ahora mismo con la actitud de que te gustaría observar e identificar, en vez de sumergirte en lo que hasta ahora ni siquiera has querido reconocer. Ésta y otras actitudes y opciones existen en todo dilema y en todas las dificultades posibles. En ti existe el conocimiento que puedes utilizar sobre de lo que observas. Si usas ese conocimiento disponible expandes el conocimiento y la visión de tus actitudes y sentimientos.

Mientras más hagas esto, más infinitamente grande e ilimitada será la conciencia de tu aún sumergido ser espiritual, que se integrará a tu mente consciente y tú mismo te convertirás en ella. Tal como dije previamente, esto sucede mucho mejor en un diálogo de tres partes: el diálogo del ser consciente con los aspectos demoniacos, el diálogo de la mente consciente con el ser divino y el diálogo entre el ser divino y el ser demoniaco. En todas estas tres posibilidades ambos lados hablan alternadamente y escuchan, como en cualquier conversación significativa. Así pues, mientras más puedas percibir y observar de esta manera, más fácil será dar el próximo salto: la realización de tu verdadera identidad espiritual. Entonces realmente sabrás que esa increíble, bella e ilimitada conciencia es tu ser real, en el cual yace todo el poder y en el cual no hay nada que temer.

Amigos míos, una vez más esta conferencia requiere que trabajen duramente en ella. Mucho de lo dicho no puede ser asimilado al principio porque es difícil. Requiere que se concentren en su mente y que utilicen su buena voluntad y también que, mediante la meditación, entren en contacto con los niveles superiores de la realidad espiritual y del poder para que les ayuden a integrar y utilizar lo que he dicho.

Benditos sean, vayan en paz, vayan con Dios.

▼▼▼▼▼

▲ 20 ▲

Disipa tus miedos

Saludos, mis muy queridos amigos.

Todos sabemos cuán importante y esencial es enfrentar y aceptar esos aspectos, sentimientos, convicciones y actitudes que hay en nosotros y que o bien son completamente inconscientes o no son suficientemente conscientes. A menos de que se cultive la toma de conciencia es imposible liberar el más profundo centro de tu ser, el núcleo del cual surge toda la vida. Tratemos de ver ahora hasta dónde has llegado en relación con lo que aún está enterrado dentro de ti. ¿Qué tanto has desenterrado? ¿Qué tan consciente eres de lo que realmente sucede en ti, en oposición a las explicaciones superficiales que siempre tienes a mano?

Al inicio parece terriblemente difícil deshacerse de los auto-engaños, pues todos los seres humanos vagamente creen que la verdad subyacente es inaceptable, de modo que ellos mismos son inaceptables. Así es que se debe develar una doble ilusión: la creencia subyacente que mencionamos y la cubierta que se le pone encima. Y ésa es siempre la parte más ardua del trabajo interno.

▼ *El mal como defensa* ▼ *en contra del sufrimiento*

Para continuar con esta fase del trabajo sobre ti mismo es necesario que comprendas de manera más profunda de dónde provienen las actitudes negativas y la destructividad. ¿Cuál es el verdadero origen del mal? Sabes y a menudo me has oído decir que la negación de tus vulnerabilidades, tu vergüenza de sentirte desamparado y tu sentimiento de no ser alguien a quien se puede amar, crean el mal y las actitudes y sentimientos destructivos. En otras palabras, el mal es una defensa en contra del sufrimiento.

Por lo tanto, es obvio que tu nueva dirección dentro del camino ahora podrá ocuparse más directamente de las heridas y los sufrimientos que has tenido que soportar durante el inicio de tu vida y en contra de los cuales te has defendido hasta la actualidad. Tú que has aprendido a re-experimentar emocionalmente tus sentimientos del pasado, puedes corroborar como una realidad sentida lo que he reiterado tantos años: la negación de la experiencia original te obliga a re-experimentarla una y otra vez. Recreas la experiencia negada y de ese modo incrementas el dolor y la herida acumulados. Es necesario realizar un poco más de esa re-experimentación y ahora puedes hacerlo sin riesgos.

Mucho de lo que sufriste durante la infancia, especialmente las dimensiones de tu infelicidad, es algo que sólo existe como conocimiento intelectual. No sientes cuán infeliz eras en realidad cuando eras niño y durante mucho tiempo muchos de ustedes creyeron que su infancia había sido exactamente lo contrario. Alcanzar el conocimiento intelectual de esa realidad es una preparación necesaria para lograr experimentarla. Sin la conciencia intelectual de la verdad acerca de tu infancia, no sería posible debilitar suficientemente las defensas que te impiden volver a vivir sin riesgos esas experiencias en el nivel emocional. Cuando las defensas todavía son fuertes bloquean el camino hacia la experiencia emocional de modo que el intento de llegar hasta los sentimientos es ahogado. Amigos míos, ahora ya están realmente listos para aventurarse en las profundidades de su ser. Ahí podrán soltarse y dejarse ir libremente hacia todos los sentimientos acumulados que hasta hoy nunca habían podido salir de su sistema. Hasta hoy no podían ser transformados en el flujo natural de energía debido a que ustedes mismos habían cerrado las puertas para poder sentir sus sentimientos.

▼ *El problema de la pereza* ▼

Hace algún tiempo me pidieron que explicara el problema de la pereza. Hay una relación íntima entre el problema de la pereza y los sentimientos que no han sido vividos de manera completa. No consideren que la pereza es una actitud que puede ser abandonada sólo mediante un acto de voluntad porque la persona logra ser suficientemente razonable y constructiva. No se trata en absoluto de un asunto de moralidad. La pereza es una manifestación de la apatía, del estancamiento y de la parálisis que resultan de la presencia de energía estancada en la substancia del alma. La substancia del alma estancada es el resultado de sentimientos que no han sido vividos de manera completa o que no han sido expresados y cuyo significado y origen no han sido totalmente entendidos. Cuando los sentimientos no han sido vividos, entendidos y expresados de esa manera, se acumulan e impiden el flujo de la fuerza vital.

No basta con deducir que debe haber en ti ciertos sentimientos pasados que lógicamente han provocado tu situación actual. Ese conocimiento deductivo a menudo es necesario para abrir la posibilidad de permitirte una experiencia más profunda. Sin embargo, el conocimiento por sí sólo puede ser una barricada cuando reemplazas el sentimiento con el conocimiento. En ese caso la unidad de esas dos funciones es interrumpida al igual que cuando sientes y no sabes qué significan los sentimientos, cómo y por qué surgieron ni cómo es que aún dirigen tu vida en la actualidad.

Aún existen muchas defensas en contra de una experimentación total de los sentimientos acumulados que hay en ustedes, amigos míos, a pesar de todos sus avances. Les ayudará mucho mantener esto presente en su mente para enfocar su atención y su conciencia hacia esas defensas con el fin de poder vencerlas cada vez más. Es posible bajar sistemáticamente el umbral de las defensas en contra de las experiencias profundas acumuladas que se han vuelto venenosas al no dejarlas salir. Esas experiencias dolorosas no pueden ser soltadas si no se las siente, si no se las conoce, se las expresa y se las vive tan completamente como sea posible.

Recapitulemos: todo lo que es malo, destructivo y negativo en la naturaleza humana es resultado de las defensas que se establecen en contra de los sentimientos dolorosos e indeseables. Esa negación estanca la energía. Cuando los sentimientos se estancan, la energía se estanca y si la energía se estanca, no puedes moverte. Como sabes, los sentimientos son corrientes de energía en movimiento. Se transforman constantemente de un conjunto o tipo de sentimientos en otro siempre y cuando la energía fluya libremente. Cuando no se viven o experimentan los sentimientos, el movimiento de esas corrientes se detiene y de ese modo detiene también a la energía viviente.

Cuando se detiene el flujo natural de la energía dentro de tu substancia del alma te descubres a ti mismo sintiendo pereza, ese estado en el cual el movimiento sólo es posible cuando la voluntad exterior penosamente lo forza. Así que cuando te descubras estancado, perezoso, pasivo o inerte y cuando desees no hacer nada, lo cual a menudo se confunde con el estado espiritual de tan sólo ser, tienes ahí una buena medida de que dentro de ti hay sentimientos que han creado una toxicidad psíquica debido a que eres renuente a experimentarlos y reconocerlos.

El estancamiento de las corrientes de energía no sólo esconde sentimientos sino también ideas. Generalizas a partir de sucesos aislados y te aferras a las falsas creencias que resultan de eso. Es raro que los sentimientos estancados no incluyan, también, alguna conceptualización estancada respecto de la vida. Pueden existir en los rincones más profundos del alma, completamente ocultos para la conciencia. Eso es lo que hace años llamé "imágenes" que se fijan dentro de la psique. Les ayudé a encontrar esas imágenes y vieron la forma en que estaban obligados a volver a vivir ideas equivocadas y sentimientos estancados. Una y otra vez estaban atrapados en el ciclo de reproducción del pasado de una forma u otra hasta que pudieron reunir el valor para escoger vivir ahora lo que no había sido vivido antes debido a sus defensas. No es posible salir de esos círculos repetitivos, sin importar cuán buenas sean tus intenciones y cuánto esfuerzo uses, a menos de que logres volver a vivir tus más antiguos sentimientos de manera total.

Muchas veces mencionamos que el predicamento humano proviene de la separación dualista que en realidad no es más que un error de percepción. Ese error tiene muchas facetas, y una de ellas es una separación dentro de la conciencia humana. Los seres humanos pueden sentir una cosa, creer otra y actuar sin saber cómo los gobiernan esas dos funciones. La falta de conciencia respecto de lo que realmente sientes y piensas crea una manifestación más de la separación. Cuando unificas el conocimiento y el sentimiento trabajas hacia la unificación y la integración, lo cual se manifiesta como un maravilloso nuevo despertar hacia una sensación de integración.

Cuando los sentimientos no son experimentados en toda su intensidad el flujo interno se estanca. La gente se encuentra inexplicablemente paralizada. Sus acciones se vuelven ineficaces, la vida parece obstaculizar todas sus metas y sus deseos. Encuentran puertas cerradas al tratar de reconocer sus talentos, sus necesidades y sus individualidades. La pereza puede ser una de las manifestaciones de esa parálisis. Una falta de creatividad o la sensación de una desesperación generalizada puede ser otra. En este último ejemplo, la gente a menudo usa un suceso cualquiera o una dificultad para explicar y alejar su estado interno. La verdad es que la sensación de futilidad y confusión respecto de la vida y del papel que tienes en ella te envuelve cuando te resistes a vivir completamente los sentimientos que abrigas; continúas llevándolos dentro porque te engañas a ti mismo creyendo que evitar esos sentimientos te lastimará menos que exponerlos. Existen muchas otras manifestaciones. La incapacidad para sentir placer o para realmente vivir la vida a fondo es otro de los efectos generales más comunes.

▼ *El miedo a sentir* ▼ *todos los sentimientos*

La experiencia total de un sentimiento es tan accesible como tu voluntad y disposición para aventurarte dentro de él. Estos sentimientos a menudo son acumulación de siglos o de milenios —no sólo de décadas. Cada encarnación presenta la tarea de limpiarte mediante la experimentación y la comprensión de esos sentimientos. Estás purificado cuando ya no hay ningún material de desecho. Cuando terminas con el ciclo de esta vida, las condiciones, circunstancias y el entorno de tu próxima vida, hacia la cual eres llevado por una ley inexorable de la vida, te darán la oportunidad de volver a sacar todo el material de desecho acumulado. Pero la memoria de las encarnaciones anteriores es borrada para que sólo tengas las experiencias pasadas de esta vida como material de trabajo.

La desaparición de la memoria es un resultado secundario del ciclo de vida/muerte en el cual se encuentran atrapados todos los que se niegan a experimentar los sentimientos. Cuando te la pasas negándote la conciencia y rehusándote a sentir la experiencia de lo que has vivido en esta mismísima vida, perpetúas el proceso de borrar o reducir la memoria. De ese modo perpetúas el ciclo de morir y volver a nacer y ese proceso siempre se manifiesta como una ruptura en la continuidad de la conciencia. Paralelamente, si logras vivir todo lo que has acumulado en esta vida, eliminas esa discontinuidad de la conciencia y con eso el ciclo completo de morir y volver a nacer en donde sea que logres restablecer los engranajes de la memoria. Si se viven todos los sentimientos de esta vida de manera total, todo el material residual de las vidas anteriores es trabajado al mismo tiempo, pues el trauma de ahora sólo es un trauma porque los dolores anteriores han sido negados.

Ustedes pueden hacer esto, amigos míos, si confían en el proceso y en la aventura de realmente soltar. Y en esto reside nuevamente el problema. No puedes soltar si tu más profundo ser se defiende en contra de sentir los sentimientos que sabes que existen dentro de ti. De hecho te defiendes en contra del establecimiento de una conexión entre esos sentimientos, tu conocimiento interior y tus patrones de comportamiento habituales. La parálisis que a menudo es considerada como pereza, y sobre la cual discurres moralistamente como si fuera eso, debe ser vista como un síntoma muy indirecto.

La pereza es una protección en contra del movimiento de la substancia del alma que trata de sacar los sentimientos que piensas que puedes continuar evitando sin bloquear tu mismísima vida. Esa pereza es, simultáneamente, un efecto y también una defensa. El movimiento sacude a lo que permanece estancado. Comprendiendo esto cabalmente puedes redirigir tu voluntad interior y guiarte hacia la superación de ese estancamiento de protección que tú mismo produces si logras reunir el valor que se requiere para sentir lo que debe ser sentido.

El verdadero y sereno estado del ser que toda alma inconscientemente desea no es una cautelosa pasividad que debe evitar el movimiento y que hace que el movimiento parezca algo indeseable. El verdadero estado espiritual del ser es un estado muy activo, aunque se trata al mismo tiempo de un estado muy tranquilo y relajado. Es una acción y un movimiento alegres. Sólo la pasividad del ser temeroso crea la acción frenética como una contrapartida del estancamiento. Es como si la personalidad luchara duramente en contra del estancamiento imponiéndose la acción compulsiva, volviéndose necesariamente más ajena a la verdad de su estancamiento y a su razón de ser, la cual es el miedo de sentir todos los sentimientos, incluyendo al miedo. Sólo cuando se siente y entiende completamente esta verdad, cuando dejas de luchar en contra de ella y disuelves lo que la causa al sentir tus sentimientos, sólo entonces puedes salir tanto de la acción frenética de la hiperactividad como de la parálisis. En otras palabras, debes llegar a sentir el miedo que hay en la pereza y en todos los tipos de estancamiento.

Este miedo está en todo el mundo, incluso en aquellos de ustedes que no son abiertamente perezosos, o que no son conscientes de otros síntomas creados por ese miedo negado. Es preciso dejar que ese miedo intrínseco a la naturaleza humana se exprese exteriormente. Debes dejarlo que tome el control, obviamente dentro del contexto correcto. Y cuando lo vivas encontrarás dos elementos básicos en él. El primero lo constituyen las condiciones de la infancia que te resultaron tan dolorosas que pensaste que no podías permitirte sentirlas, de modo que te desconectaste de ellas. Y el segundo y definitivamente más importante elemento es el miedo del miedo, el temor de experimentar el temor. Ahí es en donde reside el verdadero daño.

Hace algunos años les hablé en una conferencia del fenómeno de la auto-perpetuación, y ejemplifiqué cómo un sentimiento o emoción negados se vuelve algo complejo que se multiplica a sí mismo. Por ejemplo: el miedo negado crea un miedo al miedo, y luego el miedo a sentir el miedo al miedo y así en adelante. Lo mismo sucede con otras emociones. La cólera negada crea cólera por estar enojado. Entonces, al negar eso, uno se enoja aún más por ser incapaz de aceptar la cólera y nuevamente continúa la multiplicación. La frustración en sí es soportable cuando realmente la vives a fondo. Pero cuando estás frustrado porque no "deberías" estar frustrado y luego te sientes aún más frustrado porque lo niegas, el sufrimiento se incrementa. Este proceso es de gran importancia pues apunta hacia la necesidad de sentir de manera directa, sin importar cuán indeseables sean los sentimientos. Si complicas tu dolor porque niegas que sientes el dolor, ese dolor secundario se vuelve amargo, retorcido e insoportable. Si aceptas y sientes el dolor, automáticamente se inicia un proceso de disolución. Muchos de ustedes han experimentado esta verdad en varias ocasiones dentro de su trabajo individual. Lo mismo sucede con el miedo, con la cólera, con la frustración o con cualquier otra emoción.

Así, cuando sientes el miedo que tienes de tu miedo y te puedes dejar entrar en el miedo mismo, ese miedo rápidamente puede dar lugar a la aparición de otro sentimiento negado. Los sentimientos o emociones negados —cualquiera que éstos sean— serán más fácilmente soportables que su negación, que el miedo. Y el miedo en sí será más soportable que el miedo al miedo.

De este modo puedes avanzar hacia el núcleo del desperdicio acumulado de energía de sentimientos negados. Luchar en contra de tus sentimientos, o defenderte contra ellos, crea una capa completa de experiencia alejada de tu núcleo y es, por lo tanto, artificial y más dolorosa que la experiencia original contra la cual está luchando.

▼ *Comprométete a entrar y a pasar a través* ▼

Todo tu ser consciente debe reunir todas sus facultades, todos sus recursos y utilizar el terreno que ya has conquistado con el fin de estar completamente dispuesto a experimentar el miedo de los sentimientos profundos, dolorosos y atemorizantes que hay en ti. Tal como a menudo lo he dicho: "La única salida se encuentra entrando y pasando a través."

Ahora es importante focalizar tu meditación. Aquellos de ustedes que se han convencido del gran poder que generan con ella, han aprendido que el foco específico y la dirección consciente que le dan a sus meditaciones evoca una guía interior de una medida correcta y equilibrada que posteriormente pueden aplicar en su vida. La dirección correcta tiene dos aspectos. Primero se necesita el compromiso para entrar hacia ti en vez de darte la vuelta rodeándote. Ese compromiso voluntario de entrar y atravesar tus sentimientos debe ser la fuerza conductora durante esta meditación. Tu afirmación y declaración explícita de que eso es lo que deseas e intentas, debe crear una nueva condición en la substancia de tu alma. Entonces puedes pedir una guía más específica que inmediatamente soltará parte de la materia estancada. La pereza que te hace evitar, posponer y diferir desaparecerá lo suficiente para echar a andar un nuevo influjo de energía. La actitud de compromiso voluntario creará un influjo involuntario de energía y activará la sabiduría conductora de tu ser espiritual. Formular en tu meditación tu intención y tu deseo de experimentar todos los sentimientos acumulados y de deshacerte del desperdicio es el mejor y el más eficaz comienzo.

Además del equilibrio y el tiempo correctos se instalará la guía interior y exterior exactamente en la manera que lo requiere tu situación personal. Aprenderás a armonizarte con esa guía y a sentirla, en vez de perderla y ser ciego y sordo ante ella. Pues siempre existe como un potencial latente, no sólo en esta fase del camino, obviamente, sino para cada fase específica por la que tienes que pasar. El ser exterior ligado a la voluntad debe, intencionalmente, jugar su papel para que el ser involuntario pueda tomar el control.

El ser involuntario se manifiesta de dos maneras completamente diferentes: la sabiduría superior y la guía que acabo de mencionar, y la exteriorización del ser que, aunque a menudo se retuerce del dolor, sin embargo se niega a experimentar el dolor residual de años atrás. El primero ayuda y guía al segundo.

A través de esta forma de meditación la energía que se libera puede ser dirigida hacia ese propósito fundamental. A menudo te convences de tu falta de energía y de tiempo para ir a la profundidad de tus sentimientos. Pero al mismo tiempo gastas un montón de energía en otras actividades que tal vez parezcan importantes en el momento. Pero no importa cuán importantes sean esas otras actividades, nunca podrán ser tan importantes como esta exploración, pues atender a esta tarea vital es la verdadera razón para vivir. Además, es la clave para una vida productiva en este momento.

El segundo aspecto importante de la meditación es reunir tu fe en que el "entrar" no te aniquilará. Sin ese acto de fe no tendrás el valor necesario para hacerlo. Para decirlo de otro modo, si no ves la validez y la ausencia de riesgos de esta tarea, tu falta de inclinación hacia la experimentación de los sentimientos dolorosos, desapercibidamente te llevará a construirte una duda artificial sobre la seguridad que hay en todo el proceso. Junto con esto viene una ilusión artificial de que se puede evitar "entrar" sin por ello dejar de alcanzar la integración, la salud y una vida completa. Evitar los sentimientos siempre crea paradojas dualistas de falsas dudas y falsas esperanzas.

Hace muchos años, en una conferencia llamada *El Abismo de la ilusión,* dije que el camino de la auto-realización y de la unificación contiene muchos cruceros en donde es necesario dejar que el ser caiga en lo que parece ser un abismo sin fondo. Semejante caída parece amenazar con aniquilar a la entidad. Dije que hasta cierto grado, dentro de la evolución del individuo, él o ella se acuclilla a la orilla del abismo deteniéndose y sin osar dar el salto. El individuo se siente muy miserable en esa posición, pero aún así cree que la pseudo-seguridad de esa posición temerosa es preferible al aniquilamiento. Sólo cuando finalmente reúne suficiente confianza para arriesgarse a saltar, entonces puede descubrir que en realidad flota. Se necesitan muchos cruceros de este tipo para llegar a convencerse de que no hay riesgo al saltar.

Lo mismo se aplica al dejarte caer en el aparente abismo de tus sentimientos bloqueados —sentimientos dolorosos y atemorizantes. A menos de que lo hagas, permanecerás en esa incómoda posición en la cual es muy poco probable que puedas vivir y disfrutar. La fe que se necesita para dar el salto puede ser activada enfrentando el asunto de manera directa y considerando lo que está en juego. Tienes que tener en cuenta la pregunta fundamental que se puede formular de la siguiente manera: "¿Acaso hay un pozo sin fondo de negatividad, destrucción y maldad en los cimientos de la condición humana? ¿O esos aspectos son una distorsión que no debería de existir? Hay muchas circunstancias en las que se pone a prueba la fe de un ser humano. Tienes que enfrentar la discrepancia que hay entre lo que dices que crees y lo que realmente crees. Si crees que en el fondo de la naturaleza humana existe la espiritualidad, entonces no tienes nada que temer. Si no es así, tienes que darte cuenta de esa duda subyacente y hacer frente a su verdadera naturaleza. Sacar tus dudas a la luz, al menos te protegerá del carácter ilusorio de tu fe en la humanidad y en su destino espiritual. Si entonces descubres que en realidad crees que el ser humano en el fondo es malo, destructivo, temeroso y caótico también debes examinar el verdadero motivo y la razón de esa creencia. Esa confrontación con lo que uno realmente cree, frente a lo que uno piensa que cree debe ser trabajada honestamente. Y esto es así en lo que se refiere a cualquier asunto importante. Es posible activar la ayuda y la guía necesarias para esto a través de la meditación.

En tu meditación también debes formular que deseas ser consciente de tus métodos particulares para evitar la realidad y que ya no quieres engañarte a ti mismo de esa manera. Es mejor continuar evitando el salto hacia el abismo sabiendo que lo haces y por qué lo haces, que negar que tienes miedo de saltar y hacer como si no estuvieras asustado. Al admitir libremente que tienes miedo, estás más en contacto contigo mismo que cuando niegas el miedo. Al confrontar la validez de tu miedo, a menudo descubrirás que la verdadera razón detrás del miedo es la vergüenza o su compañera, el orgullo. El orgullo y la vergüenza negados a menudo crean miedo. La idea de que es humillante sentir ciertas emociones o encontrarse en estados vulnerables, junto con la idea de que no debes estar en donde estás y el sentimiento de que tu sufrimiento del pasado durante tu infancia se debe a que eres inaceptable y no eres digno de ser amado, todo eso crea la tendencia a negar el estado en el cual te encuentras. La presión de esa negación termina creando el miedo, y éste a su vez requiere que la persona construya teorías para justificar el miedo. Si la gente se convence a sí misma de que en realidad es peligroso sentir sus sentimientos, esa convicción puede provocar una crisis que es tan sólo el resultado de esta convicción profunda. El terror puede llevar a la persona hacia una aguda crisis: pero el verdadero sentimiento que hay en el núcleo a menudo no es más que la combinación vergüenza/orgullo y la idea errónea de que el dolor de la infancia existió debido a una insuficiencia personal que al individuo le avergüenza mostrar.

Cruzar la barrera de la vergüenza, de la humillación y del orgullo generalmente disipa el miedo. Debes confrontar estos asuntos directamente. Sólo así se puede allanar el camino para dejarte entrar en ti mismo. La meditación es un requisito sin el cual el camino se vuelve innecesariamente difícil. Esa manera de aproximarte y esa actitud crearán el clima que necesitas para entrar en el abismo del terror, de la soledad, del desamparo, del dolor y de la cólera generados por el sufrimiento que tuviste que soportar. Cada lágrima que no fue vertida constituye un obstáculo. Cada protesta no formulada se queda en ti y te hace expresarla de manera impertinente. Todos esos sentimientos parecen como pozos sin fondo, pero una vez que saltas hacia ellos tiendes a descubrir que en el fondo de ti está el núcleo divino que vive en ti y del cual tú eres una expresión. Es una luz, un calor, una vitalidad y una seguridad. Todas estas cosas son realidades totales, pero sólo pueden ser vividas cuando pasas a través de la realidad de los sentimientos que hasta ahora has evitado.

▼ *A través de la puerta* ▼

Tu ser espiritual, junto con toda su alegría, seguridad y paz, se encuentra justo detrás de la tristeza y el dolor. No puede ser activado por un acto directo de voluntad, no mediante prácticas o acciones que dejan fuera la necesidad de experimentar todos tus sentimientos. Pero tu centro espiritual sí se manifiesta de manera inexorable como un subproducto, como el resultado del acto directo de la voluntad de pasar a través de tus sentimientos negados.

Terminaré esta conferencia diciendo que el miedo no es real. En verdad es una ilusión, pero tienes que sentirlo para pasar a través de él. Cruzar el umbral de sentir tu debilidad te hace encontrar tu fuerza, al cruzar la puerta para sentir tu dolor encuentras tu placer y tu alegría; al cruzar la puerta para sentir tu miedo encuentras tu seguridad; atravesando la puerta para sentir tu soledad encuentras tu capacidad para obtener satisfacción, amor y compañerismo; cruzando la puerta para sentir tu odio encuentras tu capacidad de amar; al atravesar la puerta para sentir tu desesperanza encuentras la verdadera esperanza justificada; cruzando el umbral de la aceptación de las carencias de tu infancia encuentras tu satisfacción ahora mismo. Es esencial que al experimentar todos estos sentimientos y estos estados no te engañes para creer que han sido causados por algo que experimentas o no puedes experimentar ahora. Todo lo que trae consigo el ahora es sólo el resultado del pasado que hay en tu sistema.

A través de estas puertas encontrarás la verdadera vida. Todas las numerosas tentaciones que te empujan a andar caminos que te dicen que es posible encontrar la realidad espiritual de ti mismo sin pasar por esas puertas son sólo pensamientos llenos de deseos. No hay ninguna manera de darle la vuelta a lo que se ha acumulado en ti envenenando todo tu sistema, tu sistema espiritual, psicológico y a menudo también tu sistema físico. Ese veneno puede ser eliminado sólo mediante el proceso de sentir lo que hayas esperado poder evitar sentir. Al hacerlo llega un influjo de energía inconmensurable. Muchos de ustedes han experimentado hasta cierto grado lo que estoy diciendo aquí y en eso reside su crecimiento. Pero todos deben ir más lejos en este sentido. El auto-castigo por el odio y el desprecio, por la crueldad y la avaricia, por el egoísmo y las exigencias unilaterales hacia los demás debe ser abandonado para que puedas entrar en el terror de lo que temes, tu vergüenza y tu dolor. Cuando dejes de luchar en contra de esto te volverás real, abierto y realmente vivo.

Benditos sean todos ustedes.

▲ 21 ▲

Identificación con el ser espiritual para vencer la intencionalidad negativa

Saludos y bendiciones para cada uno de los presentes. Dejen que el poder del espíritu los vitalice, que viva y se manifieste a través de ustedes. Entonces estarán en el mundo real y su vida tendrá un sentido. Cada paso que toman en esta dirección genera nueva energía. Tú que sinceramente quieres descubrir quién eres y estás preparado para hacer el sacrificio de abandonar los viejos patrones destructivos de pensamiento y reacción, descubrirás el tesoro incomparable que hay dentro de ti. La palabra sacrificio se vuelve algo verdaderamente ridículo, pues lo que abandonas es nada para conseguirlo todo.

Conforme te vuelves más perceptivo y armonioso como resultado de tu acelerado desarrollo, vas sabiendo que la realidad del espíritu es mucho mayor que la de las cosas que tocas y ves.

La energía espiritual que generas se vuelve autoperpetuante. Esto lo puedes notar en tu vida personal lo mismo que en las acciones que realizas con los demás. Claro está que aún después de haber realizado un gran avance todavía tienes que lidiar con tus defensas y con tus negatividades aún no descubiertas, con tus resistencias, distorsiones y oscuridades. Como siempre, esos aspectos deben ser primero que nada reconocidos de manera total y luego aceptados antes de que puedas abandonarlos. Es imposible abandonar algo que no conoces y que no has expresado ni estás dispuesto a expresar.

▼ *La intencionalidad negativa* ▼

Ahora quisiera hablar de la necesidad de ser consciente de tu anteriormente oculta intencionalidad negativa, la cual ahora se ha vuelto consciente. Es posible que en el pasado hayas aceptado la teoría según la cual tú también tienes un ser inferior, defectos y fallas del carácter. Incluso, puedes haber enfrentado algunos de ellos de manera honesta y constructiva. Pero eso no es lo mismo que encontrar tu intencionalidad negativa.

Un hecho importante de la psicología humana es que todo lo que la gente teme, es algo que al mismo tiempo desea de manera inconsciente, y todo lo que experimenta, también lo desea inconscientemente. Todo el Pathwork se basa en este hecho real de la vida. Y resulta que muchos de ustedes realmente enfrentan una actitud básica negativa hacia la vida: una actitud que expresa la ausencia del deseo de dar, de amar, de contribuir, de ir en busca, de recibir o de vivir bien y de manera fructífera. Esto puede sonar exagerado para la mente consciente que desea antes que todo la satisfacción más completa que podamos imaginar. Pero existe esa otra parte del alma, en un escondido rincón de la psique, que dice exactamente lo contrario. Desea odiar, ser despreciativa, retener, aun si esto causa sufrimiento y carencias.

Reconocer esa parte del alma es de una importancia capital. Y no tiene por qué ser la parte más grande del alma. De hecho, es posible que sólo una parte relativamente pequeña de tu conciencia esté bloqueada en la negatividad, mientras que la mayor parte de tu ser lucha por lo contrario. Pero no importa cuán pequeña sea en relación con los aspectos liberados y positivos del ser, la parte negativa tiene un poder magnético sobre la vida del individuo precisamente porque no ha sido reconocida de manera consciente.

Cuando te percatas de esa intencionalidad negativa, empiezas a percibir el control devastador que tiene esa actitud sobre de ti y sobre tu vida. A pesar de que sepas cuán destructiva y falta de sentido es esa actitud, aún eres incapaz de abandonarla, pues no estás dispuesto a hacerlo. Se necesita realmente un gran esfuerzo para vencer la resistencia antes de que puedas aceptar este hecho de tu vida, aunque inicialmente sea algo chocante. En realidad buena parte de la resistencia que enfrentas dentro de ti mismo y en tus compañeros, se basa precisamente en no querer ver la existencia de esa absurda destrucción y negación dentro de ti.

Pero al mirarla, finalmente, alcanzas una bendición. Entonces puedes lidiar con esa negación de la vida. Hay un sinnúmero de "razones" para la negatividad, si es que podemos llamarlas así, de las cuales ya eres relativamente consciente. Sin embargo, puede ser que aún no puedas moverte más allá de ese punto. Pero el sólo hecho de que sepas y aceptes que tú eres una de esas personas que desean el aislamiento, la soledad, la falta de amor, el odio y el desprecio en vez de culpar a algún destino que se cierne sobre tu inocente ser, eso es la clave para encontrar el siguiente eslabón de la cadena de tu evolución.

Aquí es importante hacer una distinción clara entre la negatividad y la intencionalidad negativa. La negatividad comprende un amplio rango de sentimientos que incluyen la hostilidad, la envidia, el odio, el temor, el orgullo y la cólera, para mencionar sólo algunos. Pero cuando hablamos de intencionalidad negativa queremos decir más precisamente la intención de mantenerse en el estado de negación de la vida y del ser. La sola palabra intención implica que el ser tiene el control y realiza una elección deliberada, queriendo hacer, actuar y ser de cierta manera. Pero cuando despliegas las actitudes más destructivas, crueles y brutales siempre das la impresión de que eres incapaz de actuar de otra manera. Sin embargo, cuando averiguas algo sobre tu intencionalidad negativa ya no puedes continuar engañándote a ti mismo pensando que la negatividad es algo que "te sucede". Tarde o temprano debes aceptar el hecho de que tu vida es resultado de tus propias elecciones. Y las elecciones implican la posibilidad de adoptar una actitud diferente. En otras palabras, puedes realmente descubrir que en el fondo eres libre. Hasta tus estrechos límites actuales son el resultado de un camino libremente escogido, que sigues y que continuarás siguiendo mientras no escojas cambiarlo.

Estas intenciones negativas pueden parecerle exageradas a la mente consciente, pero no hay duda de que la intencionalidad negativa realmente existe. Admitir y lidiar con este hecho de manera extensiva y profunda exige de una gran lucha, esfuerzo y paciencia, lo mismo que de la superación interior de las resistencias. No estoy hablando de un asomo ocasional de reconocimiento que luego es dejado de lado. Enfrentar y lidiar con nuestra negatividad de manera sincera significa una de las más grandes crisis de la vida y produce una transición fundamental. No es algo que nadie pueda hacer con facilidad.

Veamos, ahora, algunos niveles y progresiones fundamentales de esa transición. Puedes iniciar este camino sin ser consciente de tus necias intenciones negativas. Tal como lo dije anteriormente, si te enfrentaras con ese hecho, no podrías creerlo, sin hablar de sentirlo y observarlo dentro de ti. Puede que seas consciente de algunos de tus defectos y actitudes destructivas, de una conducta y unos sentimientos neuróticos, pero no puedo exagerar el hecho de que eso no es para nada lo mismo que ser consciente de tu intencionalidad negativa.

Cuando tu camino de trabajo avanza bien y obtienes una visión más profunda y más honesta de ti mismo, puedes aceptar más y más de lo bueno que hay en ti, lo mismo que tus sentimientos dolorosos. Obtienes fuerza y objetividad. A través de tu renovado compromiso para enfrentar la verdad que hay en ti una y otra vez, lo cual activa las más puras energías espirituales; finalmente llegas a descubrir tu negación intencional de todas las cosas buenas de la vida. Descubrirás que mientras más frustrado te sientes por no lograr lo que deseas profundamente, más grande es tu intención negativa y menor es tu inclinación a lidiar con ella. La relación entre estos elementos es extremadamente importante. Y lo mismo se aplica a las dudas: mientras más temes que lo que deseas no se materializará, menos fe tienes en tu vida y menos conectado estás con tu propia voluntad negativa.

▼ *Una nueva esperanza* ▼

Un hecho difícil de admitir es que el ser deliberadamente escoge un camino de negación, desprecio y odio aún a costa de sufrir. Pero una vez que se hace una nueva elección, se abre la puerta hacia la libertad, aun antes de que uno esté realmente listo para atravesarla. Aun antes de que el ser esté listo para hacer una nueva elección, la sola disponibilidad de otro camino, de otra aproximación a la vida y a la re-inversión de nuestras energías y recursos, trae esperanza, y no una falsa esperanza, sino una expectativa realista.

Ustedes se aferran tanto a falsas esperanzas, amigos míos. De hecho invierten sus mejores energías en soluciones neuróticas basadas en esperanzas irrealizables o en meras ilusiones. Pero existe una esperanza real, realista y realizable: una esperanza que no tiende a terminar en desilusiones y decepciones: esta esperanza crece lenta pero seguramente para convertirse en una realidad manifiesta, en un hecho, resultado de la auto-realización y la actualización de lo mejor de ti mismo y que, por lo tanto, te da acceso a todo lo que la vida puede ofrecerte. Sólo piensa en todas las potencialidades de la vida. Son interminables y están ahí para que tú las pidas.

Sin embargo, por importante que sea el reconocimiento de la existencia de tu intencionalidad negativa, no es lo mismo cobrar conciencia de ella que abandonarla. A veces sucede que el percatarse de una actitud destructiva o distorsionada automáticamente la elimina, pero eso no siempre es cierto. En el trabajo de cada quien resulta cada vez más evidente que, a pesar de saber cuán sin sentido y destructiva es la intencionalidad negativa, se necesita más que el menor reconocimiento antes de que la mente, la voluntad y la intención puedan ser cambiados.

Ya hemos entrado en muchas de las creencias y las ideas erróneas, los motivos y las razones de que las cosas sean de este modo. Hemos trabajado en muchos de ellos. Tenemos el miedo a lo desconocido, el miedo a ser lastimados y humillados, el miedo y el rechazo a sentir dolor ya sea pasado o presente. De modo que una actitud negativa es una defensa en contra de los sentimientos reales. Cuando te aferras a una dirección negativa de la voluntad eso también se debe a la negativa a asumir tu responsabilidad en la vida o a lidiar con unas circunstancias que son bastante menos que ideales. Se trata de una insistencia interior para lograr que tus "malos padres" se conviertan en "buenos padres" utilizando tu desgracia como un arma en contra de ellos. La intencionalidad negativa también es un medio para castigar a la vida en general. Algunos de ustedes han ampliamente explorado, verificado y trabajado esos sentimientos, reacciones y actitudes, pero todavía insisten en aferrarse a ellos. ¿Por qué?

También hemos trabajado en el origen de la negación. A menudo es la única manera en la que un niño puede preservar la sensación de su ser. Si no se mantiene la resistencia interior, la personalidad se siente amenazada; el niño piensa que es lo mismo soltar la resistencia y capitular, abandonar su individualidad. Muchos de ustedes son conscientes de esto y conocen la impertinencia de traer una posición otrora válida hasta el presente en donde ya no funciona y resulta más bien destructiva.

Para quienes aún no han hecho el descubrimiento de sí mismos, tal vez parezca casi increíble que uno pueda admitir e insistir en una actitud desgastante y sin sentido que no hace sino traer resultados indeseables. ¿Por qué existe esa actitud aparentemente sin sentido a pesar de que sabes que sólo es causa de dolor para ti y para los demás? Debe haber una razón muy poderosa que obviamente va más allá de cualquiera de las causas mencionadas anteriormente, aunque no cabe duda de que también son verdaderas. Muchos de ustedes se encuentran atorados en este punto y necesitan ayuda para rebasarlo.

▼ *¿Con qué parte te identificas?* ▼

Con el fin de resolver ese cuello de botella es preciso enfocar la cuestión de la identificación. ¿Con qué parte de ti mismo te identificas? Esa identificación no es algo escogido por el ego consciente. Una vez más, se trata de algo que debe ser descubierto por tu mente observadora. ¿En qué forma te identificas con las diferentes partes de tu ser?

Por ejemplo, si te identificas exclusivamente con tu ego, la parte de ti que es consciente, que actúa y en donde reside y quien controla la voluntad, eso hace automáticamente imposible cambiar cualquier cosa que se encuentre más allá del dominio del ego. El cambio interno de las actitudes y los sentimientos más profundos de un individuo no puede realizarse con las muy limitadas funciones del ego. Es preciso que uno se identifique con un aspecto más profundo, más amplio y más eficaz de su ser a fin de poder siquiera creer en la posibilidad de un cambio semejante. Cualquier cambio profundo se realiza en base al compromiso del ego para desear el cambio y para confiar en los procesos llevados a cabo por el ser espiritual involuntario. Si no existe una identificación con el ser espiritual, no puede existir una confianza de ese tipo ni el necesario clima de expectativas positivas. Y si esto no existe, la persona ni siquiera puede desear el cambio, pues la convicción del fracaso llevaría al ego de regreso hacia su carencia de poder de manera muy poco agradable. De modo que es preferible que el limitado ego diga: "*No quiero*" en vez de que diga "*No puedo*".

La identificación puede existir de la manera más positiva y constructiva o, en cambio, de la manera más negativa, obstructiva y destructiva. La diferencia no la determina tu identificación con uno o varios de los aspectos de tu personalidad, como si hubiera unos buenos y otros malos. La identificación con cualquier aspecto de ti mismo puede ser deseable, sana y fructífera o todo lo contrario. Por ejemplo, puedes pensar: "¿Cómo podría ser destructivo identificarme con el ser superior?"

Si te identificas con el ser superior sin ser realmente consciente de tu ser inferior, de tu máscara, de tus defensas, de tus tretas deshonestas y de tu intencionalidad negativa, entonces tu identificación con el ser superior se vuelve un escape y una ilusión. En esas circunstancias no se trata en absoluto de una experiencia real ni verdadera. Es como hablar y hablar de una filosofía en la cual sólo crees en el plano intelectual. Está muy bien saber que eres una manifestación divina con un poder potencialmente ilimitado para cambiarte a ti y para cambiar tu vida, que eres el mismísimo espíritu del universo en una forma manifiesta. Esto es cierto. Pero no obstante es una verdad a medias cuando semejante identificación pasa por alto la parte de ti que necesita ser analizada y observada con mucha atención.

Del mismo modo, una cosa es identificarte con tu ser inferior o con tu máscara, y otra muy distinta es observar e identificarlo. Cuando te identificas con tu ser inferior crees que eso es todo lo que hay en ti. Cuando lo identificas, lo observas, admites y atrapas, no crees que eso sea todo lo que eres. Si así fuera no podrías identificarlo, observarlo, evaluarlo, analizarlo o cambiarlo. Ya que la parte de ti que realiza la observación definitivamente controla más, tiene más poder y es más activa y real que la parte que es observada, evaluada o cambiada. En el momento en el que identificas algo, bueno, malo o indiferente, la parte que identifica es mucho más tú mismo que cualquier cosa identificada. En otras palabras, el observador es más real y está más en control de las cosas que lo que se observa.

Esta es la gran diferencia que hay entre identificar algo e identificarse con eso. Cuando la máscara y el ser inferior o la intencionalidad negativa son identificados hay lugar para que los sentimientos reales, incluyendo el dolor, sean experimentados con honestidad y se vuelve innecesario negar el dolor. Esto es así porque la energía que ya no se invierte en la negación te acercará a la verdad. Y cuando puedes realmente sentir tus sentimientos entonces puedes identificarte con el ser espiritual.

El ser inferior debe ser identificado y uno debe identificarse con el ser espiritual. El ego hace la identificación, pero se rinde a sí mismo voluntariamente para que pueda ser integrado en el ser espiritual.

▼ *Abandonar la intencionalidad negativa* ▼

Al abandonar la intencionalidad negativa, el individuo se vive a sí mismo como algo más que ese ser inferior que debe ser disuelto. Esto es, la forma actual de sus energías se disuelve y es transformada, cambiada y canalizada de una manera nueva y mejor. El absurdo rechazo a abandonar la voluntad negativa existe porque la persona se identifica completamente con ese aspecto del ser, sin importar los otros aspectos del ser que están más desarrollados y en los cuales esto revela no ser cierto. En otras palabras, no se trata de una condición definitiva. No es correcto decir que la persona se encuentra completamente identificada con el ser inferior o que no se identifica con el en absoluto. Invariablemente se trata de una combinación, algunos aspectos del ser están libres, y se puede sentir una profunda identificación espiritual en ese área. Al mismo tiempo, los aspectos aún no identificados del ser inferior, los sentimientos aún no sentidos, crean en parte una terrorífica inmersión en el ser inferior que el ser considera como la única realidad. Al mismo tiempo también se realiza una tercera identificación con el ego que considera que éste es la única función válida y confiable del ser que puede existir. Es así como la gente se halla desgarrada en relación con la identificación.

Cuando existe una secreta, aunque parcial, identificación con el ser inferior, abandonarla es como aniquilarse a uno mismo. La parte del ser que es destructiva, cruel, odiosa y despreciativa considera que eso es el ser real. Cualquier otra cosa parece irreal, incluso falsa, especialmente cuando se está utilizando una apariencia realmente falsa para cubrir la realidad del ser inferior Parece como si abandonar el odio, el desprecio y las intenciones negativas fuera como abandonar nuestro ser. Ese aparente aniquilamiento es un riesgo que no se puede tomar, aún cuando exista la promesa de que la alegría y la satisfacción surgirán de ese sacrificio. En el mejor de los casos parece como si esa alegría sólo pudiera llegar a existir para alguien distinto a la persona con quien tú te identificas. ¿Y qué objeto tienen la alegría, la satisfacción, el placer, el auto-respeto y la abundancia si serán experimentados por alguien distinto de ti? Estos son el sentimiento y el estado de ánimo que existen sin ser expresados.

Esta es la parte más difícil de superar. O, tal vez, debería corregir esto y decir que es la segunda parte más difícil. La primera consiste en establecer el compromiso inicial para descubrir la verdad sobre ti mismo. Eso incluye la observación mental y la admisión de tus verdaderos pensamientos, la experimentación de todos los sentimientos y el asumirlos en todos los niveles. La segunda parte, entonces, consiste en sacarte a ti mismo de la identificación con tu ser inferior.

Cuando te vives a ti mismo como si sólo fueras real en el ser inferior, no importa hasta qué grado eso sea verdadero, no puedes abandonar al ser inferior. El rechazo a realizar ese abandono es una mala interpretación de la voluntad de vivir. Vives en la ilusión de que nada hay más allá de tus aspectos más negativos. Te sientes real y energetizado sólo cuando se manifiestan la negatividad y la destructividad, sin importar qué tanto el medio ambiente limite esa sensación forzándote a experimentar esa energía como algo que existe sólo dentro de ti. El adormecimiento y la falta de vitalidad exteriores parecen ser el resultado de haber "abandonado" el mal, pero en realidad no lo has abandonado en lo más mínimo.

Amigos míos, dejen que esto les penetre: su resistencia a dejar lo que más odian de ustedes mismos se debe a una falsa identificación.

▼ *La salida* ▼

¿Cómo vas a encontrar la salida? Lo primero que hay que hacer es plantearte la pregunta: "¿Acaso esto es realmente todo lo que soy? ¿Es cierto que mi realidad deja de existir cuando abandono mi intención y mi voluntad negativas? ¿Esto es todo lo que soy?" El sólo hecho de que te plantees esas preguntas con honestidad estará abriendo una puerta. Incluso antes de que lleguen las respuestas —y eventualmente se dejarán ver— el hecho de que se planteen esas preguntas te permitirá acercarte al segundo nivel en esta progresión en la cual te percatas de que la parte que hace las preguntas está desde ahora más allá de la identidad que asumes actualmente. De ese modo estableces un nuevo puente. A partir de ahí no será tan difícil encontrar una voz dentro de ti que responderá de maneras nuevas, más allá de la limitada visión del ser inferior que tan celosamente solías proteger.

Plantéate preguntas tentativas, preguntas hechas con buena voluntad y buena fe. Ese es el primer paso para encontrar tu salida de la prisión del sufrimiento innecesario. Cuando hagas esto, ya no te identificarás con el ser inferior que no conoce nada de lo que hay más allá de sus limitados muros y que sólo obtiene su identidad o su realidad del hecho de ser negativo. En cambio llegas al punto en el cual puedes identificarlo y ser su observador. Identificarte con el observador se vuelve entonces el primer paso que te aleja como una primera extensión de la experiencia habitual que tienes de ti mismo.

Por ejemplo vamos a asumir que te has acostumbrado a experimentarte como alguien arrogante, frío y desdeñoso. Abandonar esa actitud parece como si fuera igual que morir. Pero ¿morir hacia qué? Morir hacia tu verdadero ser en el cual se encuentran tus sentimientos y tu ser reales. Si estás dispuesto a sentir tus sentimientos independientemente de su naturaleza, entonces sabrás quién eres. Si no estás dispuesto, seguirás siendo ese "ser" duro, rígido y limitado. Aquí reside tu posibilidad de elegir.

No se puede decir que cuando abandones tu intencionalidad negativa inmediatamente sentirás la gloria. Experimentarás tus verdaderos sentimientos, algunos de los cuales son bastante dolorosos. Pero ese dolor será mucho más fácil de soportar que la posición en la cual te mantienes. Debido a su carácter fluido te levará hacia nuevos y mejores estados, como el río de la vida misma.

El compromiso siempre debe ser con la verdad del ser, con lo que realmente siente, piensa y es. Si el compromiso con el ser es la meta, entonces no puedes fracasar en la realización de ti mismo. Experimentarás nuevas profundidades del sentimiento e incluso darás la bienvenida al dolor, pues es algo real, en movimiento y completamente tú mismo.

Las primeras respuestas que recibirás a tus preguntas tal vez todavía ni siquiera lleguen desde tu ser espiritual más profundo. Las primeras respuestas pueden venir de tu mente consciente. Tu capacidad para formular las nuevas posibilidades y las respuestas y para usar el conocimiento de la verdad que ya está integrada en tu conciencia será real y sin riesgos. Al mismo tiempo, te dará una nueva llave para usar el equipo que está a tu disposición en formas distintas a tus viejos hábitos.

Ese tipo de nuevos pensamientos puede considerar que probar una nueva intencionalidad podría ser interesante y deseable para ti. Podrás jugar inicialmente con la formulación de nuevos pensamientos, sopesando las posibilidades y las alternativas para la forma en que pones en funcionamiento tu aparato mental. Se trata de una tarea emocionante y que en principio no te obliga a seguir ningún curso específico de acción. Simplemente implica dar una nueva perspectiva a una mente ya muy establecida. Siempre puedes ejercer tu derecho a volver a dónde estabas, nunca eres presionado por la vida o por ninguna otra cosa. Siempre se trata de tu libre elección. Saber esto hará que el riesgo aparente de probar una nueva dirección de pensamiento parezca menos definitivo. Tan sólo investiga cómo se siente poner una nueva intencionalidad en movimiento. A medida que aprovechas esta nueva libertad, construyes otro puente hacia una mayor expansión del ser. Poco a poco puedes volverte calmado y escucharte a ti mismo. Percibirás la siempre presente e interminable voz de la verdad y de Dios. La intensidad y la frecuencia de esa voz crecerán hasta que te des cuenta de que tú eres todo lo que existe. No hay nada que no seas. Eso puede sonar muy exagerado, pero no es tan lejano como te puede parecer en este momento.

Ustedes que se están dispuestos a descubrir nuevas posibilidades de concepción, percepción y formación de nuevas actitudes interiores experimentarán la nueva riqueza del universo, la riqueza de su ser más profundo. De ahí surgen una nueva acción y una nueva experiencia exterior.

Quien se queda encerrado dentro de sus viejas posibilidades debe permanecer en una condición insatisfactoria a pesar de ser alguien muy desarrollado en comparación con otras personas. No existe la posibilidad de detenerse. Si te detienes, te encierras. Sólo cuando continúas tu expansión puedes realmente convertirte en ti mismo.

Hay una hermosa fuerza dorada que trata de salir de entre las nubes. Las nubes se dispersan cada vez más. No importa qué tanto logres avanzar, pero con el sólo hecho de desearlo, las nubes se vuelven más delgadas. No importa hasta qué grado lo hagas, pero mientras te escondas detrás de la negación y la duda, que son las más fuertes defensas en contra de salir de tu encierro, el sol y la fuerza dorados no logran pasar a través de las nubes. Pero ahí están. No creas que tienes que convertirte en una persona diferente. Te conviertes en lo mejor de lo que ya eres ahora. Al convertirte en eso, lo reconocerás, experimentarás su familiaridad y sentirás cuán seguro es, ¡qué tanto es tú mismo! Es lo mejor de ti mismo. No traicionas tu realidad, no te conviertes en algo de lo cual debes avergonzarte. Trata de creer en esto. Suelta un poco, deja que la luz entre en ti y acepta que la realidad no es un desastre. La realidad es bella. El universo está lleno de amor. La verdad es amor y el amor es la verdad. La libertad de tu propio espíritu puede ser encontrada en la verdad y el amor. ¡Benditos sean, todos ustedes!

▼▼▼▼▼

▲ 22 ▲

La transición hacia la intencionalidad positiva

Saludos y que Dios los bendiga a todos ustedes. Enfoquen la dimensión que ahora quiere comunicarles su integralidad y su riqueza. Pueden enriquecerse con ella si así lo eligen. Es un asunto de foco y de intención. Pidan una guía interna para ayudarles en esta tarea para que esta conferencia vuelva a serles útil como un paso más adelante en su búsqueda.

Quisiera nuevamente explicar —esta vez en un nivel más profundo y con una nueva aproximación— su intento de cambiar la intencionalidad negativa por expresiones positivas. Muchos de ustedes que están en este camino, finalmente se han percatado de lo que anteriormente ignoraban, negaban o reprimían. Y qué importante es esto y cuán vitalmente esencial es dentro de cualquier camino de auto-conocimiento, de confrontación con uno mismo y de purificación. Pero no basta con ello, amigos míos, no basta con haberse percatado, es preciso ir más lejos.

También he dicho que una razón fundamental de la dificultad para cambiar la intencionalidad negativa por una positiva es que el ser secretamente se identifica casi totalmente con su parte destructiva. De modo que abandonar esa parte de la personalidad aparece como algo peligroso, amenazante y aniquilador. La cuestión entonces es cómo proceder con el fin de modificar ese sutil sentimiento interior de la identidad. Cuando no se admiten las expresiones negativas, se condensan en una llaga infecciosa de culpabilidad y de duda sobre uno mismo que puesta en palabras concisas diría: "Si acaso supiera la verdad sobre mí, sería que soy completamente malo. Pero como ése es el verdadero yo y no quiero dejar de existir, no puedo desear abandonarme. Todo lo que puedo hacer es fingir que soy diferente".

Éste es un clima devastador para el alma en el cual la confusión crece y el sentimiento genuino del ser se pierde más y más. El conocimiento teórico correcto a nivel del intelecto logra muy poco para aliviar esta dolorosa y confusa situación. En esta conferencia trataremos más detalladamente el proceso que recomiendo para generar un cambio.

▼ *Examina todos los pensamientos* ▼

El primer paso consiste en darte cuenta de que tu intencionalidad negativa no es realmente inconsciente en el sentido estricto de la palabra. No es para nada un material profundamente reprimido. En realidad es una actitud o una expresión consciente, sólo que has escogido ignorarla hasta que finalmente has terminado por "olvidar" que está ahí. Cuando deliberadamente miras durante mucho tiempo hacia otro lado para no ver alguna cosa, eventualmente esa actitud te conduce a que en realidad no veas lo que siempre ha estado ahí. En el momento en que el ojo vuelve a enfocarse, el material se aclara de inmediato. Ese material no es verdaderamente inconsciente. La diferencia es muy importante.

A estas alturas la mayoría de ustedes acepta, enfrenta y admite algo de su intencionalidad negativa, pero no la totalidad; aún prefieren ignorar parte de ella. Con el fin de lograr que los aspectos restantes se vuelvan completamente conscientes y también con el fin de producir el cambio de la intencionalidad negativa hacia la positiva, es necesario que escudriñes cuidadosamente esos "pequeños y poco importantes" patrones diarios de pensamiento que se han convertido en una relevante parte de ti hasta el punto de que difícilmente se te ocurre ponerles atención. Sin embargo, todos los procesos de pensamiento tienen un tremendo poder y deben ser revisados. Hay demasiados pensamientos y reacciones automáticas que son consideradas como algo dado y dejados de lado. Se ignora su enorme poder. Así que puedes ignorar una reacción de mala voluntad, de envidia o de resentimiento culpabilizador a pesar de ser consciente de tus intenciones negativas en otros aspectos. Pero son esos pequeños pensamientos y reacciones habituales lo que debe ser explorado.

Por ejemplo, puede ser que admitas tener una cólera o un odio irracionales. Puedes afirmar exteriormente que esas reacciones son irracionales, pero una parte de ti aún se siente con el derecho de tener esos sentimientos porque considera que se la ha tratado de manera injusta. Aún reaccionas ante cosas del pasado y traes tu reacción al presente. El dolor del pasado y su angustia pueden ser realmente reprimidos en el verdadero sentido de la palabra.Con el fin fin de lograr que la primera experiencia directa sea accesible, es necesario lidiar con esa defensa que la cubre de manera completa. La defensa siempre es una intencionalidad negativa bajo una forma u otra y no es verdaderamente inconsciente. Tu dolor pasado, la experiencia que niegas ante ti mismo, se convierte en una reacción distorsionada en el presente. Y esas reacciones deben ser vistas en sus justas dimensiones.

Podemos asumir que estás enojado y resentido ante una situación actual. Como dije, generalmente puede ser que sepas y admitas que ése es tu sentimiento negativo, pero emocionalmente aún sientes que estás en lo correcto. Puede haber una dolorosa confusión en este caso: una parte de ti siente que tus demandas y tus respuestas son injustificadas, y otra parte se siente tan insatisfecha y demandante que reacciona como si el mundo debiera girar en torno a ti, y te impide ver todo el cuadro de manera objetiva.

Lo necesario en este caso es sacar el pensamiento que te infecta y examinarlo con la parte madura de ti mismo. Tienes que seguir ese confuso sentimiento a lo largo de todo su camino y utilizar todos tus recursos y tu atención para avanzar en la comprensión de ti mismo. Entonces tus sentimientos negativos junto con los pensamientos distorsionados que hay detrás de ellos serán vistos con pensamientos sinceros, maduros y realistas. Éstos últimos no deben empujar a los primeros para que se vuelvan a esconder. Eso debe ser evitado a toda costa y tú que estás en este camino bien sabes cómo no dejarte tentar hacia esa trampa. El proceso debe ser un diálogo consciente. Es un proceso integrador que eventualmente unirá lo que está separado y establecerá una identificación con tu ser maduro, genuino y constructivo.

No es suficiente con admitir la existencia de actitudes equivocadas, destructivas, malvadas e irrealistas. El siguiente paso consiste en saber exactamente por qué esas actitudes son negativas y en qué forma distorsionan la verdad. Entonces puedes considerar inteligentemente la situación real en vez de limitarte a la visión infantil y distorsionada que tienes de ella. Si primero puedes expresar el deseo y la intención completamente irracionales que hay detrás de la actitud destructiva y luego expresar en qué forma esa intención se opone a la realidad, a la justicia y a la verdad, entonces no importa cuál sea la negatividad, habrás dado un paso enorme hacia su cambio por una intencionalidad positiva. Habrás quitado de enmedio una defensa innecesaria o un frágil muro que te impide experimentar la vida.

Tu pensamiento de adulto tiene que expresarse al mismo tiempo que el pensamiento infantil y destructivo sobre el asunto en el cual estás tan emocionalmente involucrado. Esto es algo que puedes hacer si realmente lo deseas. Tus procesos de pensamiento generalmente funcionan bastante bien si y cuando lo deseas. Los procesos de pensamiento por lo general están muy desarrollados y pueden ser puestos al servicio del proceso de purificación.

Es absolutamente necesario que conozcas las ramificaciones y el significado de tus actitudes defectuosas: por ejemplo, por qué tu cólera, tu hostilidad, tus celos, tu envidia y tus exigencias injustas son verdaderamente injustas. Sólo entonces podrás entender también que la cólera sana puede estar justificada. Cuando se entiende esto, puedes experimentarlo limpiamente, sin culpa, sin dudas sobre ti mismo, sin debilidad y sin estorbosos efectos secundarios. Aunque el sentimiento de cólera puede estar justificado, mientras no sepas con claridad si tu cólera lo está o no, siempre estarás confundido. Siempre fluctuarás entre la culpa y el resentimiento, entre la negación y el rechazo del ser, de los demás y de la vida, y entre el miedo y la culpabilización de los otros. Por un lado, tratarás de calmar las dudas sobre ti mismo construyendo situaciones frenéticamente y, por el otro lado, estarás paralizado por el miedo y la debilidad y serás incapaz de afirmarte a ti mismo. Estarás igualmente débil y confundido en situaciones en las que expresas tus exigencias infantiles e irracionales y luego tu intención destructiva, una vez que esas exigencias no sean satisfechas y debas proteger tus derechos por el bien de la verdad. A menudo esas dos expresiones existen simultáneamente en la misma situación, lo cual la hace aún más confusa. Tu mente no puede resolver esos conflictos por sí sola. Los elementos destructivos deben ser admitidos primero, pero entonces la mente debe confrontarlos y neutralizarlos, comprenderlos y corregirlos.

Si la inteligencia de adulto se usa tan sólo para racionalizar la dolorosa confusión, para construir situaciones defensivas, para justificar la situación o para protegerlo a uno de la admisión de la intención destructiva, nunca se gana nada. Pero si la mente adulta se usa para arrojar luz sobre las exigencias irracionales, aclarando que son irreales e injustas y mostrando que las reacciones emocionales que resultan de ellas son destructivas para todos los implicados, entonces se puede ganar mucho y la verdad de la situación puede revelarse.

▼ *Recorrer todo el camino* ▼

Éste es el trabajo que te espera para la siguiente fase de tu camino. Has logrado buenos avances al admitir parcialmente tu intencionalidad negativa. Pero a veces esa admisión se convierte ella misma en una sutil escapatoria. Con sólo admitir un sentimiento destructivo, una y otra vez, sin entrar más a fondo para examinarlo y encontrar cómo y por qué es incorrecto, tan sólo estás abriendo la puerta de atrás para escapar. Parece que haces lo correcto, pero te rehusas a ir realmente más lejos, a recorrer todo el camino.

Las tentaciones del mal son muy sutiles. Cada verdad puede ser puesta al servicio de una distorsión. Es por esto que se necesita tanta vigilancia. También es por esto que hacer lo correcto nunca es por sí solo una garantía de ser sincero ni de estar en armonía con las leyes universales. No existe una fórmula única que te pueda proteger del mal, sólo la sinceridad del corazón es capaz de hacerlo. Esa sinceridad del corazón y la buena voluntad deben ser cultivadas una y otra vez. Se trata de algo que proviene de la limpieza espiritual que consiste en la revisión y la meditación diarias y del compromiso con el mundo de verdad, amor, honestidad e integridad perteneciente a Dios. Cuando existe la voluntad de honrar la decencia, la verdad, el amor y la justicia más de lo que se honra a las ventajas aparentes del temeroso, aferrado y vano pequeño ego, tu liberación procederá de manera muy segura. Cuando se hace esto en los niveles interiores con los cuales estás entrando en contacto a través de este trabajo y no nada más de manera superficial en el nivel del ser exterior, entonces la purificación es muy profunda.

Reúne el nivel de los sentimientos con el de la mente. Indaga sobre el significado de tu experiencia con los sentimientos así como la validez y la realidad de los sentimientos. Averigua si lo que asumes que es verdadero como base para una reacción sentimental es válido o no. Cualquier actitud destructiva es una expresión de un juicio de valor subyacente, y esos juicios de valor deben ser muy claros en lo que toca a su precisión o a su falacia.

Sólo es posible eliminar las dudas cuando le das cabida a una actitud de confianza. Si sólo admites tu desconfianza sin ir más lejos para ver qué es lo que significa, por qué es errónea y cómo podría ser diferente, entonces permanecerás en el status quo. Tienes que examinar el pensamiento y las conclusiones que están implicados en el desprecio, la desconfianza, los celos, la hostilidad, etcétera, pues esas conclusiones sólo están en tu mente.

Los seres humanos tienen todo tipo de pequeños pensamientos todo el día y en cada hora de sus vidas. No les ponen atención pero esos pensamientos tienen un gran significado. De hecho, los pensamientos tienen un poder enorme. Todos los pensamientos crean. Tus pensamientos, al igual que tus sentimientos crean tus acciones y tus experiencias. Crean el estado de tu cuerpo, de tu mente, de tu alma y de tu espíritu.

Ha llegado el tiempo, amigos míos, en el cual cada vez son más numerosos entre ustedes quienes pueden dar estos pasos de transición, dando los pasos realistas que sirven para transformar el mal. De este modo se permitirán sentir toda la experiencia de todos los sentimientos y le darán el poder a su propia conciencia para que gobierne la vida que desean tener.

Esto es la creación positiva en funcionamiento. Es algo que se puede hacer. Pide a tu guía interno que a lo largo de todo el camino te dé conciencia y un estado de alerta para no esconder lo que debe ser trabajado. Mientras haces esto, no sólo conocerás cada fibra de tu ser, sino que sentirás y experimentarás lo que temes que sea una ilusión, que el universo es un lugar rico y alegre.

En tu meditación después de esta conferencia expresa tu confianza en el universo: piensa que realmente puedes obtener abundancia, alegría y la realización de tu vida, de tu encarnación y que la realización trae una paz profunda. Benditos sean todos ustedes, queridos amigos.

▲ 23 ▲

El proceso de visualización para crecer en el estado de unidad

Saludos y bendiciones. Esta conferencia constituye otro paso para ayudarte de una manera muy específica. La personalidad individualizada a lo largo del proceso de crecimiento y de expansión siempre debe evolucionar hacia nuevos estados de conciencia y experiencia. Cada nivel profundiza la visión y libera una nueva substancia creativa con la cual se pueden crear experiencias de vida y mundos deseables. De este modo se le hace más accesible una mayor abundancia del universo al individuo.

Todos ustedes saben que la visualización es algo muy esencial para el trabajo de creación y recreación que realizan en la meditación. A menos de que puedas visualizar el estado hacia el cual irás creciendo, no será posible que lo alcances. Sin embargo, es extremadamente difícil visualizar un nuevo estado hacia el cual crecer a menos de que tengas un ejemplo de algún tipo.

En esta conferencia quiero dar algunas indicaciones claras y algunos conceptos iniciales sobre qué es lo que debes buscar, con qué debes armonizarte y qué debes prepararte a reconocer como tus potenciales aún latentes. Haré un esquema de lo que significa, tanto interna como externamente, llegar al punto en el que la personalidad realmente se une con el ser divino interior, con la inagotable riqueza que hay en el núcleo de cada ser humano: el centro de nuestro ser. Esta conferencia es únicamente un esquema que describe ciertas condiciones y manifestaciones básicas que pueden ser generalizadas sin riesgos y que se pueden aplicar a todas las personas que han alcanzado el estado en el cual su ser divino se expresa y se manifiesta contínuamente. Trataré de dar una idea y una visión que te ayude a empezar a ver con ojos frescos y para que tal vez reconozcas en los demás lo que antes no podías ver.

▼ *Asumir un compromiso de sincero* ▼

Cuando los individuos llegan al estado en el cual escogen deliberada y conscientemente comprometerse con la voluntad y la realidad divinas, entonces se han sentado las bascs para ciertos cambios vitales que sucederán en sus vidas interiores y exteriores. Éste es un compromiso con la omni-conciencia que habita en todas las criaturas. Se le puede llamar como tú quieras: Dios, conciencia universal, el ser real, el ser interior, cualquier nombre que le dés y que trascienda al pequeño ego. Cuando ese compromiso de todo corazón se hace de manera total, entonces empiezan a ocurrir ciertas cosas en la vida de uno. Obviamente, este estado no se alcanza al cruzar una línea claramente delimitada, sino a través de un proceso gradual. Antes de describir ese proceso, quiero decirte que no debes dejarte confundir por el hecho de que puedes haber hecho ese compromiso conscientemente y, sin embargo, no haber encontrado ningún cambio interior o exterior en tu vida.

Algunos de ustedes pueden estar muy comprometidos con Dios en un nivel consciente, pero puede ser que no se hayan dado cuenta de que hay otros niveles en ustedes en donde no sucede así. Les puede parecer muy fácil el creer, en un nivel meramente consciente, que ese compromiso con Dios es lo que desean. Conscientemente puedes estar lleno de buena voluntad y ser sincero. Pero a menos de que realmente hayas llegado a experimentar los niveles contradictorios que hay dentro de ti en los que no deseas eso, o en donde sólo lo deseas a partir de los términos de tu ego, lo cual se opone inmediatamente al importante acto de abandonarse a uno mismo, entonces sólo desearás fracasar. A menos de que reconozcas tus contradicciones, tu miedo, tu obstinación y tu orgullo, tu compromiso consciente siempre estará bloqueado. A menos de que enfrentes el nivel contradictorio del ego que se esconde detrás de tu voluntad, tal vez ni siquiera entiendas por qué todavía no alcanzas ciertos resultados a pesar de tu compromiso consciente con la verdad, con Dios, con el amor. Esa toma de conciencia es extremadamente importante y el Pathwork lidia con ella de manera muy intensiva con el fin de ayudarte a evitar una de las obstrucciones más insidiosas: el autoengaño.

Buscamos y sacamos la parte negativa del ser que dice "No lo haré". Aprenderás el valor, la humildad y la honestidad para exponer esa parte, la parte que llega incluso a decir: "Quiero resistirme. Quiero ser despreciativo. ¡Quiero que todo se haga a mi manera, y no de otra!" Mientras no se rindan los rincones secretos de tu substancia psíquica y exponen estas áreas, no puedes empezar —a menudo con muchos esfuerzos— a cambiar ese nivel tan negativo, esa parte obscura de la personalidad. Cuando esa parte permanece oculta estás dividido y no puedes entender por qué fracasan tus esfuerzos positivos.

Luego llega un punto en el que has ganado esa batalla. En ese nivel puedes confiar y entregarte de todo corazón a la rendición ante la conciencia divina. Pero una vez más, eso no sucede de pronto. Al inicio esa rendición debe ser lograda cada vez mediante una lucha. Necesitas de autodisciplina para recordarte esto. Aunque la resistencia se ha ido, el ser exterior todavía está condicionado al viejo funcionamiento y automáticamente construye en el nivel más alto de la mente. En este nivel necesitas adquirir un nuevo patrón de hábitos. Eso toma tiempo. Tal vez cuando realmente estés en problemas, en una crisis, te acordarás de soltar la tensión y abandonarte a Dios. Pero en la vida común, en tus tareas cotidianas, eso no te sucede todavía. Tal vez lo puedas hacer cuando estás relativamente libre, pero siempre que persisten los problemas aún te enfrentas a tu vieja obstinación, desconfianza y olvidos. Sólo poco a poco alcanzas el estado en donde se instaura un nuevo patrón de hábitos, en donde el acto de auto-rendición al todo se hace presente, en donde se manifiestan y permean todos tus pensamientos y percepciones, tus decisiones y tus acciones, tus sentimientos y tus reacciones. Volveremos a esto.

▼ *Vida interna y vida externa* ▼

Primero déjenme hablar de la relación que hay entre su vida interna y su vida externa. Existe una gran confusión en la gente respecto de este tema. Hay quienes aseguran que sólo la vida interior es importante. Prohíben el inevitable movimiento de la vida interior hacia la vida exterior porque no ven la limitación y la falsedad de esa idea. Si la unificación y los procesos divinos están realmente en movimiento, el contenido interno debe expresarse en la forma exterior. En resumen, la vida exterior debe ser el espejo de la vida interior en todos los aspectos posibles. Pero si tu conciencia ignora esta verdad o incluso se aferra fuertemente a la idea contraria, que el exterior no importa, entonces prohíbes el flujo de todo el proceso. Si esto sucede, la materia energética radiante no se puede expresar en los niveles de la materia más burda y, por lo tanto, no puede refinar a ésta última.

La falsa idea de que el nivel exterior no importa, encierra a la verdad espiritual interior y a la belleza detrás de un muro, separándola de la realidad material. La persona que tiene esa falsa idea empieza a ver una dicotomía entre esas dos cosas que en realidad son una sola. Muchos movimientos y escuelas espirituales de pensamiento predican el ascetismo y la negación de la vida exterior diciendo que eso profundiza la vida espiritual interior. Esta distorsión es una reacción al igualmente distorsionado extremo opuesto, que asegura que la vida exterior es más importante que el contenido interior, y que incluso puede llegar a negar la existencia de una realidad o contenido interior. En cambio, esa posición afirma que sólo importa la forma exterior.

El verdadero crecimiento interno eventualmente también debe manifestarse en el exterior, aunque no necesariamente con la velocidad que le impone una persona orientada hacia el exterior, quien, al esperar un cambio instantáneo, equivoca sus juicios. Ciertamente es posible expresar una forma exterior que no sea una expresión directa del contenido interior. De modo que es necesario tener mucho cuidado al evaluar esto.

Esas dos distorsiones son reacciones encontradas que buscan eliminarse una a la otra y por ese camino no llegan a comprender su propia posición. Este fenómeno puede ocurrir en todos los asuntos siempre que la conciencia se encuentre atrapada en la ilusión dualista. Durante diferentes eras y en diferentes civilizaciones y bajo diferentes condiciones culturales, una de esas dos distorsiones opuestas puede ser adoptada hasta que el péndulo se mueve hacia la otra. Sólo una persona verdaderamente conectada, unificada y que se realiza a sí misma expresa su forma exterior como una consecuencia inevitable de su contenido interior.

La forma exterior que existe sin un contenido interior no es más que una cubierta temporal que se romperá, aunque se parezca a una gloriosa perfección de realidad divina y a sus expresiones. Una vez más, este proceso se repite en muchas áreas del desarrollo humano. Sin embargo, hay una ley natural que establece que todas las falsas cubiertas deben resquebrajarse y derrumbarse.

Cuando la forma exterior existe sin conexión con un contenido interior orgánico, debe desintegrarse. Si existe sobre falsas premisas basadas en la apariencia, en la confusión de la vida exterior y la vida interior, entonces la forma exterior primero debe derrumbarse antes de que se le puede reconstruir como una expresión orgánica del movimiento y el contenido internos. Sólo cuando la forma exterior se ha derrumbado y se ha expuesto el caos interno para eliminarlo por completo, entonces puede construirse una belleza exterior con base en la belleza interior, la armonía interna puede crear armonía en el exterior y la abundancia interior puede generar abundancia en el exterior. Se necesita de una visión clara de este principio para crear una visualización de tu propio movimiento que entonces se puede manifestar en tu vida exterior como resultado de tu proceso interior.

▼ *Realizar la vida divina* ▼

Ahora voy a explicar las manifestaciones específicas que se dan en una persona que ya se encuentra profundamente anclada en el proceso de realizar la vida divina en su ego consciente. ¿Cuáles son las actitudes internas y externas, las manifestaciones y las expresiones de semejante persona? Todas las decisiones, grandes y pequeñas, se toman sobre la base del abandono de uno mismo, en el cual el pequeño ser se rinde ante el ser divino. Se le hace a un lado y uno se deja inundar por la sabiduría interior. En ese proceso, la personalidad se da cuenta de que no hay nada que no sea importante. Cada pensamiento, cada opinión, cada interpretación, cada manera de reaccionar debe tener la oportunidad de dejarse inundar por la conciencia superior.

En este nivel ha sido vencida la resistencia a ponerle atención a todo lo que ocurre; se ha formado un nuevo hábito para que el proceso divino sea auto-perpetuante. Ese proceso se ha vuelto parte de toda la persona hasta el grado en que opera incluso en las raras ocasiones en las que la persona olvida establecer el contacto; cuando tal vez pueda aflorar una vieja área no trabajada y empujar a la persona hacia la dirección equivocada. El ser interior ha sido suficientemente liberado para manifestarse de modo que puede hacer advertencias, manifestar desacuerdos, dar consejos y luego dejar espacio para la decisión sobre si la persona debe o no seguir el consejo. Éste ya es un estado de gracia. Se ha establecido la confianza como resultado de las repetidas pruebas de que la realidad divina conlleva verdad, sabiduría, bondad y alegría. Al inicio no se confía en la voluntad divina. Se le confunde con la poco confiable autoridad paterna que a menudo puede haber proclamado que algo era bueno para el niño aunque después se descubrió que no era así. En este nivel ya no existe esa confusión. El ser es plenamente consciente de que la voluntad divina realmente concuerda con todo lo que el corazón puede desear. Esa confianza crece gradualmente cada vez que vences tu resistencia y te dejas ir al aparente abismo de la rendición, abandonando tu estrecha voluntad personal.

Este proceso divino auto-perpetuante trae un cambio revolucionario vital en la totalidad de la persona. Sólo puedo mencionar algunas de sus manifestaciones. Te serán enviados pensamientos de verdad para tu ser, independientes de los pensamientos limitados que aún sueles obedecer. Escucharás una voz interior que te instruye con sabiduría y con un espíritu unificador que tu ser exterior simplemente no es capaz de generar. De acuerdo con esa sabiduría, nunca hay ninguna necesidad de odiar, de sentir rechazo por uno mismo, o por los demás. Las respuestas y las revelaciones mostrarán la unicidad y la unión de todo lo que hay, lo cual eliminará completamente el miedo, la ansiedad, la fricción y la desesperación.

El camino que conduce hacia la máxima realización consiste en abandonar el conocimiento del limitado ego a cambio del conocimiento del ser más profundo, con el fin de ejercer toda la energía, todo el valor, la honestidad y la autodisciplina para que el conocimiento más profundo se vuelva auto-perpetuante. Sin esto como base fundamental, no existen ninguna alegría, ningún placer o realización que puedan durar mucho tiempo. Incluso mientras existe, la realización se vuelve insoportable y finalmente no puede ser aceptada. Abandona tu insistencia en tus reacciones negativas, en las necias opiniones de tu pequeña mente, en la pereza que te obliga a sucumbir ante los viejos hábitos de tu ser separado. Así lograrás ganar la verdadera vida. Espera pacientemente, pero prepárate para recibir la sabiduría divina que tú puedes activar si así lo deseas. Cuando se ha logrado instaurar ese estado, o se encuentra en el proceso de profundizarse y fortalecerse de manera continua, entonces empiezan a aparecer otras manifestaciones, tanto interior como exteriormente.

Encontrarás una inmensa seguridad. Se trata de una seguridad que sólo puedes alcanzar cuando descubres la realidad del mundo espiritual que hay dentro de ti y en funcionamiento en torno a ti. Entonces conocerás la profunda paz del significado de tu vida y de toda la vida. Intuitivamente conocerás las conexiones y estarás lleno de una sensación de realización y de seguridad que rebasan todas las explicaciones. Entonces todo esto ya no será una teoría de creencias a las cuales adhieres o que niegas, sino un hecho vivencial que puedes reconocer una y otra vez. Siempre hay una salida de toda obscuridad y, por lo tanto, no existe ninguna razón para la desesperación. Sabrás que siempre eres capaz de utilizar todo lo que experimentas para elevar tu vida de gracia. Los puntos negros se vuelven oportunidades para incrementar la luz y no deben ser evitados, ya sea que se trate de dolor, culpa, temor o cualquier otra cosa. Una y otra vez experimentarás el completamente abierto sistema de la creación.

Conocerás y utilizarás tus propios poderes creativos, en vez de sentirte como un objeto desamparado dentro de un mundo fijo. La paz y el conocimiento de la realidad, la vida, provienen de la toma de conciencia de que tu mundo, tu experiencia y tu vida son una creación tuya. Esto abre muchas puertas nuevas. Ya no vives en un mundo bidimensional de "esto o aquello". Te provees de toda la realidad multifacética que está a tu disposición.

La confianza y ausencia de temor en las que vives entonces, necesariamente liberan una inmensa cantidad de energía y felicidad. A medida que pierdes el miedo a la cólera y al odio porque puedes aceptar tu propia cólera y tu odio, éstos dejan de existir. La energía se libera para otras expresiones. Entonces eres capaz de sentir placer y alegría y ya no tienes que rechazarlos. En lugar de crear soledad, puedes crear relaciones, la gloria de la relación más íntima con una pareja y la satisfacción de amistades abiertas y profundas. El placer ya no te asustará porque en cada poro y célula de tu ser ahora sabes que lo mereces. Cada uno de tus poros y tus células son una expresión de una conciencia que ahora está en armonía con tu conciencia divina.

Muchos de ustedes se encuentran en un estado intermedio en el cual experimentan nuevas alegrías y placeres que nunca supieron que existían. La vida se abre para ustedes como nunca antes. Pero también se encuentran en una posición en la que no pueden soportar mucho de eso. Esto es porque aún no se han abandonado por completo ante la conciencia divina, o porque no han enfrentado los aspectos negativos de sí mismos de manera suficiente y, por lo tanto, aún se aferran a ellos. Así que temen el placer, el cual se vuelve más atemorizante que la grisura que aún desean y crean, una grisura en la cual no hay ni placer ni dolor. A menudo quieren perseverar esforzadamente en esa grisura sin saber que lo hacen. Es una grisura que les da comodidad, pero que a largo plazo los deja vacíos.

Una manifestación inevitable del proceso continuo de actualizar tu ser profundo es la increíble creatividad que florece en ti desde tu vida interior. Te vuelves creativo en relación con las ideas, alternativas, talentos, riqueza de sentimientos y la capacidad para vivir con los demás y relacionarte con ellos. Encuentras el tesoro de tus poderes creativos, la riqueza de tus sentimientos y la integralidad de tu ser. Sólo al pasar a través del vacío puedes descubrir esa integralidad. Y eso requiere de mucho valor, el cual llega cuando rezas o meditas para obtenerlo. Debes desear la integralidad y comprometerte para lograrla. Esa integralidad de sentimientos, esa riqueza de ideas creativas y la capacidad de vivir en el ahora con toda su emoción y su paz se profundizarán y ensancharán. Ya no habrá opuestos mutuamente excluyentes, sino diferentes facetas de la misma integralidad. Las ocasiones en que parecerá que la pierdes serán menos frecuentes y menos severas.

Puesto que ahora tienes el poder para crear, puedes crear una comprensión intuitiva de ti mismo, de los demás y de la vida. La actitud total de relajamiento de todo tu ser elimina la necesidad de cubrir y escapar ante cualquier cosa que hay en ti, y eso te hace consciente de los niveles más profundos de las demás personas. Lees sus pensamientos y comprendes las conexiones profundas que hay adentro ,y entre ellos, de modo que puedes ayudarles, sentir empatía por ellos y amarlos. Nunca tienes por qué temer o defenderte de los demás, con las defensas de tu ego destructivo.

La unidad interior con tu ser eterno hace posible utilizar tus capacidades creativas para explorar cualquier área de la verdad universal que realmente deseas comprender. Ahora conoces el poder del pensamiento y la conciencia y puedes enfocarlo como resultado de la auto-disciplina que has aprendido. Así puedes cultivar una receptividad creativa para experimentar el estado eterno más allá de la muerte física. Esa percepción no es confiable mientras estés buscándola como resultado de tu miedo a la muerte. Sólo es confiable cuando no temes la muerte porque sabes que puedes morir, al igual que puedes sufrir el dolor. Siempre que deseas algo porque temes su opuesto, el resultado no puede ser confiable. Sólo puedes crear a partir de la integralidad y no a partir de la necesidad y la pobreza.

De modo que la dificultad se encuentra en la creación inicial de la integralidad. Buscar lo opuesto de lo que temes es una escapatoria y te conduce hacia la separación en vez de la unificación. Se debe tomar el camino exactamente opuesto. Tienes que morir muchas muertes, ahora mismo, cada día de tu vida, con el fin de descubrir la eternidad de la vida. Sólo entonces vivirás sin miedo.

¿Cómo puedes morir todas esas pequeñas muertes? Sigue con exactitud el proceso que he descrito: abandona el pequeño ego, las pequeñas opiniones, las reacciones negativas en las cuales tanto te implicas. Tienes que morir ante todo eso. El pequeño ego con sus pequeñas implicaciones debe morir. De ese modo puedes trascender la muerte e intuitivamente experimentar la realidad de la vida que surge de ahí.

Cuando vivas sin miedo a la muerte porque la has experimentado tantas veces, sabrás que en principio la muerte física es igual. Descubres esto al abandonar temporalmente al pequeño ser, sólo con el fin de descubrir un ser más grande que se despierta y luego se unifica con el pequeño. De modo que puedes ver que ni siquiera el pequeño ser del ego se muere en realidad. Es ensanchado y unificado en el ser más grande, no abandonado. Pero parece que se le abandona y debes estar listo para dar el salto.

Cuando esto sucede se manifiesta de inmediato en tu vida una medida de la eternidad. Se manifiesta no sólo en la eliminación del miedo a la muerte, sino también en un sentido inmediatamente más práctico. Esto te mantendrá vital y joven, dándote algo así como una probadita de la ausencia de tiempo y edad de la verdadera vida.

Otra manifestación exterior es la abundancia. Puesto que la vida espiritual real o verdadera es la abundancia ilimitada, eso debe manifestarse en cierto grado cuando actualizas tu ser divino. Si le das lugar a la abundancia exterior en tu conciencia como reflejo de la abundancia universal, la crearás y la experimentarás. En cambio, si la quieres experimentar porque temes la pobreza, sólo creas separación. La abundancia que se crea a partir del miedo no se construye sobre la realidad, y su débil estructura se debe derrumbar para que entonces te dejes ser pobre y disuelvas la ilusión de la pobreza. Sólo después de esto puede crecer la riqueza real y unificada. Sólo cuando primero puedes ser pobre te puedes permitir ser rico, como una expresión externa de una satisfacción interior. Entonces no desearás ser rico por el poder o por los beneficios externos que eso te da ante los demás, o como resultado de la avaricia y el miedo, sino para ser una verdadera expresión divina de la abundancia que caracteriza al universo.

Otra manifestación exterior del proceso continuo de realización de la vida divina es el equilibrio adecuado de todo, el balance entre afirmar tu posición y ceder, por ejemplo. El conocimiento espontáneo de cuándo es apropiado afirmarse o ceder surge del interior. También se puede considerar el equilibrio adecuado entre la correcta consideración del yo y el egoísmo. Todos estos equilibrios y dualidades se convertirán en elementos de una unificación y una armonía espontáneas. El conocimiento intuitivo de cuándo, qué y cómo no debe llegar porque la mente lo decide, sino como una expresión de la verdad interior y de la belleza que alcanza a expresarse en el nivel exterior, de manera apropiada y hermosa.

Habrá una presencia y una belleza en toda tu manera de estar, una cortesía y una caballerosidad que nunca tienen por qué temer el ser ridiculizados o que alguien se aproveche de ellos. Habrá orden sin la más mínima traza de compulsión, orden en todos los aspectos de tu vida. El orden y la belleza están relacionados y son interdependientes. Habrá generosidad, un dar y recibir dentro de un flujo continuo. Llegará una profunda capacidad de agradecimiento y aprecio hacia los demás, hacia ti mismo y hacia todo el universo creativo.

Una nueva libertad para ser suave y vulnerable te hará verdaderamente fuerte y disipará la falsa vergüenza. Consecuentemente, experimentarás una nueva libertad para ser fuerte y afirmativo, incluso para enojarte, sin una falsa culpa. Obtendrás tu conocimiento y actuarás desde el interior porque estarás en contacto constante con la sabiduría, el amor y la verdad de tu realidad divina.

La soledad emocional que mucha gente escoge empieza a desaparecer gradualmente entre ustedes, amigos míos. En su desarrollo aprenden a ser reales, a funcionar sin sus máscaras y disfraces. Por lo tanto, empiezan a sentirse cómodos en la intimidad. A medida que simultáneamente dejan de temer el síndrome del dolor-placer, encuentran un verdadero éxtasis y una fusión en todos los niveles que les dan la más profunda realización que puede experimentar un ser humano. Progresarán hacia nuevas alturas y profundidades de la experiencia en los que exploran el universo interno al unísono. La soledad y la tortura del conflicto sobre la necesidad y el miedo de la cercanía ya no existirán. Esas relaciones se fusionan en todos los niveles. La abundancia del universo se expresa en todas las áreas de la vida. Lo sentirán en el compartir, en el respeto, la calidez, la tranquilidad y la comodidad con los cuales establecerán relaciones íntimas en fusión con otra persona, o al dar y recibir de otra persona. La seguridad de sus sentimientos les hará sentirse seguros de ser amados.

Experimentarán la profunda satisfacción de dar, ayudar, realizar una tarea, y de entregarse a esa realización. Se regocijarán en el consecuente proceso creativo que se lleva a cabo dentro de esto.

Todos éstos son indicadores para ustedes, amigos míos. Estos indicadores no deben ser utilizados para impacientarse y volverse intolerantes. Son indicadores que pueden usar para crear una deliberada visualización interna sobre cualquiera y sobre cada una de estas expresiones de la vida. Entonces tal vez estarán más profundamente motivados para buscar más lejos con el fin de descubrir lo que se interpone en su camino. Esta conferencia les dará muchas herramientas para su trabajo.

El amor del universo se extiende sobre todos ustedes y llega hasta el fondo de sus corazones, mis queridísimos amigos. Benditos sean, sean Dios.

▲ 24 ▲

El espacio interior, el vacío focalizado

Mis queridos amigos, benditos sean en cuerpo, alma y espíritu. Bendito sea su camino, cada paso que den en él. Tal vez duden de estas bendiciones cuando el avance se les hace difícil. Pero cuando así sucede no es porque se les retiran las bendiciones. Es porque se enfrentan a partes de su paisaje interior que necesitan ser atravesadas con éxito. Para poder atravesar un terreno interior difícil es necesario comprender qué significado tiene para ustedes con el fin de poder disolver las piedras que se encuentran en el camino.

En otras ocasiones ya hemos hablado de ese paisaje interior. He mencionado el espacio interior que es el mundo real. El término "espacio interior" se usa frecuentemente, en el mundo de hoy en día, como algo opuesto al espacio exterior. La mayoría de los seres humanos piensa que el espacio interior es únicamente una descripción simbólica del estado de ánimo de una persona. Eso no es cierto. El espacio interior es una vasta realidad, un mundo real. Es un hecho del universo real, mientras que el espacio exterior no es más que una imagen en el espejo, un reflejo del primero. Es por esto que la realidad exterior nunca puede ser atrapada o aprehendida. La vida nunca puede ser realmente comprendida y absorbida en la experiencia mientras se la ve únicamente desde el exterior. Es por esto que resulta tan frustrante y, a menudo, tan atemorizante para tanta gente.

Me doy cuenta de que es difícil comprender cómo el espacio interior puede ser un mundo en sí mismo, el mundo. La razón de esta dificultad nuevamente reside en la limitación del continuo espacio/tiempo de tu realidad tridimensional. Todo lo que ves, tocas y experimentas es percibido desde un cierto ángulo muy limitado. La mente se focaliza, se acostumbra y se condiciona para operar en una cierta dirección y, desde ese ángulo, consecuentemente es incapaz de percibir la vida de otra manera. Pero esa manera de percibir la realidad no es en absoluto la única, o la correcta, o la manera completa.

▼ *Encontrar la realidad interior* ▼

En todas las disciplinas espirituales la meta es percibir la vida de esa otra manera, la manera que va más allá del reflejo exterior, la manera que focaliza nuevas dimensiones que se pueden encontrar en el espacio interior. En ciertas disciplinas esa meta puede ser mencionada explícitamente, o tal vez nunca sea mencionada como tal. Pero cuando se alcanza cierto punto en el desarrollo y la purificación, se despierta la nueva visión, a veces de manera repentina, otras veces gradualmente. Incluso la visión repentina es sólo una ilusión, pues de hecho es resultado de muchos pasos difíciles y batallas interiores.

Como ustedes saben, se ha descubierto que cada átomo es una réplica del universo exterior. Ese reconocimiento es muy significativo. Tal vez puedas imaginar que del mismo modo en que el tiempo es sólo una variable, dependiente de la dimensión desde la cual se le experimenta, lo mismo sucede con el espacio. Así como no existe ningún tiempo objetivo o fijo, no existe ningún espacio objetivo ni fijo. Tu ser real puede vivir, respirar y moverse, y recorrer grandes distancias dentro de un átomo si las consideras a partir de tus mediciones exteriores. Cuando el espíritu se retrae hacia el mundo interior, la relación de las dimensiones se modifica, al igual que cambia la relación con el tiempo. Ésta es la razón por la cual parece que se pierde el contacto y la conciencia de la gente que llamamos "muerta". Viven en la realidad interior que, para ti, aún es una abstracción. Sin embargo, la verdadera abstracción es el espacio exterior. En la muerte física, el espíritu, eso que está vivo, se retrae hacia el mundo interior, no hacia el paraíso, como a menudo suele erróneamente creerse. No se sale del cuerpo, no flota hacia el espacio exterior. Si en ocasiones una percepción extra-sensorial parece revelar una visión de ese tipo, eso sólo ocurre como resultado de la imagen de espejo de lo que sucede al interior.

Del mismo modo, la mayoría de los seres humanos han buscado a Dios arriba en el cielo durante muchísimo tiempo. Cuando vino Jesús, Él enseñó que Dios vive en los espacios interiores y que se le debe encontrar ahí. Ésa es también la razón por la cual las prácticas y ejercicios de meditación se enfocan hacia el espacio interior.

Hace mucho tiempo sugerí un ejercicio de meditación en el cual uno no piensa, sino que se vacía a sí mismo. Aquellos de ustedes que practican ese ejercicio ocasionalmente han experimentado cuán difícil es lograrlo. La mente está llena de sus propios materiales y no es nada fácil inmovilizarla. Hay varias maneras de lograrlo. Las religiones del oriente generalmente se aproximan al asunto mediante una larga práctica y disciplina. Esto, unido a la soledad y la calma exterior eventualmente puede conducir hacia la calma interior.

Nuestra aproximación en este camino es diferente. Estas enseñanzas no tienen como objeto sacarte de tu mundo. Al contrario, la meta es que estés en tu mundo, de la mejor manera posible.

Para comprender, aceptar y crear en él de la manera más productiva y constructiva. Eso sólo se puede hacer cuando te conoces y te comprendes totalmente y cuando atraviesas, tal como dije, los espacios difíciles, lo cual te debe equipar mejor para funcionar mejor en esta realidad tridimensional. Así se logra evitar la separación entre el espacio interior y el exterior. Cuando reina la verdad interior, se incrementa la percepción de la verdad exterior. A medida que crece la comprensión del ser, crece la comprensión del mundo. A medida que aprendes a remodelar lo que es imperfecto en tu persona, lo que es defectuoso, igualmente aprendes a re-estructurar, a transformar tu vida exterior. A medida que aprendes de la manifestación divina de tu belleza eterna, se expande tu visión hacia un mayor aprecio de la belleza de la Creación. Conforme llega la paz dentro de ti, entras a una paz con el mundo, aunque estés rodeado de experiencias indeseables. En otras palabras, no requieres de condiciones exteriores de absoluto aislamiento para alcanzar el espacio interior. En cambio tomas el otro camino que pasa justo a través de lo que parece la más grande obstrucción: las imperfecciones que hay dentro y en torno a ti. Te les aproximas, lidias con ellas hasta que pierden su aspecto atemorizante. Ése es tu camino.

Focalizar el vacío interior es un ejercicio adicional que puede ser muy útil, pero que no debe ser la única manera de acercarse la realización personal, del mismo modo en que lidiar con las condiciones adversas del exterior no debe ser la única manera en que te aproximas a tu salvación y a la de tu mundo.

El vacío focalizado crece tanto de manera deliberada como espontáneamente a medida que quitas los obstáculos interiores. En los primeros niveles, sólo experimentas eso: el vacío, la nada. Si puedes tranquilizar tu mente, encuentras el vacío, y eso es lo que da tanto miedo. Parece que se confirmara la sospecha de que no hay nada dentro de ti, de que en realidad no eres más que tu ser exterior, mortal. Es por esto que la mente se ocupa y se llena de ruido, con el fin de cubrir la calma que parece anunciar la nada.

Una vez más necesitas mucho valor para pasar por un túnel de incertidumbre. Tienes que tomar el riesgo de permitir que la gran quietud que al principio carece de significado esté libre de cualquier cosa que implique vida o conciencia.

Creo que la mayoría de ustedes ya ha experimentado cómo la voz de su ser superior les envía su inspiración a través de su mente, aunque no inmediatamente después de una meditación o una plegaria, sino un poco de tiempo después, a menudo cuando menos lo esperan. Sucede cuando su mente está lo suficientemente relajada y libre de la voluntad personal para permitir que se manifieste el ser superior. Lo mismo ocurre con la experiencia del universo interior, del mundo real.

El vacío focalizado te pondrá en contacto con todos los niveles de tu ser. Permite el surgimiento de lo que estaba escondido, las distorsiones, los errores, el material perteneciente al ser inferior y, eventualmente, la realidad de tu ser superior y el vasto mundo de la vida eterna en el cual habita. Hay muchos niveles y fases por los que hay que pasar. Los últimos niveles sólo pueden llegar cuando se ha dado una cierta purificación e integración. El vacío no focalizado es una reducción de la conciencia. El vacío focalizado es una elevación de la conciencia. El primero significa salir de sintonía, es un vago merodear de la mente que puede conducir hacia un vacío sin mente. El sueño o los otros estados de la inconciencia son las etapas finales. El vacío focalizado es bastante concentrado, consciente y completamente presente.

Si focalizas tu mundo interior para excluir tu mundo exterior no sólo creas una separación, sino también las condiciones en las cuales obstaculizas el objetivo de tu encarnación. ¿Cómo puedes cumplir con tu tarea, cualquiera que esta sea, si no utilizas tu mundo exterior para ese propósito? No hubieras llegado a esta dimensión si eso no hubiera sido necesario para ti. Así que necesitas usarla y siempre relacionar las condiciones interiores y exteriores de manera significativa. En este camino estás aprendiendo a hacerlo. Todas tus experiencias exteriores están relacionadas con tu personalidad con los diferentes niveles de tu ser. Tu ser interior siempre crea tus condiciones exteriores, esa es una verdad que pronto aprendes a reconocer en este camino. Si el establecimiento de relaciones de lo exterior con lo interior no es un modo de vida constante, ese desequilibrio crea condiciones desfavorables. Puedes ver que, a veces, en tu mundo hay gente que hace mucho bien en el exterior y que, sin embargo, pierde su camino con tanta facilidad como otras personas que nunca piensan en los demás. La buena intención exterior y las obras buenas deben tener un foco interior con el fin de evitar una condición no armoniosa y una peligrosa separación.

▼ *Las etapas del vacío focalizado* ▼

El vacío focalizado eventualmente te lleva hacia la luz de lo eterno. Tal vez podemos categorizar ciertas etapas básicas, aunque de manera un tanto cuanto simplificada. En realidad esas etapas a menudo se entrecruzan y no aparecen en el orden sucesivo que delineamos aquí con el propósito de ser claros.

1. Experimentas el ruido y la actividad de la mente.
2. Logras acallar ese ruido, encuentras el vacío y la nada.

3. Se vuelven claros ciertos reconocimientos relativos al ser, las conexiones entre algunos aspectos del ser y las experiencias exteriores. Aparecen una nueva comprensión y niveles hasta ahora no reconocidos del ser inferior material. Esta etapa es realmente un destello de la guía divina y no sólo una experiencia del ser inferior. El reconocimiento del ser inferior siempre es una manifestación de la guía del ser superior.

4. Manifestación directa de mensajes del ser superior, o lo que llamas la apertura de tu canal. Recibes consejos, ánimos, palabras destinadas a darte incentivos y fe. En esta fase la guía divina aún opera, básicamente, a través de tu mente. No es necesariamente una experiencia emocional y espiritual total. La manifestación puede excitarte y hacerte feliz, pero esa reacción es un resultado del conocimiento que tu mente ha absorbido y que le ha parecido convincente.

5. En esta etapa ocurre una experiencia espiritual y emocional directa y total. Todo tu ser se llena con el Espíritu Santo. Sabes, no de manera indirecta con tu mente, sino directamente con todo tu ser. El conocimiento de la mente siempre es un conocimiento indirecto. Tiene un

> intermediario, pues la mente es un instrumento necesario para que los seres humanos funcionen en este nivel de la conciencia. El conocimiento directo es diferente.

Esta fase tiene muchas subdivisiones, muchas etapas dentro de ella. Hay muchas, no, ilimitadas posibilidades para las formas en que se puede experimentar el mundo real. Una es, simplemente, el conocimiento total que llega a cada fibra de tu ser, a cada nivel de tu conciencia. La experiencia del mundo real también puede llegar a través de visiones de otras dimensiones, pero esas visiones nunca son sólo cosas que uno ve. Siempre son una experiencia total que afecta a la totalidad de la persona.

En el mundo real, en oposición a tu mundo fragmentado, cada sentido de la percepción es total. Ver nunca es sólo ver, es simultáneamente oír, saborear, sentir, oler y muchas otras percepciones de las cuales no sabes nada mientras estás en tu nivel actual del ser. En esta quinta etapa ver, sentir, oír, percibir, sentir y saber, siempre incluyen a las demás. Encierran todas las capacidades creadas por Dios. Y difícilmente puedes imaginar la riqueza, la variedad, las ilimitadas posibilidades de esas capacidades.

El vacío focalizado es un estado ideal para ser llenado por el Espíritu Santo. El Espíritu Santo es la totalidad del mundo de Dios en todo su esplendor, en su indescriptible magnificencia. Su riqueza no puede ser expresada en lenguaje humano. No hay manera de describir lo que existe cuando se han vencido el miedo, la duda, la desconfianza y por lo tanto el sufrimiento, la muerte y el mal. El vacío focalizado, por ende, no es más que un umbral hacia una plenitud que existe sólo en el mundo del espíritu.

La práctica del vacío focalizado nunca debe realizarse teniendo una actitud de expectativas inmediatas. De hecho, es necesario no tener ninguna expectativa; las expectativas son una tensión, y la tensión impide el necesario estado de total relajamiento interior y exterior. Además, las expectativas no son realistas, pues tal vez se necesiten muchas re-encarnaciones de desarrollo antes de que un ser humano pueda acercarse a estas experiencias. Así que tener cualquier tipo de expectativas provocará decepciones que, a su vez, inician una reacción en cadena de posteriores emociones negativas, tales como la duda, el miedo y el desánimo.

Estoy hablando de este tema porque quiero prepararte para una práctica importante dentro de la meditación. He explicado esto anteriormente en relación con las diferentes formas de meditación, en especial en lo que se refiere a imprimir y expresar. Muchas de tus meditaciones han lidiado con el asunto de imprimir y deben continuar de ese modo. Este aspecto de la impresión es una limpieza de la mente y sirve para que la mente se convierta en una herramienta constructiva. De ese modo la herramienta se vuelve un agente creativo.

El aspecto de la expresión se ha empezado a manifestar hasta cierto grado en aquéllos cuyos canales están abiertos, aunque tal vez sólo de manera ocasional. Pero necesitan saber que hay etapas posteriores, fases y posibilidades posteriores y deben acercarse a ellas con paciencia, con asombro y humildad. Deben comprender que esas experiencias abrirán el vasto espacio interior en el cual existen muchos mundos, muchos universos, muchas esferas e ilimitadas planicies, montañas, océanos de indescriptible belleza. Deben saber que esos espacios interiores no son abstracciones o expresiones simbólicas; son algo mucho más real y accesible que su mundo exterior cosificado, del cual piensan que es la única realidad. El espacio interior se basa en medidas y dimensiones diferentes, en una forma de relación diferente entre tiempo/espacio/movimiento y medidas. Incluso una consideración suya, aún vaga y nebulosa, de este concepto cambiará su visión y creará una nueva manera de acercarse a su trabajo posterior en su camino.

No es necesario pasar horas practicando el vacío focalizado. Ése no es el objetivo. Pero puedes intentarlo hasta cierto grado cada vez que rezas o meditas, después de que usas tu mente para imprimir la substancia de tu alma y alinearla con la intención divina.

▼ *Tu ser real que vive en el mundo real* ▼

El espíritu puede penetrar en la materia en la medida en la cual la ley espiritual y la salud espiritual se han establecido. Y la responsabilidad individual de uno mismo es definitivamente la clave para esto. Cuando el ser se hace más fuerte, más vida puede penetrar en la materia, más espíritu puede nacer en la carne. Así que verás cómo a medida que creces dentro de la obtención de tu propio ser, más de tu ser real nace en tu manifestación física. Aparecerán más talentos que antes nunca tuviste. De pronto se manifiesta una nueva sabiduría, una nueva comprensión y capacidad para sentir y amar. Surge de ti una fuerza hasta ahora nunca sentida. Todas esas manifestaciones son tu ser real que vive en el espacio interior, en el mundo real. A medida que le creas un lugar a estos aspectos, te empujarán hacia adentro de la vida de la materia y cumplirás con tu parte en el esquema de la evolución. Esas actitudes no surgen del exterior, no son algo que se te agrega. Son el resultado de que tu ser exterior manifiesto está creando un lugar para el ser interior, aún no manifiesto. Eso sucede mediante un proceso de crecimiento, con el duro trabajo que asumes en este camino. Y, después de un cierto punto de tu desarrollo, se puede ayudar a ese proceso mediante la focalización de tu vacío interior hasta que descubres que el vacío es una ilusión. Se trata de algo lleno, de un mundo rico de gloria. Puedes recibir todo lo que necesitas de esa fuente interior y traducirlo en una experiencia exterior.

Al acercarte al vacío sin miedo, también quitas una obstrucción a la vida. Focalizar el espacio interior significa, en un inicio, acercarse a lo que parece ser el vacío. A través de ese vacío alcanzas la plenitud del espíritu, la totalidad de la vida en su forma pura y sin obstrucciones. Ese material de la vida contiene todas las posibilidades de expresión, de manifestación. La alegría de experimentar esa realidad es más grande que ninguna otra. En esa alegría se encuentra tu unión con el Creador, en quien en realidad eres uno solo.

Amigos míos, pueden ver que nada en su personalidad, ningún aspecto de ella, es insignificante en términos de la creación y la evolución. No existe ni una cosa que sea "únicamente un aspecto psicológico". Cada actitud, cada manera de pensar, sentir, ser y reaccionar se refleja directamente en su participación en el gran diseño de las cosas. Sabiendo esto quizá, una vez más, les será más fácil valorizar aún más su vida, su camino y sus esfuerzos. Aprenderán una vez más a unificar una dualidad arbitraria: asuntos espirituales versus asuntos mundanos.

Den un lugar a una vida sin obstrucciones, a un espíritu sin estorbos. Dejen que llene cada parte de su ser para que, finalmente, puedan saber quiénes son. Benditos sean todos ustedes, mis queridos amigos.

▼▼▼▼▼

Nota final

El mal transformado el mal trascendido el estado de unidad

Sepan que, de manera natural, todas las criaturas tratan de volverse como Dios. El designio de la naturaleza no es ni la comida, ni la bebida, ni el vestido, ni la comodidad, ni ninguna otra cosa que deje de lado a Dios. Les guste o no, lo sepan o no, la naturaleza secretamente busca, caza, trata de rastrear la huella que conduce a Dios.

Meister Eckhart [1]

Puede ser tentador el pensar que el trabajo sobre el ser inferior es algo que sólo se necesita hacer durante las primeras etapas del camino espiritual y que, a medida que uno explora los dominios transpersonales y se mueve hacia la unión, se pueden ir dejando atrás las consideraciones respecto del ser inferior. Pero ése no es el caso.

El Guía explicó cómo la terquedad, el orgullo y el miedo son las principales raíces del mal personal. De estos tres el que a la gente le ha costado más trabajo relacionar con el mal y verlo como su origen es el miedo. Pero con sólo reflexionar un poco, uno puede ver cómo el miedo a ser lastimado por los demás fácilmente nos lleva a lastimar a los demás. Tal como lo dijo el Guía: el mal es una defensa en contra del sufrimiento, ya sea el sufrimiento real o el sufrimiento que uno teme.

Más allá de esto el miedo es la raíz del mal porque es completamente opuesto a la auténtica realidad. De hecho el universo es benigno, de modo que no hay nada qué temer. En realidad el universo es uno y, por lo tanto, no hay nadie fuera de mí que pudiera lastimarme.

En las últimas etapas del crecimiento espiritual, el más grande obstáculo es el miedo. En ese nivel el miedo ya no es a ser lastimado por los demás. En cambio, se teme abandonar la sensación que se tiene de ser un ego separado del resto de la existencia. Tal como lo dice Meister Eckhart, toda la naturaleza desea, busca, la experiencia de ser como Dios, de alcanzar el estado de unidad con todo lo que existe. La "iluminación" es la experiencia de darse cuenta de esa Unidad-Divina de manera completa y total.

Por extraño que pueda parecer, no es necesario buscar la iluminación; ya está aquí, así que no es necesario viajar para encontrarla. En cambio deberíamos más bien ver cada vez más claramente las formas en las que estamos huyendo de la iluminación. No importa qué métodos usemos para huir, la causa de la huida es el miedo. Tenemos miedo de lo que deseamos. Tenemos miedo de perder nuestro sentido de una identidad separada, tememos la muerte del ego, creyendo equivocadamente que esa muerte significaría el fin de nuestra existencia.

El Guía ha señalado que la mayoría de los caminos espirituales tratan de llevar a quien realiza una búsqueda espiritual hacia la experiencia del estado de unidad, mediante la utilización de diversas prácticas espirituales; y reconoce que en ocasiones tienen éxito para lograrlo. También dice que hay un peligro inherente a esos caminos: Es posible alcanzar esa meta de trascendencia del estado humano dejando aun ciertas partes de uno mismo atoradas en el ser inferior. En nuestro siglo hay muchos ejemplos de maestros espirituales que han alcanzado una sustancial trascendencia, pero que a fin de cuentas mostraron que todavía tenían una buena parte de transformación de su ser inferior sin realizar.

La posición del Guía afirma que, debido a su fracaso para ver su ser inferior con claridad y a su deseo de estar más allá de donde realmente están, la mayoría de la gente que realiza una búsqueda espiritual intenta una trascendencia prematura. Así que el Guía continúa subrayando la necesidad de un movimiento horizontal de transformación, la necesidad de un continuo examen de uno mismo con el fin de encontrar el ser inferior, y de la necesidad de trabajar a través de ese material, de transformarlo en vez de tratar de trascenderlo.

Pero, tal como también ha sido señalado en muchas de las conferencias de este libro, después de un cierto nivel, el trabajo no puede hacerse a menos de que quien lo realiza aprenda a deslizar su sentido de la identidad. Deslizarlo de lo personal hacia lo transpersonal, de la conciencia del pequeño ego hacia la conciencia superior. Y una vez que el deslizamiento o cambio se ha realizado completamente, entonces ciertamente se puede decir que ha ocurrido la trascendencia. Esto es trabajar en la dirección vertical, a diferencia de la horizontal. Es obvio que se necesitan las dos direcciones y uno de los aspectos más sutiles e importantes del trabajo sobre uno mismo consiste en encontrar el equilibrio entre la dirección horizontal y la vertical, entre la transformación y la trascendencia.

Así que, utilizando las definiciones dadas por el diccionario para cada uno de estos conceptos, digamos que es necesario "cambiar de composición o estructura, de carácter o condición" (transformación) y "alzarse por encima o ir más allá de los límites de" (trascendencia). Necesitamos aceptar totalmente nuestra condición humana y luego ir descubriendo, poco a poco, que somos más que simplemente humanos.

Ser un humano significa tener defectos y ser imperfecto, pero eso no debe ser motivo de desesperación. Vivimos en un dominio intermedio, ni en el paraíso ni en el infierno. Ésas son las condiciones de nuestra existencia. Y dentro de esas condiciones tenemos una nobleza y un objetivo. Nuestro objetivo es precisamente aprender a examinarnos a nosotros mismos con honestidad, a ver nuestras imperfecciones con claridad, decidirnos a cambiar, aprender cómo cambiar, y luego iniciar, diligente y valerosamente, el trabajo de auto-transformación. Ésa es nuestra nobleza. Para eso es la condición humana.

A medida que avanzamos en el camino de la auto-transformación nos volvemos cada vez más amorosos y más sabios. Crece nuestra claridad y crecen nuestro valor, nuestra alegría y nuestra compasión. La vida se abre, se hace simultáneamente más amplia y más profunda. Seguimos enfrentando dolor, sufrimiento y retos, pero aprendemos a no dejarnos aplastar por ellos.

¿Pero acaso no somos eventualmente aplastados por la muerte?, podrían decirme. La muerte es experimentada como una aplastante derrota sólo si uno todavía se identifica por completo con el ego que se encierra dentro de la piel. Pues incluso la muerte pierde su virulencia cuando sabemos que la alternancia de la muerte y la vida no es algo más atemorizante que la alternancia del sueño y la vigilia.

En otras palabras, cuando aceptamos nuestro estado humano con sus defectos e imperfecciones y tenemos el valor de enfrentar y transformar nuestro ser inferior, fortalecemos el punto en donde podemos darnos cuenta de que somos algo más que humanos. El nacimiento y la muerte son ingredientes esenciales de la condición humana, pero nuestra verdadera esencia precede al nacimiento y a la muerte. En otras palabras, el trabajo continuo en la transformación del ser inferior finalmente conduce hacia la capacidad de trascender al ser inferior. Y la trascendencia final es hacia el estado de Unidad Divina del cual habla Meister Eckhart.

El camino es desafiante. Como dijo Cristo: *la perla cuyo precio es muy alto debe ser comprada al costo de todo lo que tienes. Pero el viaje es a fin de cuentas completamente seguro.*

Como lo dijo el Guía en muchas conferencias y de diferentes maneras: "*No tienes nada que temer.*"

Donovan Thesenga

[1] Meister Eckhart. Tomado de la traducción de R. Blakney.

Eva Pierrakos nació en Austria y vivió en Suiza hasta establecerse en Estados Unidos en 1939. Durante su vida activa desarrolló un método de auto-transformación que sirvió de base para la compilación de los textos que se incluyen en este libro. En un periodo de 20 años, Eva logró rodearse de un número creciente de seguidores, principalmente maestros y terapeutas, que se sintieron atraidos por sus enseñanzas. Junto con su marido, el psiquiatra John C. Pierrakos, fundador del *core energetics,* Eva dejó un rico legado de más de 250 conferencias y dos centros de Pathwork dedicados a la divulgación y perfeccionamiento del método.

Donovan Thesenga, terapeuta especializado en bioenergética, conoció el método Pathwork en 1973. Pronto pasó a ser uno de los principales miembros del grupo cercano a Eva Pierrakos. En 1976, donó una propiedad cerca de Madison, Virginia, que pasó a ser el segundo centro de Pathwork en Estados Unidos. Después de la muerte de Eva en 1979, Thesenga se ha dedicado a editar y publicar compilaciones sobre las conferencias del método Pathwork. Su esposa, Susan Thesenga es autora del libro *The Undefended Self.*

▲▲▲

PARA MAYOR INFORMACIÓN SOBRE EL MÉTODO PATHWORK:

Comuníquese con uno de los centros o grupos de estudio en América y Europa que figuran en la la siguiente lista. Si usted desea ordenar material impreso o algún libro diríjase a cualquiera de los centros regionales marcados con asterisco (*):

CALIFORNIA Y SUDOESTE:
Pathwork of California, Inc.*
1355 Stratford Court #16
Del Mar, California 92014
Tel.(619) 7931246
Fax (619) 259-5224

REGIÓN DE LOS GRANDES LAGOS:
Great Lakes Pathwork*
1117 Fernwood
Royal Oak, Michigan 48067
Tel.(313) 585-3984
(613) 2414982

SUR Y CENTRO:
Sevenoaks Pathwork Center*
Route 1, Box 86
Madison, Virginia 22727
Tel.(703) 9486544
Fax (703) 948-5508

BRAZIL:
Aidda Pustilnik*
Rua da Graviola #264, ApL 1003
41810-420 Itaigara Salvador, Brasil
Tel. 71-2470068 Fax 71-245-3089

CANADÁ:
Ottawa/Montreal Pathwork
Roddy Duchesne
604-222 Guigues Ave.
Ottawa, Ontario KlN 5J2 Canadá

ALEMANIA:
Pfadgruppe Kiel
Rendsburger Landstrasse 395
24111 Kiel, Alemania
Alf Girtler Tel.0431-69-74-73
Paul Czempin Tel.0431-66-S8-07

Nueva York, Nueva Jersey, Nueva Inglaterra:
Phoenicia Pathwork Center*
Box 66
Phoenicia, Nueva York 12464
Tel.(914) 688-2211
Fax (914) 688 2007

Noroeste:
The Northwest Pathwork*
c/o Kathleen Goldberg
811 NW 20th, Suite 103C
Portland, Oregon 97209
Tel. (503) 223-0018

Filadelfia:
Philadelphia Pathwork*
c/o Carolyn Tilove
910 S. Bellevue Avenue
Hulmeville, Pensilvania 19407
Tel.(215) 752-9894

México:
Andrés Leites*
Box M8-13
Cuernavaca Morelos 62131
Tel.: 91 (73) 13 13 95
Fax. 91 (73) 11 35 92

Países Bajos:
Padwerk*
Johan Kos
Boerhaavelaan 9
1401 VR Bussum, Holanda
Tel./Fax 02159-35222

Italia:
Il Sentiero*
Raffaele Iandolo
Campodivivo, 43. 04020 Spigno
Saturnia (LT) Italia
Tel.(39) 771-64463
Fax (39) 771-64693

Luxemburgo:
Pathwork Luxemburg
Maria van Eyken
21 rue de Capellen
L-8279 Holzem, Luxemburgo
Tel. 0/352-38515

Argentina
Claudia Boatti
Editorial Primera Línea
S.R.I. Ballarco 353 1-B
Buenos Aires, Argentina
Tel. 54-1-3422296
Fax 54-1-3433344

Existen traducciones
de materiales del método Pathwork
en flamenco, francés, alemán,
italiano, portugués y español

Esta obra se terminó de imprimir
en febrero de 2010, en los Talleres de

IREMA, S.A. de C.V.
Oculistas No. 43, Col. Sifón
09400, Iztapalapa, D.F.